ESCOLA BRASILEIRA

Notas sobre um desastre

Escola Brasileira

Notas sobre um desastre

Gustavo Bertoche

Cogitamus

O texto deste livro NÃO SEGUE o novo acordo ortográfico.

Capa: Gabriel C. Cavaletto

Dados Internacionais de Catalogação na Publicação (CIP)
(Câmara Brasileira do Livro, SP, Brasil)

Bertoche, Gustavo
    Escola brasileira : notas sobre um desastre /
Gustavo Bertoche. -- 1. ed. -- Teresópolis, RJ :
Cogitamus Editora, 2022.

    ISBN 978-85-54165-02-4

    1. Currículos 2. Educação 3. Educação -
Finalidades e objetivos 4. Educação - Filosofia 5.
Escolas - Aspectos sociais 6. Professores - Formação
7. Sociologia educacional I. Título.

22-102853   CDD-371.28

Índices para catálogo sistemático:

1. Escolas brasileiras : Relações com o currículo :
        Educação 371.28

Maria Alice Ferreira - Bibliotecária - CRB-8/7964

SUMÁRIO

1	Eu acuso!	3
2	Lugar de fala	5
3	Sala de Professores	9
4	Uma escola contra a lei	15
5	O crime da escola	17
6	Na escola do jeitinho	19
7	Ausência de projeto	23
8	Quatro notinhas sobre Currículo	25
9	Currículo e Civilização	29
10	Escola e bolha política	31
11	Não existe Educação rápida	33
12	Escola doente, sociedade doente	35
13	Darwinismo social	37
14	O vestibular e a (anti-)Educação	39
15	"A escola em primeiro lugar no Enem"	47
16	O mito das "escolas de elite"	49
17	"O melhor possível, né"	51
18	Aprovação e reprovação	53
19	A escola é o único problema que importa	59
20	Uma salutar contradição	63

21   A *Forma* da civilização   67

22   Os propósitos de um sistema educacional   71

23   Existe modelo "paulofreiriano"?   73

24   Não existe "Educação à Distância"   77

25   As fábricas EAD de diplomas   79

26   A Educação não é uma técnica   83

27   Aprender a ler na universidade   85

28   Diploma não torna ninguém professor   89

29   Sobre infância e telas   91

30   Suicídio e indústria cultural   95

31   A virtude da desobediência   99

32   "Ele agora está ótimo, né?"   101

33   A dor dos que se ajustaram   103

34   Infinitas existências, um único percurso   107

35   Sobre jamais ter feito dever de casa   109

36   Escola e "mercado de trabalho"   113

37   Escola de "empreendedores"   115

38   Educação: meio ou fim?   119

39   QI, Educação e literatura   121

40   A condenação à impotência discursiva   127

41   Latim na escola?   129

42   O desprezo do brasileiro pela Educação   131

43   A escola moderna não é *Paidéia*   133

44   A literatura morre, a civilização morre   135

45   Sem leitura não há cultura   137

46   Um *youtuber* iletrado e iletrante   139

47   Os *influencers* contra Machado   141

48   As bibliotecas: praças de resistência   143

49   A polêmica é necessária   145

50   Sobre os livros proibidos   147

51   Uma elite intelectual iletrada   149

52   Os ignorantes doutores brasileiros   151

53   Somos lindos   153

54   O preço que o professor paga   155

55   A catástrofe circular da nossa escola   157

56   Bons professores custam caro   159

57   O salário dos professores brasileiros   161

58   Brasil e Finlândia   163

59   Transformar a escola   167

60   O país da pose inculta   169

61   O problema fundamental do Brasil   175

62   A única saída   183

63   Para um Manifesto da Escola Livre   189

Education is the only answer to
the always pressing question, to
the political question *par excellence*,
of how to reconcile order which is
not oppression with freedom
which is not license.

(Leo Strauss)

EU ACUSO!

No famoso debate entre Michel Foucault e Noam Chomsky sobre o conceito de natureza humana, realizado em 1971, Foucault afirmou que a tarefa política mais importante numa sociedade democrática é a de criticar a ação de instituições aparentemente muito neutras e independentes; é a tarefa de criticá-las e atacá-las de modo que a violência política obscuramente exercida por meio delas torne-se manifesta, para que possamos então enfrentá-la.

É esse o sentido da crítica que neste livro faço ao modelo escolar brasileiro: é preciso mostrar com clareza que a nossa escola nada tem de neutra e de independente - que, sob a aparência de instituição benéfica, ela é uma instituição violenta, que brutaliza, estupidifica e desumaniza os nossos jovens.

A posição política da crítica que aqui faço não é "de esquerda" nem "de direita": no contexto das idéias educacionais, os meus heróis vêm indistintamente do campo radical (como Freinet, Ivan Illich e Bourdieu), do campo conservador (como Mortimer Adler e John Taylor Gatto) e de uma região diferente, nem radical, nem conservadora (como Bachelard, Rubem Alves e José Pacheco).

O que me interessa, em suma, não é a ideologia política: é a crítica da escola que temos - para que uma escola livre, humana e educadora possa florescer.

* * *

Algum leitor reclamará da ausência de uma proposta positiva clara. Assentirei: este livro não é propositivo; quando apresento propostas, elas são muito gerais, excessivamente abertas, sem nenhuma indicação de como podem vir a ser realizadas. Este não é um livro de *propostas*, mas de *acusação*. O leitor tem em mãos a acusação lentamente cozinhada em vinte anos de sala de aula, de sala de professores, de sala de direção – locais onde presenciei incontáveis situações de estupidez, de autoritarismo, de sadismo de professores em relação aos estudantes.

Algum outro leitor escandalizar-se-á pela ausência da linguagem acadêmica, pela recusa do jargão pedagógico, pela deliberada omissão das citações bibliográficas comumente encontradas em livros sobre este assunto. E todas essas falhas justamente no trabalho de um professor doutor! Novamente reconhecerei que o leitor tem razão: este livro não serve para compor a bibliografia de um artigo de periódico acadêmico, nem para aumentar a pontuação do Currículo Lattes.

Este livro foi escrito com outro propósito: o de conversar com quem percebe que há algo terrivelmente errado na escola, mas não sabe exatamente o quê. Este livro deve ser entendido, enfim, como uma mensagem de um pai e professor para os pais e os professores: a mensagem de que a escola que temos é, de fato, tenebrosa; de que vocês, leitores, não são os únicos que percebem essa triste realidade; e de que precisamos conduzir toda a sociedade brasileira à profunda reflexão sobre o mal que estamos causando, por ação e por omissão, às nossas crianças e aos nossos adolescentes.

LUGAR DE FALA

Sou professor doutor em Filosofia. Trabalhei por vinte anos no ensino básico – tanto na rede pública quanto na rede privada. Lecionei em uma universidade particular no Rio de Janeiro e na Universidade Federal de Ouro Preto. Fui proprietário e diretor de uma escola que atuava no ensino fundamental. Sou pai de duas crianças.

É este o meu lugar de fala: ocupo o lugar da convergência de muitos espaços pedagógicos.

Justamente por conhecer bem – e por dentro – o magistério, a formação de professores e a gestão escolar, sinto-me não somente apto, mas também eticamente impelido, a denunciar a nossa escola.

$$* * *$$

Por muitos anos senti que havia algo estranho no nosso modelo pedagógico. A atitude dos professores, o conteúdo alienante, o sofrimento infanto-juvenil – tudo isso era ruim, mas parecia inevitável. Em certo momento, todavia, comecei a estudar a crítica da Educação – de Célestin Freinet e de Ivan Illich, de Alexander S. Neill e de Pierre Bourdieu, de Mortimer Adler e de John Taylor Gatto, a crítica tanto de radicais quanto de conservadores. Foi então que pude formular com precisão o que já intuía: que a opressão e a alienação no mundo escolar não eram elementos necessários do processo pedagógico: pelo contrário, eram elementos contingentes e perfeitamente dispensáveis.

Como formador de professores e, em especial, como diretor escolar, compreendi que o problema da escola é imenso e de dificílima solução: tudo ali está ordenado para que o ciclo de enlouquecimento da sociedade se perpetue. Do currículo insano ao espaço escolar; da formação cultural dos mestres ao seu salário, parece que a escola brasileira foi criada com o propósito de impedir que a Educação aconteça.

* * *

O currículo é impossivelmente extenso; a partir do segundo segmento do Ensino Fundamental, e ainda mais no Ensino Médio, nenhum professor conhece a fundo todas as áreas que os alunos precisam, por sua vez, dominar. Absurdamente, exige-se das crianças que saibam mais do que sabem os adultos que as ensinam. Sim: se aplicássemos aos professores do Ensino Médio todas as provas, de todas as disciplinas, que os seus alunos precisam fazer, descobriríamos que, vergonhosamente, quase todos acabariam reprovados nas disciplinas que não lecionam. Como é possível que considerem normal e justo exigir dos estudantes um conhecimento que os próprios professores não possuem? Com que direito os professores aplicam aos seus alunos um conjunto de avaliações que eles mesmos não teriam capacidade de resolver?

Ademais, boa parte do conhecimento apresentado nas aulas é completamente inútil para a vida da maioria dos estudantes. Conseqüentemente, o currículo escolar deixa de ser relevante — já que deve ser apreendido para a realização de provas, e depois esquecido: o currículo de facto da nossa escola é precisamente o currículo oculto, o aprendizado de como fingir ter um conheci-

6

mento que não se tem, de como se submeter ao capricho da autoridade sem reclamar, de como alienar-se de si, naturalizando no espírito uma situação completamente artificial.

O espaço escolar, com seus horários definidos, com seus uniformes para alunos, professores e pessoal de apoio, com suas turmas separadas por idade e ordenadas informal ou formalmente em função do sucesso acadêmico, com a arbitrariedade dos professores e da direção, é completamente diferente do espaço de uma sociedade saudável – e curiosamente parecido com o de fábricas e quartéis. É o currículo oculto em ação, docilizando e suavizando os corpos e as mentes, ensinando-os a seguir regras sem sentido, acostumando-os a permanecer em imobilidade por horas e horas – e a jamais se revoltarem diante do que é revoltante.

* * *

A imensa maioria dos nossos professores não sonhava com o magistério: a carreira pedagógica é quase sempre escolhida porque é a mais fácil no momento do vestibular. É fácil porque não é atrativa salarialmente; o professor brasileiro está entre os mais mal remunerados de todo o mundo. Isso significa que os profissionais da nossa escola quase sempre têm pouca leitura e pouca cultura; com os salários miseráveis que recebem, não podem mudar a sua situação. Afinal, é impossível comprar livros, fazer cursos, viajar para outros países. Professores incultos tendem a permanecer incultos – e a formar alunos ainda mais incultos, num círculo vicioso difícil de romper.

Como imaginar uma solução para a escola brasileira quando aos próprios professores é negado o acesso aos bens culturais superiores? Como sonhar com uma Educação de qualidade, quando mesmo os professores bem-remunerados têm como referência cultural o que não passa de lixo para o consumo de adolescentes, como os filmes de super-heróis americanos e a *Disneyworld*?

É triste a conclusão de que quase tudo na nossa escola é ruim, é inaceitavelmente ruim – seja na escola pública mais desestruturada, seja na escola particular mais cara. A escola brasileira é simplesmente desastrosa. Se a escola não é completamente tenebrosa, agradeçamos aos professores que, excepcionalmente, se constituem também como educadores – aos professores que descobriram que mais importante do que as notas é o olhar atento e carinhoso do mestre; que mais útil do que passar a matéria é oferecer a escuta; que para além do teatro do absurdo da sala de aula há crianças e jovens que precisam enfrentar crises domésticas, emoções descontroladas, cobranças desmedidas, luto, insegurança, incompreensão – e precisam enfrentar tudo isso em silêncio.

Infelizmente, a única coisa que salva a nossa escola é justamente aquilo que vai contra a disciplina escolar: é o conjunto pequeno, contudo indispensável, de professores que não se submetem às regras – professores que compreendem que mais importante que instruir é cuidar. A partir do meu lugar de fala, posso dizer com alguma propriedade que não precisamos de uma escola instrutora, mas de uma escola educadora, e sobretudo de uma escola atenta, cuidadora e libertadora.

SALA DE PROFESSORES

Comecei a dar aulas no Ensino Médio em 1999, quando estava no segundo ano da graduação em Filosofia. Ou seja: há mais de vinte anos passei a freqüentar a sala de professores.

Nesse ambiente, quase não presenciei discussões sobre processo pedagógico, sobre currículo, sobre métodos de ensino. Em lugar disso, ouvi com enorme regularidade reclamações quanto a prazos para entrega de notas, quanto a salários baixos, quanto a alunos "mal-educados", quanto a resultados de jogos de futebol.

A conclusão é inevitável: há algo de podre na nossa escola.

* * *

Um professor é um intelectual. O seu principal instrumento profissional é o seu pensamento – o que inclui a sua memória, a sua erudição e a sua capacidade de reflexão. Por isso, supõe-se que ele seja capaz de refletir sobre o seu trabalho, isto é: sobre o sentido da Educação, sobre a meta do processo pedagógico, sobre os métodos adequados ou inadequados para que essa meta seja alcançada.

Todavia, raríssimas vezes encontrei colegas educadores interessados em discutir a própria Educação. Quando levanto a questão, a maior parte das reações dos meus colegas varia entre a galhofa e a repreensão – sim, repreensão, sob a acusação corporativista de que eu estaria atrapalhando os interesses de classe.

Por "interesse de classe", entendam-se dois interesses distintos: de um lado, os professores da rede particular, interessados em manter a maior carga horária semanal possível para aumentar o seu salário; de outro lado, os professores da rede pública, interessados em pegar a menor carga horária semanal possível quando têm um salário fixo. Esses interesses divergentes convergem, dialeticamente, na busca pela maior eficiência: pela obtenção do maior salário possível, com o menor esforço possível.

Essa situação é compreensível: viver no Brasil é difícil. Parece que tudo conspira contra nós: o Estado sempre nos atrapalhando, os diversos fenômenos da violência nos restringindo a ação, os salários baixos, a falta de incentivos para a formação continuada. O trabalho intelectual padece ainda de outro mal: o desprezo do governo e do povo diante da produção acadêmica. Os professores não são incentivados a pensar, a estudar, a pesquisar: a busca incessante da satisfação das condições materiais para a sua sobrevivência é um obstáculo real à reflexão sobre o processo educacional.

* * *

Com isso, nós, professores brasileiros, acabamos por naturalizar a nossa situação profissional absurda: como denunciou em 1952 o físico Richard Feynman, ensinamos os nossos alunos "a resolver provas", mas ignoramos o porquê e o para quê disso. Adestramos os estudantes a solucionar exercícios sobre o conteúdo do currículo, do livro didático, da "apostila", mas jamais refletimos sobre as razões, as metas e as conseqüências do ensino desse conteúdo.

Quase sempre queremos simplesmente "cumprir o planejamento" para evitar aborrecimentos. Se o currículo explícito nesse planejamento não tem nenhuma ligação com o talento e a vocação de um aluno, o problema não é nosso. Se não existe nenhuma conexão do conteúdo curricular com a vida social e espiritual dos estudantes, não é nosso o problema.

Se vamos "reprovar" crianças por não conseguirem resolver exercícios sobre assuntos com que jamais se depararão na vida, o problema é delas.

Não nos importa que o currículo seja absurdo, que os métodos pedagógicos sejam maçantes, que não exista nenhuma ligação do mundo escolar com a vida real. Estamos cumprindo o nosso trabalho, e é isso o que importa.

* * *

O que poucos professores percebem é que, ao participarmos dessa fantasia que são as nossas escolas, agimos diretamente para a perpetuação e a ampliação da pobreza material, intelectual e espiritual da nossa sociedade.

Afinal, ao lado do currículo oficial que não tem o menor sentido existe outro, bem mais influente: o currículo oculto. E qual é o nosso currículo oculto?

Em outras palavras: o que ensinamos realmente na escola enquanto fingimos ensinar a matéria curricular?

- Ensinamos a realizar atividades absurdas, sem propósito claro, com a finalidade de obter notas abstratas que decidirão o futuro deles;

- ensinamos a obedecer à autoridade, a baixar a cabeça diante de ordens arbitrárias;

- ensinamos que os alunos não têm direito nem mesmo à autonomia do próprio corpo, ao autorizarmos ou desautorizarmos o ato de ir ao banheiro, de beber água, de sentar-se ou de levantar-se;

- ensinamos que não é preciso saber nada de fato, mas sim dar a impressão de saber, para que seja resolvida uma prova com questões muito parecidas com aquelas que foram resolvidas em classe;

- enfim, ensinamos a ser desonestos, quando marcamos uma avaliação e esperamos que os alunos estudem especificamente para ela; memorizar textos e soluções de exercícios no dia anterior, para uso utilitário e imediato esquecimento após a prova, é um tipo de cola, é um tipo de desonestidade intelectual. E somos nós, professores, quem encorajamos, por ação ou omissão, essa má utilização das faculdades cognitivas dos estudantes.

Isso significa que a nossa escola, longe de ser a solução para os problemas estruturais da nossa sociedade, é em grande parte causa deles. A escola brasileira é uma escola de autoritarismo e de desonestidade, e o seu currículo oculto se constitui essencialmente de lições de obediência e de "jeitinho".

Isso tudo vale tanto para a escola pública quanto para a privada. Digam o que disserem os anúncios publicitários das redes de escolas particulares, simplesmente não há boas instituições escolares no Brasil – não, pelo menos, entre as que seguem o currículo oficial, e certamente não entre as que preparam para o vestibular ou para o Enem. E é preciso dizer: do ponto de vista da formação humana, as escolas que estão no topo do *ranking* do Enem geralmente são as piores que podemos encontrar.

* * *

E de onde vem esse nosso currículo oficial?

A despeito de várias reformas na legislação educacional brasileira, ainda vivemos sob a sombra da organização escolar imposta pelos militares por meio da lei 5692/71. Essa lei estabelecia o currículo básico que ainda hoje se faz presente nos vestibulares e nos livros didáticos.

A lei 5692/71 determinava a formação focada no mercado de trabalho técnico-industrial típico dos anos 60 e 70: os governantes militares queriam que a maior parte dos estudantes brasileiros saísse do Segundo Grau pronta para assumir postos técnicos numa fábrica ou para cursar uma faculdade de Engenharia. Daí a ênfase desmedida na área de ciências naturais que ainda vemos no nosso currículo.

E o resultado disso? Além de termos um currículo oficial generalista, autoritário e absurdo, que não leva em consideração as aptidões e vocações dos nossos alunos, a nossa escola prepara para os empregos de 50 anos atrás.

* * *

Mas nada disso é discutido na sala de professores. Afinal, os professores são intelectuais que, por força das circunstâncias, acabam por abandonar a reflexão, transformando-se em técnicos do ensino: profissionais preocupados com os aspectos práticos do seu trabalho, sem o interesse em compreender as razões e as conseqüências do que fazem.

Os nossos professores escolares, portanto, quase nunca educam: eles instruem. E a instrução que eles proporcionam é completamente equivocada: está distante dos interesses e das aptidões dos nossos alunos, está apartada das necessidades da vida da sociedade e do espírito, ensina a desonestidade e o fingimento, e prepara os jovens para um mundo que já não mais existe.

Nesse sentido, julgo que as campanhas a favor da escola integral, as campanhas de defesa das instituições escolares, as campanhas anti-homeschooling não são campanhas pró-Educação. Pelo contrário: elas são campanhas a favor de uma instituição que desconhece o que a Educação significa.

Afinal, os termos *escolarização* e *Educação* não são sinônimos. Uma escola pode deseducar; é a situação que infelizmente encontramos no nosso país. Neste caso, mais escolarização significa menos Educação, significa mais estupidez, significa mais desonestidade.

* * *

A escola é importante: ela é a instituição basilar da Modernidade. Porém, daí não se segue que devamos defender todos os sistemas escolares. Há sistemas escolares viciosos, que mais prejudicam do que beneficiam os indivíduos e a sociedade. Em nome da Educação, eles precisam ser reinventados para que possam propiciar algo que entre nós é quase desconhecido: uma escola educadora. Uma escola educadora, com professores que não sejam meros técnicos da Educação: com professores que sejam também educadores, e que na sala de professores tenham prazer em criar estratégias conjuntas para impulsionar o talento específico de cada um dos seus alunos.

Será que em algum dia conhecerei uma sala de professores assim?

UMA ESCOLA CONTRA A LEI

Na Constituição Federal do Brasil, lemos que:

Art. 205: A educação, direito de todos e dever do Estado e da família, será promovida e incentivada com a colaboração da sociedade, visando ao pleno desenvolvimento da pessoa, seu preparo para o exercício da cidadania e sua qualificação para o trabalho.

O Estado tem o dever de educar – isto é: de promover o *pleno desenvolvimento da pessoa*, o *preparo para o exercício da cidadania* e a *qualificação para o trabalho* da totalidade dos brasileiros, sem nenhuma exceção. A definição de Educação contida no Artigo 205 não é perfeita – não poderíamos esperar isso dos nossos legisladores –, mas é suficientemente boa: ela aponta para um projeto de *Paidéia*.

* * *

Com o nosso modelo escolar, todavia, nada disso se realiza.

Nas nossas escolas, os estudantes não encontram o seu pleno desenvolvimento pessoal: saem do Ensino Médio ignorantes, vazios, sem cultura, sem rumo. Não sabem cuidar de si

nem profissionalmente, nem academicamente, nem emocional-
mente, nem espiritualmente.

Tampouco preparam-se para o exercício da cidadania:
não têm formação política – isto é: o preparo adequado para a
vida na *pólis* –, não aprendem a lidar com o dinheiro, não compreendem a necessidade de respeitar as diferenças.

E muito menos saem preparados para um trabalho: os
egressos do Ensino Médio não estão prontos nem para as profissões dos anos 1960, como as ocupações na indústria e no comércio, nem para as novas formas de trabalho, que proliferam
imprevisivelmente desde o início da revolução informática. O
seu único treinamento é o da adulação e da obediência à autoridade – do professor, do representante do Estado, do chefe.

Finalmente, são muitos os estudantes que, por várias razões, são deixados de lado no processo escolar: os professores e
os gestores parecem não compreender que quando a nossa
Constituição estabelece que "a educação é direito de todos", é
realmente de *todos* que ela fala, e não somente dos alunos corda-
tos e dóceis.

* * *

Em outras palavras: a escola brasileira está em desacordo
com letra da própria Constituição. A nossa escola nada tem de
educacional, no sentido dado pela lei. Pelo contrário: ela é, em
vários sentidos, um verdadeiro *obstáculo* à realização da Educação
em nosso país.

O que mais me surpreende é que os próprios professores
não percebam que, quando seguem - e defendem! - um modelo
escolar *anti-educacional*, tornam-se os próprios agentes *deseducado-
res* do povo brasileiro. É doloroso admitir: os professores brasileiros são, com uma freqüência impressionante, os maiores
inimigos da Educação.

16

O CRIME DA ESCOLA

O tempo é o bem mais valioso – porque escasso e insubstituível – que temos na nossa vida.

Quanto tempo não perdemos na escola em função de um currículo generalista?

Quanto tempo não perdemos porque o nosso sistema não está preparado para nos ajudar, individualmente, a descobrir o que cada um de nós ama fazer, e a partir daí a criar o nosso caminho?

Há crianças que amam construir. Outras amam programar. Outras, descobrir a História. Outras adoram mecanismos; outras, eletricidade; ou dançar, ou contar histórias, ou cozinhar; outras ainda gostam de cuidar – de plantas, ou de bichos, ou de gente. Algumas gostam de fazer contas e resolver problemas lógicos. Outras preferem consertar coisas mecânicas. Há crianças que são ótimas em organizar coisas ou pessoas, e sentem-se bem trabalhando em grupos; outras sentem-se melhor trabalhando sozinhas.

Uma boa escola, um bom professor, deveria olhar para a singularidade de cada estudante e perguntar:

"Como posso ajudar este indivíduo a criar o caminho da sua existência, para que ele possa viver uma vida plena e significativa?"

Se a escola tivesse como preocupação central ajudar cada aluno a realizar aquilo para que tem aptidão e vocação, então ela realmente seria uma ponte para a realização existencial de cada pessoa.

* * *

Todavia, isso é a última coisa com que as nossas escolas e os nossos professores se importam.

O seu maior interesse está em completar as lições dos livros didáticos e em estabelecer notas numéricas, como se a escola não passasse de um jogo. Um triste jogo sem nenhuma conexão com as necessidades da nossa vida social, profissional e espiritual.

No fim, resta a infeliz certeza: a escola rouba-nos anos e anos. Ela rouba de nós, sem jamais ter de responder por esse crime, o que há de mais valioso na nossa vida: o tempo. A escola, da maneira como está organizada, é uma instituição criminosa.

E nós, os professores, ao roubarmos o precioso tempo dos nossos alunos com exigências que não têm e nunca terão nenhuma significância na sua vida real, somos os agentes perpetradores dos crimes da escola.

NA ESCOLA DO JEITINHO

A porcentagem é apresentada aos alunos brasileiros no quinto ou no sexto ano do Ensino Fundamental. Todavia, a maioria dos brasileiros – inclusive os com nível superior! – não sabe calcular um desconto de 15%.

É um absurdo, é um crime, que tantos de nós tenhamos dificuldade com algo tão básico. É um crime não nosso, mas da nossa escolarização. De fato, a dificuldade do brasileiro com a matemática básica não é um fenômeno pontual. O brasileiro não sabe fazer contas, nem escrever corretamente, nem explicar o que aprendeu durante todo o percurso escolar.

* * *

Na escola brasileira existe, e sempre existiu, o fetichismo do livro didático: é preciso correr com as lições – isto é: com os capítulos – porque "o livro precisa ser todo dado"; caso contrário, a coordenação pedagógica reclama, os professores das séries posteriores reclamam, os pais reclamam. Isso é assim em todas as disciplinas: após o conteúdo ser ministrado e aferido por meio de uma prova, não há mais razão para revê-lo. Seguimos adiante, numa sucessão alucinada de novos conhecimentos. Ou seja: o que importa, na escola, não é o processo de aprendizado; o que importa é a aparência de que se aprende.

Depois, ficamos atônicos ao não recordamos quase nada do que "aprendemos" na escola. Isso é natural: no Brasil, o processo escolar não é voltado para o aprendizado, mas para a memorização de curto prazo. Estudamos "para a prova", e depois esquecemos o que estudamos. Afinal, a quantidade de conteúdo despejado aos alunos, desde muito cedo, é tamanha que se torna inevitável a interiorização de estratégias para que se escape da reprovação. Para sobrevivermos à escola, descobrimos que é mais eficiente nada aprender, ao mesmo tempo em que simulamos haver aprendido. Todos conhecem a expressão: "o professor finge que ensina, o aluno finge que aprende". Ela revela, sob o seu cinismo, um fato essencial da nossa instituição escolar: que o nosso verdadeiro currículo, o nosso currículo oculto, consiste em lições de como enganar e ser enganado.

E ficamos surpresos ao não conseguimos ordenar e hierarquizar as prioridades na nossa vida. Na escola, o domínio das porcentagens e dos juros tem, absurdamente, a mesma importância que a memorização do ciclo de Krebs ou das características das pteridófitas. O conhecimento de almanaque, relativamente inútil, recebe, na escola, o mesmo valor de um conhecimento essencial. Ou seja: por aprendermos que tudo tem a mesma importância, não concebemos que na vida profissional, na vida política, na vida afetiva haja gradações nos valores; o resultado é que o brasileiro se torna adulto sem a capacidade de avaliar, de modo autônomo, o que é mais e o que é menos importante.

* * *

A escola é a base da civilização: as práticas e os valores que recebemos da escola são repetidos e disseminados em toda a nossa sociedade. Em outras palavras: as práticas escolares desastrosas trazem sérias conseqüências para a nossa vida política e cultural.

Uma escola que nos ensina a enganar, a mentir, a fingir que sabemos o que não sabemos; uma escola que nos requer a realização de provas sem nenhum sentido, sem nenhuma conexão com a vida real; uma escola que nivela o conhecimento fundamental ao conhecimento de almanaque, atribuindo-lhes o mesmo tempo e a mesma medida – essa escola, a nossa escola, destrói, na própria origem, o senso das proporções epistemológicas e axiológicas, que é o fundamento do próprio conhecimento, e nos adestra a julgar como igualmente adequadas a ação honesta e a ação corrupta.

Uma civilização se constitui não em bases econômicas ou políticas, mas em bases culturais. Civilização é cultura. O espaço privilegiado da cultura é a escola. É no sistema escolar que a civilização se constrói, se eleva e se aperfeiçoa. A nossa civilização cínica, superficial, cartorial e violenta, em que precisamos nos precaver de todos os modos a cada passo, é o produto inevitável do nosso sistema educacional. Afinal, aprendemos, desde que pisamos pela primeira vez na escola, a burlar, a enganar, a simular um conhecimento que não possuímos. Somos literalmente formados na escola do jeitinho. Essa é, infelizmente, a marca do povo brasileiro no mundo.

* * *

Evidentemente queremos viver num país mais honesto, mais seguro, mais justo. Contudo, não é por meio de iniciativas políticas, jurídicas ou policiais que o nosso país deixará de ser o que tem sido. Políticos, juízes, policiais foram também formados na nossa escola corrupta e corruptora. Neles a escola fez florescer, como em todos nós, uma segunda natureza desonesta e embusteira que somente a muito custo dominamos.

Para que um dia vivamos no país que gostaríamos que o Brasil fosse, e que pode vir a ser, é preciso, em primeiro lugar, revolucionarmos de modo completo a fonte da civilização: a escola. É necessário enfrentarmos os interesses dos políticos, dos empresários, do corporativismo docente, para que possa surgir uma escola completamente nova, sem um currículo insano, sem as lições diárias de jeitinho. É preciso reinventar a nossa escola, libertando-a do vício da centralização generalista, que estabelece um único tipo de organização burocrática, uma única espécie de classificação discente, um currículo nacional unificado. É necessário permitir que cada escola estabeleça a sua própria ordem, as suas próprias práticas, o seu próprio currículo – e isso não é uma insanidade: há vários países, da Finlândia a Portugal, que permitem, em menor ou maior grau, a autonomia escolar em todos esses sentidos – para que tenhamos, enfim, uma escola que nós, brasileiros, jamais tivemos: uma escola *educadora*.

AUSÊNCIA DE PROJETO

É comum que se diga que a classe política deseja que as escolas permaneçam ruins para que o povo permaneça ignorante.

Esse *cliché* não corresponde a um fato. Não há ninguém que planeje conscientemente a ignorância do brasileiro. A verdade é que o governo – o que inclui o MEC – não tem mesmo a menor idéia do que seja Educação.

O que interessa ao gestor das políticas educacionais é planilha de Excel para fazer estatística.

Quando fui proprietário de escola, jamais fui procurado pela Secretaria Municipal de Educação para conversar sobre questões pedagógicas. A Secretaria, via de regra, queria o preenchimento e a devolução dos questionários enviados. Queria papel.

Em suma: para o governo, a Educação equivale a papéis preenchidos. Isso é uma tragédia não só para os pobres, mas também para a elite. Afinal, em nosso país a ignorância perpassa todas as classes sociais: mesmo as escolas mais caras não sabem que educar é realizar um projeto de *Paidéia*, ou seja, é orientar a formação integral do ser humano para que ele, enfim, floresça.

QUATRO NOTINHAS SOBRE CURRÍCULO

1. O currículo é impossivelmente extenso. Nem mesmo os professores o dominam. Peça a qualquer professor que resolva uma prova de todas as disciplinas do terceiro ano do ensino médio: ele certamente será reprovado. É loucura a exigência de que alunos adolescentes dominem uma cultura que os seus professores não conseguem ter. É claro que um currículo assim é criado para que não funcione, porque é impossível. A escola ensina *de facto* um currículo oculto, e não o explícito: ela ensina bem a memorizar um conteúdo, fazer uma prova e depois esquecer. Não há como ser diferente.

2. O nosso atual currículo não cumpre nenhuma função educacional. Os egressos do nosso ensino médio estão completamente despreparados para a vida social, profissional e acadêmica – o que é o propósito da Educação verdadeira. Em lugar disso, eles se tornam especialistas em resolver questões de prova. Richard Feynman já apontava esse caráter da escola e da universidade brasileira em 1952... Não espanta que uma quantidade muito significativa de pais sonhe para os filhos a carreira de "concurseiro". As escolas de elite, a despeito de absolutamente não educarem, preparam bem para essa profissão.

3. Muitos educadores enfatizam a questão do método, não a do currículo, e pensam que com um bom método pedagógico, aplicado corretamente, a Educação brasileira avançaria. Contudo, a tragédia da nossa escola não está no "como" se ensina; está no "o que" se ensina. Afinal, o método deve existir em função do currículo, e não o contrário. O "o que ensinar" determina o "como ensinar". Isto é: o "como", o método pedagógico, é um problema secundário; o problema primário é o nosso currículo completamente alucinado. Uma escola que "realmente ensine", que "ensine corretamente" um conteúdo nonsense não se torna uma instituição educadora; não, ela permanece anti-educadora, e será tanto mais anti-educadora quanto "mais corretamente" ensine esse currículo que não faz sentido. Métodos muito eficientes para ensinar um conteúdo insano não reduzem a insanidade: amplificam-na. Para que possa surgir a Educação nas escolas brasileiras, é preciso que se revolucione por inteiro o currículo nacional: que nada do antigo permaneça e que se crie outro completamente novo.

4. Como criar um bom currículo escolar? O seu componente obrigatório no Ensino Fundamental precisa focar naquilo que é realmente básico: muita leitura, muita escrita, a matemática do dia-a-dia, uma ou duas línguas estrangeiras, o básico da História, da Geografia e das ciências naturais. No Ensino Médio, todavia, precisa ser reduzido ao mínimo: muita leitura, muita escrita, uma ou duas línguas estrangeiras vivas. Ao lado desse currículo mínimo, precisam ser oferecidas, como eletivas, inúmeras opções de aprendizado e aprofundamento: as ciências naturais específicas, a matemática que vai além das necessidades cotidianas, línguas como grego e latim, aprofundamentos em História e Geografia, e noções de mecânica, de gastronomia, de marcenaria, de Direito, de Filosofia, de programação de computadores, de astronomia, de paleontologia, de música, de costura, e muitas outras matérias. Todas opcionais. Impossível? Ora, o ensino médio em muitos sistemas escolares europeus funciona assim, e não consta que os seus egressos apresentem uma formação intelectual trágica como a dos nossos jovens. Em

suma: para melhorar a escola, é preciso melhorar o nosso currículo – especialmente o do Ensino Médio. E melhorá-lo não é ampliá-lo: é reduzir o seu componente obrigatório ao mínimo essencial, e criar um componente eletivo vasto e variado.

CURRÍCULO E CIVILIZAÇÃO

O nosso currículo escolar – o currículo enfrentado por todos os brasileiros! – é duplamente alucinado: é alucinado tanto pela sua extensão absurda quanto pela sua desconexão com as necessidades da vida social e espiritual. A quem serve a manutenção desse currículo insano que condena a civilização brasileira à irrelevância histórica?

* * *

A Educação precisa estar conectada ao seu contexto histórico. É inacreditável que os elementos de um currículo escolar existam não em função das necessidades sociais, culturais e espirituais de um povo, mas porque simplesmente fazem parte de uma prova de acesso à universidade.

Durante doze anos preparamos os nossos jovens para a realização de uma única prova – um rito de passagem sem sentido e desnecessário. É como um jogo: quase tudo o que se faz na escola brasileira só tem valor no contexto da escola, quase tudo o que se estuda é irrelevante para a nossa vida, e é devida e justamente esquecido após a realização de cada avaliação, para ser lembrado com muito esforço no momento do vestibular.

Com esse processo insano, desperdiçamos os anos mais importantes da nossa formação humana.

* * *

A questão da Educação, no Brasil, possui uma dialética própria: nela, as palavras revelam a ausência do objeto. Tratar do "modelo brasileiro de Educação" é tratar de um objeto duplamente negativo: não há exatamente um modelo, mas uma prática; não há propriamente a Educação, mas a mera escolarização.

Na escola brasileira, o currículo torna-se, por sua extensão e por sua irrelevância, um *anticurrículo*; as avaliações e as notas são, por isso, ficções completas, pois avaliam o que não tem nem significância, nem sentido; e devido à humilhante perspectiva salarial, os professores são recrutados justamente entre os indivíduos menos equipados para a reflexão crítica.

Assim, o problema da Educação permanece um problema oculto – e, ao mesmo tempo, o maior problema da nossa civilização, tornando-nos, a cada geração, mais obtusos, superficiais e violentos. Resta-nos a triste conclusão: o modelo escolar brasileiro é o maior responsável pela esterilidade da nossa ciência, da nossa cultura, da nossa civilização.

ESCOLA E BOLHA POLÍTICA

Qual é a causa profunda desta situação em que todos, à direita e à esquerda, tornamo-nos insensíveis, e perdemos a capacidade de compreender a diferença? Por que é tão difícil sair da nossa própria bolha e reconhecer a legitimidade do pensamento, do sentimento e do modo de viver do Outro?

Uma das respostas está na falência do sistema escolar brasileiro. Essa falência foi causada, em parte, pela desastrosa reforma educacional estabelecida pelos militares – com a lei 5.692/71 –, que aboliu o ensino clássico, tornando compulsório, no segundo grau, o ensino "para o trabalho" em todas as escolas públicas e particulares. Como conseqüência dessa reforma, as gerações formadas no Brasil após os anos 70, independentemente do nível acadêmico que alcançam – do fundamental ao pós-doutorado –, podem vir a ser escolarizadas, mas dificilmente se tornam cultas; podem ser instruídas, mas raramente são refinadas. E são a cultura e o refinamento humanista que nos possibilitam ouvir e compreender as palavras da diferença e, com elas, enriquecer o nosso próprio mundo.

Em suma: nos faltou, e nos falta, uma Educação humanista. A substituição da riqueza cultural dos ensinos Clássico e

Científico pela generalista "formação para o mercado de trabalho" nos legou a dificuldade de ir ao mundo do Outro, de incorporar outros mundos nas nossas representações.

* * *

Como é possível adquirir, numa situação de desastre educacional como a nossa, a capacidade de visitar os outros mundos – isto é: a capacidade de sair da nossa bolha? Existem um caminho e um atalho.

O caminho é a experiência de vida: viver o prazer e a dor, a riqueza e a pobreza, a convivência amorosa e a solidão, os sucessos e os fracassos – o inescapável trágico que nos une a todos os homens de todos os tempos. Porém, para percorrer esse caminho é preciso viver uma vida inteira.

E o atalho é a literatura. A literatura nos ensina a enxergar com os olhos do Outro, a pensar com as idéias do Outro, a viver outras vidas que seriam impossíveis para nós.

* * *

A desastrada substituição, em 1971, do ensino humanista pelo ensino dito "profissionalizante" agora revela o seu preço. Após cinqüenta anos, tornamo-nos incapazes de acessar, dentro de nós, as representações, os valores e os percursos do Outro, porque supomos que o nosso mundo interno seja um espelho do Real: transformamo-nos no "homem unidimensional" de que falava Marcuse.

É possível furar a bolha, é possível aprender a ir em direção ao Outro? Sim: basta saber enxergá-lo, escutá-lo, compreender as suas dores, os seus sonhos, os seus fantasmas. Dostoievski nos ensina a fazer isso. E Cecília Meireles, e Guimarães Rosa, e Fernando Pessoa, e Hermann Hesse. A literatura, a poesia, a cultura humanista, ausentes da escola brasileira desde 1971, têm o poder de nos tornar seres pluridimensionais – e de nos revelar, enfim, que sob a aparência do Outro reside o Mesmo: de esquerda ou de direita, radicais ou conservadores, somos todos iguais.

32

NÃO EXISTE EDUCAÇÃO RÁPIDA

A instrução rápida é possível – a *instrução* rápida, contudo não a *Educação* rápida.

Educação é *Paidéia*: é a progressiva formação cultural e espiritual do ser humano.

A Educação, nesse sentido, é necessariamente lenta. Sem metas ambiciosas, sem etapas claras a ser verificadas por testes e provas. E é também diária: um pouquinho de cada vez, cotidianamente, é que se alimenta uma existência na humanidade.

* * *

É preciso, por exemplo, educar na beleza: a beleza é um alimento indispensável do espírito. Como Dostoievski sugere numa passagem de *O Idiota*, talvez a beleza venha a salvar o mundo – isto é: talvez a beleza possa salvar o próprio ser humano.

Mas, como toda a Educação, a beleza é experimentada em graus. Para falar nas artes: na literatura, nas artes plásticas e na música, é preciso subir devagar e constantemente. É preciso aprender a ler a prosa e o verso, a ver a pintura e a escultura, a ouvir e se entregar à música.

* * *

E como podemos proporcionar essa Educação a nós mesmos e aos nossos filhos?

Não há, no campo da Educação, fórmulas prontas. É preciso descobrir o que faz sentido para cada pessoa, para cada família.

Na nossa casa, por exemplo, temos uma rotina: toda noite, cerca de uma hora antes do horário de dormir, eu e meu filho apagamos as luzes da sala e ficamos ouvindo atentamente, do início ao fim, um CD de música erudita. Graças a essa nossa rotina lenta, suave, o meu filho, aos onze anos, possui um pequeno repertório musical no coração ao qual pode recorrer em momentos de alegria ou de dor.

* * *

Todos podemos alimentar, todos os dias, o nosso coração e o nosso pensamento com a beleza indispensável para a nossa formação humana. Essa formação, que é parte da verdadeira Educação, é uma tarefa – lenta e diária – para a vida inteira. Não se pode apressá-la. Não existe Educação rápida.

ESCOLA DOENTE, SOCIEDADE DOENTE

Platão já ensinava: é impossível existir uma sociedade sadia sem um sistema educacional saudável. O nosso sistema educacional, com um currículo inacreditavelmente extenso, mas absolutamente sem propósito – a não ser o de preparar para o vestibular –, é justamente o oposto disso. Ao ensinarmos a *fingir* o aprendizado, com avaliações feitas sob medida para a perpetuação do fingimento, adotamos um currículo oculto sombrio: promovemos a malandragem e a superficialidade intelectual.

Como podemos esperar que o Brasil seja um país com instituições confiáveis se o nosso currículo parece ter sido pensado, desde sempre, com o propósito de propagar a desonestidade? Se existem tantos jovens com espírito sadio (e, surpreendentemente, eles existem), isso ocorre não por causa de nossas escolas, mas *a despeito* de todos os esforços do nosso modelo educacional para corrompê-los.

O único caminho para a formação da civilização brasileira, ainda incipiente, é o da transformação da escola – de uma instituição que prepara para provas para uma instituição que educa e civiliza. E isso não ocorrerá enquanto não acabarmos de vez com o fetiche do nosso sistema: o vestibular.

DARWINISMO SOCIAL

O vestibular brasileiro é um dispositivo de darwinismo social, porque a nossa universidade pública é sobretudo uma instituição de confirmação de classe socioeconômica.

Os candidatos mais ricos tendem a ter evidentes vantagens significativas na preparação para as provas de seleção para o nível superior. Haver nascido em uma família mais rica não é questão de mérito, mas de sorte – e uma ordenação social baseada na sorte talvez não satisfaça critérios racionais de justiça sociopolítica.

Para lidar com esse problema, utiliza-se o recurso das cotas – sociais, raciais, de formação em escolas públicas.

As cotas têm uma qualidade: dispersam o privilégio do ingresso na universidade por um universo mais amplo de candidatos.

Todavia, as cotas não eliminam o caráter darwinista social do nosso vestibular, especialmente nos cursos mais concorridos.

Afinal, há o candidato negro que vive em situação de miséria, e há o candidato negro cuja família é rica.

Há o candidato que estudou a vida toda na escola estadual mais abandonada, na periferia, e há aquele que estudou numa escola federal, com condições materiais mais decentes, como o Colégio Pedro II.

Disputando as cotas há muitos candidatos em risco social e alguns candidatos privilegiados; estes últimos têm a maior chance do ingresso na universidade pelo vestibular.

* * *

Os argentinos encontraram uma solução para o problema das provas de acesso à Universidade: a sua simples *eliminação*.

A universidade argentina é pública. Lá, não existe vestibular. Todos os estudantes podem entrar diretamente em qualquer faculdade: basta ter concluído o ensino médio para efetuar a matrícula. O primeiro ano é de nivelamento, com as matérias adequadas ao curso superior.

Em todo o curso, as avaliações são rigorosas – com provas escritas e orais. É preciso estudar muito – mas estudar o que faz parte do currículo da formação acadêmica específica, o que é muito diferente de passar anos memorizando assuntos absolutamente inúteis, que serão utilizados no vestibular e esquecidos.

No modelo argentino, ninguém concorre com ninguém. Não existe quantidade limitada de vagas. Cada estudante deve estudar para si, não para competir com os outros.

Isso porque lá o ingresso na universidade não existe para fazer corte social, como no Brasil; lá, o sistema escolar não serve à manutenção da ordem socioeconômica, não serve ao darwinismo social, mas à Educação entendida como *Paidéia*.

O VESTIBULAR E A (ANTI-)EDUCAÇÃO

O vestibular é o *telos* do ensino fundamental e médio no Brasil. As escolas privadas assumem explicitamente que todo o seu ensino visa primordialmente à preparação para as provas de acesso ao ensino superior. As escolas públicas fazem o mesmo, geralmente com menos sucesso. E até os *Parâmetros Curriculares Nacionais*, que atualmente estabelecem o que deve ser ensinado em cada etapa escolar, seguem essencialmente o programa definido pelos vestibulares desde os anos 70 e 80.

* * *

O que ninguém diz é que o modelo de ingresso no ensino superior por meio de provas que abrangem uma quantidade sobre-humana de conhecimentos não mede nada além da capacidade de concentração, memorização e repetição. Não por acaso, os professores mais reputados nos cursinhos preparatórios são justamente os especialistas em mnemotécnica: são aqueles que criam os poemas mais picantes para se decorar a Tabela Periódica, que inventam as melhores musiquinhas para se guardar várias fórmulas de física e que adestram os alunos com esquemas pré-fabricados de redação para qualquer tema.

Em nosso sistema de acesso ao nível superior, o bom candidato se torna profundo conhecedor... de métodos de realizar provas. E, por não ter compreendido realmente nada, no dia seguinte ao vestibular se esquece de tudo o que passou dez anos estudando.

* * *

Não é de hoje: a escolarização como sinônimo de preparação para provas é um dos maiores desastres pedagógicos modernos.

Isso é particularmente verdadeiro no Brasil: nossos escritores, desde o século XIX, ironizam a cultura do bacharelismo – na qual valoriza-se mais o documento de papel do que o conhecimento que o documento deveria atestar. Na Educação, o bacharelismo apresenta-se como o fetiche da nota.

Uma breve história ilustra como a cultura do estudo para as provas é capaz de destruir a inteligência de um povo.

O físico norte-americano Richard Feynman, prêmio Nobel em 1965, visitou o Brasil inúmeras vezes entre 1949 e 1966. Em sua autobiografia, *Surely You're Joking, Mr. Feynman*, conta um episódio revelador da nossa cultura escolar.

Em 1951 e 1952, Feynman lecionou, como professor convidado, na Universidade do Brasil (que viria a ser posteriormente chamada de UFRJ). No fim de sua experiência docente por aqui, apresentou uma conferência sobre *O Ensino de Física no Brasil* no Salão Nobre da Faculdade de Filosofia.

Essa conferência causou impacto nos acadêmicos presentes. Nela, Feynman descreveu o seu desconcerto inicial com os alunos brasileiros: eles não sabiam responder a nenhuma pergunta cuja resposta não estivesse explícita nos manuais – contudo, eram considerados bons estudantes. Tiravam boas notas nas provas, mas não sabiam explicar as teorias que haviam apli-

40

cado. E os poucos alunos que eram capazes de realmente compreender o que faziam haviam realizado sua formação fora do ambiente universitário brasileiro.

Ao final da conferência, Feynman declarou, explicitamente, que não existia ciência no Brasil; que, a despeito de lá estar uma instituição chamada "Universidade", com prédios, professores e alunos, não havia nenhuma Universidade de fato; e que não entendia a existência de um sistema educacional no qual as pessoas passavam em provas e ensinavam os outros a passar em provas, mas ninguém aprendia realmente nada. Feynman concluiu que já esperava que o sistema de ensino superior do Brasil fosse deficiente, mas não estava preparado para descobrir que era 100% ruim.

Isso não aconteceu ontem, mas em 5 de maio de 1952.

* * *

Nenhum governo, desde os militares, jamais teve a menor pista do que deve fazer em relação à Educação.

Recentemente, falou-se em militarizar as escolas públicas. Com isso, em vez de um péssimo ensino com alunos indisciplinados, teremos um péssimo ensino com alunos obedientes às ordens do chefe, do patrão, do governante.

Falou-se também em adotar o sistema de *vouchers* – em que o governo paga a mensalidade de alunos em escolas privadas. Ora, o problema não é o ensino público; o ensino privado brasileiro também é muito ruim. E não nos esqueçamos de que as escolas públicas em que os professores são mais bem remunerados – como os institutos federais – são justamente aquelas em que a qualidade não é horrenda, mas somente ruim. Desmontar-se-á o ensino público, pagar-se-á muito bem aos conglomerados escolares, e tudo continuará a ser uma bela porcaria.

O fim do MEC, com a conseqüente eliminação de um currículo nacional, também não resolverá nada. Afinal, as nossas escolas continuarão perseguindo o fetiche do vestibular.

Em suma: é muitíssimo provável que o ensino recebido pelos jovens brasileiros continue em sua espiral de decadência nos próximos anos e nas próximas décadas.

* * *

A liberalização do sistema escolar, com a desregulamentação e a privatização das instituições – e a conseqüente absorção de milhares de escolas em grandes conglomerados econômicos –, pode resolver o problema da instrução, mas nunca resolverá o problema da Educação. Na verdade, a mercantilização do ensino somente tende a agravá-lo.

Isso porque o velho *cliché* que diz que a Educação não é um negócio está correto. Nas mãos invisíveis do mercado, a Educação tende a se transformar em mera instrução, em seu lado mais virtuoso, ou em venda de diplomas, em seu lado mais selvagem. Efetivamente, nenhum capitalista deseja formar senão bons funcionários para a indústria, o comércio e o setor de serviços – e que sejam também consumidores ávidos por novidades. Mas não interessa ao mercado que os seus empregados tenham idéias próprias, que não acatem a ordens imorais, que denunciem o patrão que comete ilegalidades e que lutem por direitos civis e políticos. Interessa ainda menos que as pessoas simplesmente se recusem a ser engrenagens substituíveis do sistema e que abandonem o consumismo em benefício de uma vida mais simples.

Por essa razão, não podemos dizer que a formação fornecida em todo o sistema escolar brasileiro seja efetivamente Educação senão por metonímia. A formação para os empregos no comércio, nos serviços e na indústria possui alguns elementos da metodologia da Educação, mas é coisa bem diversa. Não emancipa o homem: aprisiona-o numa caverna da qual é difícil escapar. Essa caverna, cheia de prateleiras nas quais os prazeres

42

são vendidos em prestações sempre acessíveis, assemelha-se à liberdade, mas é um tipo de servidão – não simplesmente a servidão do corpo, mas a servidão do intelecto, a servidão da vontade, a servidão da existência.

O homem *instruído* para o mercado de trabalho, e por isso não educado, não cultivado, é precisamente o que Ortega y Gasset, à direita, chamava de "homem-massa" e Marcuse, à esquerda, chamava de "homem unidimensional": um homem objetificado, um homem que se objetifica, que restringe os seus pensamentos, os seus valores e os seus desejos àqueles estabelecidos pelos *media*, sem jamais problematizar a sua condição, para que possa ser *assimilado* e *consumido* como recurso – como *recurso humano!* – no *mercado de trabalho*.

A verdadeira Educação não é nada disso: educar não é instruir. Educar é reconstruir toda a civilização em cada ser humano. A Educação visa à ascensão de cada criança, de cada jovem, a partir de sua circunstância social, econômica e histórica, ao diálogo participante com toda a civilização. Isto é: a Educação é o processo de conduzir cada indivíduo à absorção da ciência, da literatura, da arte, da história, de toda a cultura, em sua estrutura de existência. A Educação é, em suma, a expansão do singular ao universal: é o trabalho de realização da humanidade em cada homem.

As escolas brasileiras têm sido, historicamente, instituições *anti-educacionais*. O desafio da nossa época é o de levá-las a fazer o que jamais fizeram: o desafio é o de transformar as nossas escolas em instituições verdadeiramente *educadoras*– ou poderíamos dizer: *humanizadoras* – dos brasileiros.

* * *

Nesse sentido, a orientação curricular do Enem evidentemente não corresponde a nenhum projeto verdadeiramente educacional. Na verdade, ela se propõe a indicar as "competências e habilidades" necessárias para a formação do funcionário-padrão do século XXI: é preciso saber manejar minimamente –

mas só minimamente – a língua portuguesa, uma língua estrangeira, ter alguns conhecimentos de almanaque das humanidades e utilizar a matemática e as ciências naturais para resolver problemas técnicos. Exatamente de acordo com a proposta de Gary Becker e da Escola de Chicago de que ensino escolar seja tomado como um recurso econômico com o propósito de criar o "capital humano" capaz de incrementar o PIB.

Em outras palavras: o currículo escolar brasileiro, todo direcionado aos vestibulares e ao Enem, favorece precisamente o que o mercado procura – isto é: a mera instrução, e instrução por repetição, o que é precisamente a anti-Educação.

* * *

Como seria possível vencer a lógica da anti-Educação na escola brasileira? Como seria possível romper com décadas de um ensino que, como denunciou Richard Feynman já em 1952, se especializou em formar fazedores de provas?

Uma das primeiras e mais urgentes medidas deve ser a extinção do vestibular. É necessário ressaltar: a *extinção* do vestibular.

* * *

Por que Buenos Aires, com três milhões de habitantes, possui 467 livrarias (perfazendo uma livraria para cada cerca de seis mil habitantes), o quíntuplo da quantidade de livrarias da cidade de São Paulo, com treze milhões de habitantes e noventa livrarias (ou seja: uma livraria para cada cerca de 144 mil habitantes)? Por que o nível cultural da Argentina não decai, ainda que política e economicamente os nossos irmãos austrais estejam, há pelo menos vinte anos, em uma situação muito mais complicada do que a nossa?

Entre as razões da permanência da Educação na Argentina, ainda que as suas instituições políticas e econômicas vivam em crise permanente, sobressai uma especial: eles não têm vestibular. Por conseguinte, as escolas não são obrigadas a ensinar quase que exclusivamente a fazer provas – elas têm a liberdade e a possibilidade de verdadeiramente educar. Na Argentina, ensina-se nas escolas algo que é impensável no Brasil: ensina-se cultura, ensina-se civilização.

"Como assim? Não há vestibular? Como se seleciona quem cursará a universidade?"

Simplesmente não se seleciona. O jovem argentino termina o ensino médio e imediatamente efetua a matrícula no curso de sua preferência – seja Filosofia, Contabilidade ou Medicina.

Em vez de uma única prova que determinará todo o seu futuro, ele fará as avaliações semestrais do seu curso – e nelas não poderá falhar.

"Ah, mas na Argentina é mais fácil: eles têm muito menos estudantes do que o Brasil..."

E o Brasil tem um orçamento público muito maior do que o da Argentina. Ademais, hoje em dia, com todos os avanços da tecnologia de comunicação, seria perfeitamente possível a um único professor titular, em tempo real, lecionar para cinco, dez ou vinte mil alunos em centenas de salas de aula em todo o país; o problema das aulas práticas, nos cursos em que elas existem, poderia ser perfeitamente resolvido por professores assistentes em campi diversos.

* * *

"Mas é preciso selecionar de algum modo... como é possível que para cursar medicina na USP, gratuitamente, baste efetuar a matrícula?"

Ora... essa pergunta, no fundo, equivale a uma outra: "então investi centenas de milhares de reais com escolas e cursos para que o meu filho estude junto ao filho da empregada?"

Se fosse só por isso, já valeria a pena adotar um modelo de acesso ao nível superior como o argentino. Afinal, o nosso modelo é o epítome da injustiça social, é a distribuição de renda ao contrário: o ICMS das compras do pobre paga parte da formação superior do rico nas universidades públicas.

Contudo, vale a pena adotar o modelo argentino por outra razão, uma razão ainda mais grave: talvez pudéssemos, pela primeira vez, ver florescer gerações menos preocupadas com provas e títulos e mais interessadas pela invenção da nossa própria civilização.

Afinal, a única civilização que uma república de bacharéis incultos pode engendrar é uma civilização macunaímica, que, antropofagicamente, macaqueia – sem jamais compreender – os sinais externos da vida espiritual dos outros povos.

* * *

Reconheço a improbabilidade da extinção do Enem. Há muito dinheiro investido em conglomerados educacionais – escolas, universidades, cursinhos, que se beneficiam da existência dos vestibulares, seja para encher escolas preparatórias com os jovens de classe média que obterão as vagas mais disputadas, seja para lotar universidades particulares com os pobres que ficarão para trás. De fato, todo o investimento desses grupos bilionários na mercantilização do ensino iria, num instante, por água abaixo se, no nosso país, todos tivessem acesso livre à universidade gratuita – e, conseqüentemente, se as escolas pudessem, pela primeira vez em nossa história, começar a educar.

"A ESCOLA EM PRIMEIRO LUGAR NO ENEM"

A idéia de que "escola boa é a que prepara para o Enem" é completamente alucinada.

Reduzir o propósito da Educação a um único evento na trajetória escolar de um jovem é tão absurdo quanto casar-se com alguém só para poder fazer o chá de panela.

* * *

De fato, as escolas preparatórias para o Enem são qualquer coisa, menos instituições educacionais. Elas adestram os jovens por meio de reforços negativos e positivos, apoiadas pelo poder da sugestão e do hábito.

Os jovens que freqüentam essas escolas pouco a pouco se tornam especialistas em realizar provas escritas: adquirem o hábito de resolver determinadas espécies de questão, sempre muito teóricas, sempre muito parecidas, sempre desconectadas do mundo prático.

Isto é: tornam-se especialistas em técnicas absolutamente irrelevantes para a vida real, com as suas dificuldades concretas, com os seus obstáculos sociais, profissionais, emocionais.

Mas eles passam no vestibular. E isso é uma tragédia: a nossa elite intelectual, a nossa elite econômica, é preparada para um mundo do faz-de-conta. A nossa elite é meritocrática, mas acredita numa meritocracia em que o mérito está em haver adquirido técnicas para solucionar questões completamente irrelevantes. Em outras palavras: a nossa elite é adepta de uma meritocracia sem mérito nenhum.

* * *

Qual é o custo existencial de haver freqüentado uma escola preparatória?

Os jovens saudáveis, os jovens que desejam entender o sentido do que fazem, adoecem física ou psiquicamente, ou simplesmente falham. Não se adaptam a um sistema absurdo – e essa dificuldade de adaptação é a maior demonstração da sua saúde.

E os jovens que conseguem se adaptar e ter sucesso nesse modelo escolar? Esses me preocupam. Cada um deles pagará à sua própria maneira a fatura por ter obtido sucesso numa escola agressiva, competitiva, insana – a começar pela angústia, comum a tantos jovens adultos, de não ter consciência de suas próprias forças, de seus próprios talentos, de sua própria vocação.

O MITO DAS "ESCOLAS DE ELITE"

Há um fenômeno curioso na sociedade brasileira: muitos entre nós acreditam que as "boas escolas" são aquelas com melhor posição no "*ranking* ENEM".

Todavia, uma escola que "prepara para o ENEM" está preocupada, fundamentalmente, com a instrução dos alunos para a solução de provas seletivas, e não com a realização da própria Educação. Em outras palavras: o seu projeto político-pedagógico é, com toda a precisão, um projeto anti-educacional.

* * *

E o que é a Educação?

A Educação é a formação da cultura de base necessária para que se possa viver uma existência superior. A Educação é aquilo a que os gregos chamavam *Paidéia*: é a aquisição dos elementos fundamentais de uma vida social, espiritual e profissional significativa, para que se participe ativamente do destino comum à humanidade.

Aquele que, na escola, recebe mera instrução sob o nome de Educação infelizmente não participa desse nosso destino comum senão passivamente, como um figurante que nem mesmo sabe o que está fazendo ali.

Não, um jovem escolarizado em "escolas de elite" no Brasil não recebe, nem de longe, uma "boa Educação". Ele recebe um bom adestramento para a realização de uma prova que nada avalia senão a memorização e o raciocínio básico. É impossível que ele compreenda, como seria de se esperar, o panorama das trocas civilizacionais profundas, daquilo que move a própria humanidade, a não ser que obtenha fora da escola aquilo que a escola não pode lhe oferecer: a própria Educação.

* * *

Isto é: no Brasil, um jovem só pode se educar se não se importar muito com a escola – se não passar o dia solucionando equações e resolvendo provas dos vestibulares dos anos anteriores; se, em lugar disso, utilizar o seu tempo para ler, para criar arte, para praticar esportes, para participar de movimentos culturais.

Eis uma das tragédias da Educação em nosso país: para que a ela possamos ter acesso, precisamos driblar a escola. Afinal, a escola brasileira é um obstáculo à Educação. E tanto maior é esse obstáculo quanto mais "de elite" a escola for, quanto melhor a escola "preparar para o vestibular".

* * *

Infelizmente, tanto na rede de escolas públicas quanto na rede de escolas privadas, os próprios gestores – em todos os níveis, do MEC ao diretor escolar – e os próprios professores, com poucas exceções, jamais perguntaram-se o sentido daquilo que fazem todos os dias. E oferecem, sob o nome de "Educação", justamente o que impede a Educação de acontecer.

50

"O MELHOR POSSÍVEL, NÉ"

Toda escola brasileira precisa, para funcionar legalmente, apresentar um Projeto Político-Pedagógico (PPP) à Secretaria de Educação.

Cada escola tem o seu próprio PPP. Nele, a comunidade escolar descreve a missão da escola, a sua estratégia, o seu funcionamento, as relações entre a escola e a sociedade. Em outras palavras, o PPP é o documento fundamental e ordenador de qualquer instituição escolar, seja pública ou privada.

* * *

Lembro-me de um caso. O ano era 2007. Eu e um amigo, professor de Química, fomos convidados para uma entrevista profissional numa escola em São Cristóvão, no Rio de Janeiro.

Chegamos lá e fomos recebidos pela senhora diretora, que era também a proprietária da instituição. Ela mostrou-nos todo o prédio, as salas de aula, os recursos de informática, os espaços de alimentação e de lazer.

Fomos conversar na sala da direção. Seríamos contratados.

Após as usuais definições de horas/aula, carga horária e dias reservados para a escola, a diretora-proprietária perguntou se tínhamos alguma outra dúvida. Sim, eu tinha uma dúvida:

"A senhora pode nos explicar qual é o Projeto Político-Pedagógico da escola?"

Ao fim de alguns longos segundos, em que aquela senhora evidentemente entrou num estado de confusão mental, veio a resposta:

"Projeto Político-Pedagógico? Ah, é o melhor possível, né".

* * *

Diante da resposta absurda, declinei o convite para ali lecionar. Afinal, aquela diretora evidentemente não sabia minimamente o que era Educação.

E aprendi uma lição: muitas vezes, os gestores escolares não têm a menor idéia do que estão fazendo. Eles acreditam que o que constitui uma escola é um prédio, são as salas de aula, com as suas carteiras e o seu quadro-negro. Eles não percebem que tudo isso é contingente, e que uma escola não precisa ter salas, ou carteiras, ou refeitório; muito freqüentemente, eles não compreendem que os únicos elementos necessários de uma escola são os estudantes, os professores e *um projeto*, isto é: uma *meta* que oriente a formação dos seus alunos.

APROVAÇÃO E REPROVAÇÃO

Um amigo perguntou-me por que defendo a "aprovação automática". Sim, essa é uma boa pergunta: por que sou crítico da reprovação escolar no ensino básico?

Lecionei no ensino fundamental, no médio e no superior, tanto na rede pública quanto privada. Fui sócio de uma escola de ensino fundamental. Então, eu falo a partir da posição de quem passou trinta e cinco anos como aluno – da escola ao doutorado – e vinte anos como professor.

* * *

É opinião corrente – inclusive entre muitos professores! – que é preciso "reprovar" os estudantes que não demonstrem domínio dos conhecimentos exigidos em uma série escolar.

Mas qual é o propósito da reprovação?

Diz-se que a reprovação é necessária para que o estudante possa recuperar o conteúdo e finalmente aprendê-lo.

Ora, isso não faz sentido. Seria perfeitamente possível progredir a sua série, ao mesmo tempo em que se determina a participação em aulas de reforço do conteúdo mal aprendido.

De fato, a progressão já assim funciona em alguns sistemas no Brasil.

Diz-se também que a possibilidade da reprovação é um fator de pressão e de reforço para que o aluno aprenda: por medo de ser reprovado, ele estudaria.

Quem pensa desse modo não compreende o fato psicológico de que todos desejamos conhecer e aprender coisas, quando essas coisas são interessantes e nos parecem úteis. Desde Aristóteles já se tem consciência clara disso: a frase de abertura do livro A da *Metafísica* é "os homens desejam, por natureza, conhecer".

A crença de que se pode ensinar por meio do medo corresponde menos à natureza do processo humano do conhecimento do que ao sadismo que se camufla sob a aparência de um propósito elevado.

* * *

Tenho duas décadas de magistério. Nas dezenas e dezenas de conselhos de classe de que participei, vi inúmeras reprovações. Descobri que a reprovação não é exatamente um procedimento acadêmico; é um procedimento moral.

As justificativas para uma reprovação são variadas. Mas a nota baixa quase sempre está associada a um comportamento fora do padrão: o aluno precisa ser reprovado porque é "bagunceiro", "desrespeitoso", "preguiçoso", "falante"; deve ser retido porque ele "não pára quieto" ou "não quer nada com a vida".

Todas essas são justificativas morais: o aluno não "merece" passar de ano porque o seu comportamento escapa do padrão esperado. A reprovação é uma punição a um *pecado*: o pecado da bagunça, o pecado da preguiça, o pecado da distração.

Mas é justo reprovar uma criança, o que pode ter efeitos por toda a sua vida, em função do modo como os professores avaliam o seu comportamento?

* * *

É preciso dizer que muitos dos professores de quem ouvi esses julgamentos morais, às vezes com grande grosseria, eram pessoas sádicas e autoritárias. Infelizmente há muito sadismo e autoritarismo no ambiente educacional. Eles se revelam quando o professor não deixa que o aluno vá ao banheiro, quando o mestre se vangloria das notas baixas da turma na sua disciplina, quando ri dos alunos, quando os humilha, quando sente prazer por ser temido.

Esses professores participam dos conselhos de classe e decidem o futuro dos jovens.

* * *

Outro fenômeno a que já assisti algumas vezes é a escola que determina uma quantidade "adequada" de reprovações por turma. Não pode reprovar demais, porque haverá perda de alunos; não pode reprovar pouco, porque a escola passará a imagem de ser "fraca". Por exemplo: uma reprovação entre 5% e 10% por turma é considerada adequada. Questão de finanças e de marketing.

* * *

A única justificativa que parece ter algum sentido na reprovação é a de que "o aluno não aprendeu o que devia ter aprendido" naquele ano.

Todavia, sempre me pareceu que há três causas principais para a dificuldade de aprender algo que está de acordo com o que se espera na sua faixa etária.

A primeira causa é psicossocial: o estudante pode estar passando por problemas na família, ou correndo risco na sua vizinhança, ou ter vivido uma situação de extremo estresse emocional. Nesse caso, é injusto e perverso responsabilizar o aluno pela dificuldade, e ainda piorar tudo com a reprovação.

A segunda causa é orgânica: ele pode não estar se alimentando ou dormindo corretamente, ou ter um problema de visão ou audição não identificado anteriormente, ou mesmo ter alguma doença ou algum distúrbio que lhe dificulte a caminhada escolar. Evidentemente a escola precisa lidar com carinho e flexibilidade nesses casos; reprovar o aluno é ser insensível e desumano.

A terceira causa não está no aluno, mas na escola e no professor: quando aluno que não está passando por problemas psicossociais nem de saúde vai mal na escola, é a instituição, é o mestre, que não está conseguindo tornar as aulas interessantes e mostrar como o conteúdo ensinado é importante para a vida. Ora, uma criança ou um jovem sempre se esforça para dominar um tema que lhe pareça interessante e útil. "Ah, mas existem conteúdos que o aluno não vai usar na vida, conteúdos que só servem para o vestibular". Nesse caso, quem está com problemas psicossociais, quem está doente, é o próprio sistema escolar. Não é o estudante, mas o professor, o gestor e o formulador das políticas educacionais que deveriam ser reprovados.

* * *

Num outro nível de discussão, esse debate existe porque a comunidade escolar, com muita freqüência, considera a nota não como um recorte limitado, artificial e arbitrário de um instante do aprendizado, mas como o próprio centro da vida do aluno.

Sou professor. Preparei centenas e centenas de avaliações, e corrigi dezenas de milhares. Posso atestar: a nota que vai ao boletim não é um ente da natureza. É, pelo contrário, um número em certa medida arbitrário, que designa não a "quantidade de conteúdo" (uma noção por si contraditória) apreendida, mas um conjunto de outras variáveis, que vão da qualidade do professor e da escola ao próprio método de avaliação, passando pelo julgamento moral que se faz sobre o estudante.

* * *

De fato, numa escola com aulas interessantes, atraentes e significativas, as reprovações seriam desnecessárias: todos os alunos teriam gosto em aprender, e aqueles que tivessem dificuldades seriam enxergados, acolhidos e acompanhados pela comunidade escolar. Em vez de identificar, classificar, rotular e reter os alunos com dificuldades, um bom sistema escolar incluiria e daria suporte individualizado para que eles pudessem seguir junto com todos.

Em suma: quando acontece uma reprovação nas nossas escolas, pelo menos um desses fatores ocorreu: ou a escola ou não teve o cuidado e a humanidade com o aluno que passava por dificuldades na vida; ou não conseguiu tornar as aulas interessantes e motivadoras; ou contava com um professor sádico e autoritário; ou estabeleceu para os professores uma meta de reprovações como elemento da estratégia de marketing. Isto é: quando um aluno é reprovado, na verdade quem deveria estar reprovada é a própria escola. Afinal, a reprovação é uma falha do ensino – e o aluno, por definição, não pode ensinar a si mesmo.

Por isso, mantenho a oposição firme a toda e qualquer reprovação escolar no ensino básico.

A ESCOLA É O ÚNICO PROBLEMA QUE IMPORTA

"Entre os problemas da cultura moderna é a escola o único que levo a sério e que eventualmente me interessa. Em mim a escola destruiu muita coisa. E conheço poucas personalidades importantes a quem não tenha ocorrido o mesmo. Na escola só aprendi duas coisas: latim e mentiras".

> (H. Hesse. *Para ler e pensar*: pensamentos extraídos de seus livros e cartas. Trad. Belchior Cornélio da Silva. Rio de Janeiro: Record, s/d., pp. 80-81.)

A escola "destruiu muita coisa" em Hermann Hesse (1877-1962). De fato, o problema fundamental da escola não é somente brasileiro, mas universal. A escola moderna foi desenvolvida a partir do projeto iluminista do progressivo esclarecimento da humanidade. Esse projeto pressupõe a idéia de uma natureza humana comum, uma natureza humana que seria universalmente movida pelos mesmos estímulos; por essa razão, na base da escola moderna está a elaboração de um método analítico-sintético e cumulativo de aquisição de conhecimento – um método que, em princípio, serviria para o desenvolvimento dessa natureza humana comum na direção do esclarecimento e da autonomia dos futuros cidadãos. E quem são os cidadãos?

De acordo com a definição aristotélica, são os indivíduos aptos a participar das decisões e da administração da comunidade.

* * *

Se inicialmente a escola iluminista visava à formação de uma elite política e burocrática, a partir do aprofundamento da Revolução Industrial e das formas de democracia a escola se tornou formadora de cidadãos-soldados-operários-consumidores — e o ambiente escolar assemelhou-se, cada vez mais, a fábricas e quartéis.

Fábricas e quartéis para o desenvolvimento da natureza humana nas crianças e adolescentes, imagine! Todos reconheceremos os elementos da nossa escola: os horários rígidos de entrada, saída e alimentação; o ambiente fechado, escuro, com portas, grades e vigilância; o estudo de temas compartimentados e independentes como os passos de uma linha de produção; a dissociação entre a matéria estudada e a vida social e espiritual; o respeito à autoridade do superior (o professor), ainda que as ordens não façam sentido; a resignação diante da arbitrariedade e do sadismo das autoridades; a realização de exercícios e de avaliações rígidas, com prêmios e punições diante dos resultados; a inserção em um grupo de semelhantes, mas estranhos, freqüentemente identificados por números, que somente convivem durante as horas regulamentares dentro do prédio escolar. Sim, essa é a nossa instituição escolar, mas nada disso é componente necessário da Educação; tudo isso foi inventado para que a escola se torne uma reprodução em miniatura do ambiente militar e fabril, com o propósito de aclimatar, previamente, as crianças ao mundo que as esperava nos séculos XVIII, XIX e XX.

Em outras palavras: a função da escola que conhecemos é justamente a de destruir a infância, quebrar o espírito, matar a liberdade, adestrar os corpos e as mentes para uma vida de obediência, exploração e alienação.

* * *

A escola, massificadora por natureza, desindividualizadora por método, é incapaz de realizar o propósito fundamental da Educação, que é, em primeiro lugar, proporcionar a cada aluno o conhecimento das próprias forças, dos próprios talentos, para que descubra a sua vocação; e, em segundo lugar, oferecer os materiais necessários para que ele possa, pelo seu próprio desejo, desabrochar para uma vida autêntica, significativa e produtiva.

De fato, a escola não costuma fazer isso — ela costuma, ao contrário, impor obstáculos quase intransponíveis (sob a forma da disciplina fabril-militar, do currículo insano e das pressões emocionais) para o florescimento dos estudantes. A escola, de modo geral, não existe para educar: ela existe para impedir que se eduque.

* * *

Por isso a escola é, para Hesse e para todos os que se preocupam com a humanidade, o problema central da vida moderna. Sem a transformação da escola, a humanidade permanecerá doente: desejosa de líderes autoritários, pronta a obedecer à autoridade, alegremente alienada de si.

UMA SALUTAR CONTRADIÇÃO

Sou professor. Conheço bem a escola. Entendo que, pelo seu propósito de universalizar o conhecimento, ela seja uma das instituições mais importantes da nossa civilização. Defendo a escola, e muito especialmente defendo a escola pública, que idealmente teria as condições materiais de oferecer uma Educação de qualidade, que é necessariamente muito cara, a toda a população.

Todavia, como o pensamento é dialético, também concordo com a radical crítica formulada por Ivan Illich à escola em 1971. Ele escreve:

"A alienação, na concepção tradicional, era conseqüência direta do fato de o trabalho ter-se convertido em trabalho assalariado, o que tirava do homem a possibilidade de criar e ser recriado. Agora, os jovens são pré-alienados pelas escolas que os isolam, enquanto pretendem ser produtores e consumidores de seus próprios conhecimentos, concebidos como mercadoria que a escola coloca no mercado. A escola faz da alienação uma preparação para a vida, separando educação e realidade, separando trabalho e criatividade. A escola prepara para a institucionalização alienante da vida ensinando a necessidade de ser ensinado. Aprendida esta lição, as pessoas perdem o incentivo de crescer com independência; já não encontram atrativos nos assuntos em discussão; fecham-se às surpresas da vida quando estas não são predeterminadas por definição institucional. A escola, direta ou indiretamente, emprega a maior parte da população. A escola ou retém as pessoas por toda a vida, ou assegura que elas se ajustem a alguma associação. A Nova Igreja Mundial é a indústria do conhecimento, ao mesmo tempo fornecedora de ópio e lugar de trabalho durante um número sempre maior de anos na vida de uma pessoa".

(I. Illich. Sociedade sem escolas. 3ª ed. Trad. Lucia Mathilde Endlich Orth. Petrópolis: Vozes, 1976, pp. 86-87.)

* * *

Para Ivan Illich, a Educação universal por meio da escolarização não é viável, e tampouco seria se tentássemos realizá-la através de instituições alternativas constituídas sob o molde das escolas atuais. Illich diz que nem novas atitudes de professores em relação a seus alunos, nem a proliferação de hardwares ou de softwares educativos (na sala de aula ou em casa), nem a tentativa de expandir a responsabilidade do pedagogo até que este participe da vida dos seus alunos, proporcionaria uma Educação universal. Para ele, o caminho da universalização da Educação é o oposto: em vez de escolas, deveríamos manter teias educativas, teias que amplificariam a oportunidade de cada um transformar todos os momentos de sua vida em momentos de aprendizagem, partilha e cuidado.

O que Ivan Illich propõe, em suma, é um modelo de Educação não-escolar – justamente aquilo a que hoje em dia, com o avanço da tecnologia, temos acesso, com *TED Talks*, com cursos (pagos ou gratuitos) sobre todo e qualquer assunto disponível na rede, com fóruns de discussão e aprendizado.

* * *

A proposta de Illich seria, então, uma espécie de "homeschooling"? Sim e não. Sim, no sentido em que a Educação se daria fora da escola; ele propõe mesmo o fim da instituição escolar. E não, porque muitas das propostas de homeschooling constituem uma substituição à escola, com um currículo (ainda

64

que de certo modo individualizado), com regras e com atividades semelhantes à realizada em classe – com a diferença de que em vez da classe temos o quarto.

O que Illich defende é a radical individualização do processo educacional: que se dê a todos os indivíduos os meios para que possam perseguir os seus próprios interesses, desenvolver os seus talentos, encontrar a sua vocação. O mundo é bem grande, e há lugar para todos.

* * *

Uma crítica possível às idéias de Illich é a de que "num mundo assim, ninguém buscaria as profissões mais desvalorizadas: faxineiro, gari, garçom".

Eu concordo: num mundo em que a escola não destruísse os sonhos dos alunos, em que a escola não ensinasse a obedecer cegamente a ordens estúpidas e a realizar tarefas monótonas, repetitivas e sem sentido, as pessoas não se sujeitariam à exploração. Precisamos de faxineiros, garis e garçons? É preciso pagá-los bem, então. Mas não temos como pagá-los bem? Então façamos a nossa própria faxina, cuidemos do nosso próprio lixo, sirvamos a nossa própria comida, ora.

Esse tipo de crítica oculta a atitude elitista segundo a qual precisamos que as pessoas sobrevivam com subempregos porque certas atividades são indignas da nossa posição social. E a própria formulação dessa crítica revela que a escola é a instituição-chave na estratificação da sociedade.

Em suma, a escola universalizante é uma instituição que ordena os níveis sociais, que desenvolve as competências da disciplina e da obediência à autoridade, e que produz, em cada aluno e aluna, uma expectativa "socioeconomicamente adequada" em relação àquilo que pode esperar da sua vida. A escola é, no sentido mais preciso, uma instituição alienante.

* * *

65

O pensamento é dialético. Ao mesmo tempo em que defendo a existência da escola – e em especial a escola pública –, defendo a sua extinção. Contraditório? Sim, sem dúvida. Contudo, o que seria do pensamento se não fôssemos capazes de abraçar uma idéia e também o seu exato oposto?

A *FORMA* DA CIVILIZAÇÃO

Qual é a *Forma* da nossa civilização? Não há.

Não pode haver, portanto, nenhum projeto de Educação em nosso meio, a não ser como caricatura de um projeto de outro povo – um projeto educacional que não compreendemos, mas que macaqueamos na falta de um próprio.

Antes de pensarmos em como podemos melhorar o nosso modelo educacional, é preciso que decidamos *quem queremos ser no mundo*.

Da resposta a essa questão derivará, sem grande esforço, a nossa pedagogia.

* * *

De fato, a escola brasileira não deriva de nenhum projeto civilizacional – porque não pode derivar do que não existe. Do nada, nada pode surgir.

A nossa civilização não tem nenhum projeto, nenhuma aspiração de ocupar um lugar no mundo, nenhum *telos*: vivemos um dia de cada vez, num tempo que é um eterno curto prazo: a nossa busca é por permanecermos existindo, e investimos todas as nossas energias nesse propósito.

* * *

Nem ao menos sabemos quem somos: precisamos do olhar do Outro, precisamos do espírito do Outro, precisamos das *Formas* do Outro para que constituamos o nosso autoconhecimento.

É por isso que a história da cultura brasileira pode ser resumida como a história da busca do significado da brasilidade. O tema recorrente da cultura brasileira, desde que nos entendemos como uma nação, é a busca pela nossa identidade nacional. E sempre resolvemos essa busca ou pela incorporação antropofágica dos epifenômenos da cultura alheia, ou pela recusa espalhafatosa desses epifenômenos – ao mesmo tempo em que adotamos, de modo subserviente, o aparentemente recusamos.

Desde o início, a cultura brasileira, a alma da nossa civilização, constituiu-se como pastiche da cultura européia – um pastiche em que copiamos somente os epifenômenos da cultura, sem supor a sua profundidade espiritual.

* * *

Se a nossa cultura é um pastiche, se a nossa civilização é uma caricatura, não temos propriamente uma *Forma* que oriente a nossa constituição no mundo.

Conseqüentemente, não há nada, no espírito brasileiro, que possa servir de guia para a formação da nossa Educação. A nossa escola é uma cópia da escola européia – mas uma cópia sem substância, porque os problemas que a escola européia tentou solucionar não são os problemas que temos no Brasil. A escola européia tradicional fracassou no sentido humano – e as Guerras atestam esse fracasso –, mas havia um sentido, ainda que alienante, para a sua organização. Já a escola brasileira não se constituiu a partir das necessidades da vida no Brasil; ela se

formou como uma escola fabril-militar numa sociedade que não
era fabril-militar, mas agrária, e posteriormente comercial; foi, e
ainda é, uma instituição sem nenhuma relação com as necessidades espirituais, sociais e econômicas do nosso país.

Ora, qualquer projeto de Educação só faz sentido se é
dirigido à realização de uma *Forma* civilizacional. A escola precisa ser pensada em função do seu *telos*, e esse *telos* é o destino
sonhado coletivamente por um povo.

Por isso, seria inútil imaginar, *a priori*, um modelo educacional brasileiro; seria necessário perguntar, antes, o que queremos, como nação, com a Educação. Sem a resposta a essa
primeira pergunta, a função da escola retrocede a um propósito
pré-civilizacional, arquetípico, simbólico: a escola se torna mero
rito de passagem, um rito de passagem longo e humilhante, cuja
conclusão marca a passagem para a vida adulta.

* * *

Pensando bem: talvez, no apagar das luzes, a escola brasileira como mero rito de passagem para a vida adulta faça todo
o sentido: afinal, na ausência de uma *Forma* de civilização, a vida
do brasileiro se reduz à luta cotidiana pela sobrevivência: vivemos ainda como os nossos longínquos antepassados, ainda somos os nossos ancestrais.

OS PROPÓSITOS DE UM SISTEMA EDUCACIONAL

"Um bom sistema educacional deve ter três propósitos: dar a todos que queiram aprender acesso aos recursos disponíveis, em qualquer época de sua vida; capacitar a todos os que queiram partilhar o que sabem a encontrar os que queiram aprender algo deles; e, finalmente, dar oportunidade a todos os que queiram tornar público um assunto. Tal sistema requer a aplicação de garantias constitucionais à educação. Os aprendizes não deveriam ser forçados a um currículo obrigatório ou à discriminação baseada em terem um diploma ou certificado. Nem deveria o povo ser forçado a manter, através de tributação regressiva, um imenso aparato profissional de educadores e edifícios que, de fato, restringe as chances de aprendizagem do povo aos serviços que aquela profissão deseja colocar no mercado. É preciso usar a tecnologia para tornar a liberdade de expressão, de reunião e imprensa verdadeiramente universal e, portanto, plenamente educativa".

(I. Illich. Sociedade sem escolas. 3ª ed. Trad. Lucia Mathilde Endlich Orth. Petrópolis: Vozes, 1976, pp. 127-128.)

Já temos a tecnologia imaginada em 1970 por Ivan Illich. A internet está aí, as redes sociais estão aí. O que nos falta agora é abandonar os sistemas escolares especializados em aprisionar e adestrar corpos e mentes; o que nos falta agora é alimentar as

redes de aprendizado, é criar a era da verdadeira Educação –
livre e individual.

* * *

De fato, a Educação é necessariamente individual e livre,
ou não passa de instrução. O valor da instituição escolar consiste
na possibilidade de oferecer aos estudantes, de modo especiali-
zado, ajuda para que eles possam desenvolver os seus talentos e
descobrir os seus próprios caminhos.

Se a escola não pode proporcionar essa ajuda, é uma instituição inútil. Mas se, além de não ajudar os estudantes, dificulta
que eles floresçam com liberdade, impondo-lhes que disponham
de todo o seu tempo para a memorização e a realização de tarefas absolutamente inúteis para a vida social, espiritual e profissional, então a escola é uma instituição verdadeiramente
monstruosa.

EXISTE MODELO "PAULOFREIRIANO"?

É comum ouvirmos que a culpa do desastre da Educação brasileira é de um "marxismo" que teria sido introduzido nas reformas do MEC por Paulo Freire. Essa idéia foi apresentada inclusive por um economista que ocupou o Ministério da Educação no governo de Jair Bolsonaro.

Contudo, a Educação brasileira efetivamente segue um projeto paulofreiriano ou marxista?

* * *

Em primeiro lugar, é questionável que o "método Paulo Freire" de alfabetização (que, essencialmente, propõe aproximar o aprendizado das letras às circunstâncias do aluno) seja particularmente marxista – pois esse método pode ser usado também no contexto da "Educação para o Trabalho", que de marxista não tem nada, e é oposto a concepções pedagógicas explicitamente marxistas, como a Pedagogia Histórico-Crítica.

Em segundo lugar, a denúncia paulofreiriana presente na *Pedagogia do Oprimido* (1968) contra a "educação bancária", que conduz o aluno ao hábito de desejar a opressão, é, antes de "esquerdista", libertária: não somente os marxistas, mas também os liberais clássicos e os anarquistas concordariam plenamente com ela.

Finalmente, Paulo Freire não pode ter estabelecido o "marxismo" na Educação brasileira porque nunca propôs um programa educacional sistemático. Como o MEC poderia seguir um programa que nunca foi formulado?

* * *

Um programa sistemático explícita e inegavelmente marxista é o da Pedagogia Histórico-Crítica criada por Dermeval Saviani (a partir de *Escola e Democracia*, de 1983). Para ele, a Educação escolar deve dar à classe dominada acesso aos recursos culturais da classe dominante – ou seja: todos os alunos, inclusive (e sobretudo) os alunos pobres, devem aprender o que a humanidade produziu de mais elevado no campo da ciência, da arte e da cultura em geral, para que possam, assim, romper a lógica da opressão da elite sobre a classe trabalhadora.

Em outras palavras: de acordo com a perspectiva marxista do Saviani, a Educação escolar precisa ter uma qualidade extraordinária – inclusive tornando possível a apropriação, por parte dos alunos pobres, da alta cultura universal (na literatura, na música, nas artes clássicas, por exemplo): qualquer aluno, por mais pobre que fosse, deveria ter acesso à obra de Shakespeare, de Bach e de Van Gogh como componentes escolares.

Todavia, essa proposta marxista, que concebe a Educação como instrumento para a autonomia da classe trabalhadora, jamais teve nenhum eco no MEC – que, pelo menos desde 1971 (com a reforma educacional criada pelo tecnicismo militar que substituiu a divisão, no segundo grau, entre o ensino "clássico" e o ensino "científico" pela "formação para o trabalho" de orientação tecnocientífica) caminha na direção contrária, determinando para todos um currículo alienante, sem conexão com a vida pós-escolar, longe de tudo o que possa contribuir para a aquisição da cultura universal.

*   *   *

Tampouco passou pelo MEC outra abordagem de raiz marxista em relação à Educação – esta, crítica, feita por Pierre Bourdieu e Jean-Claude Passeron em *A Reprodução: elementos para uma teoria do sistema de ensino* (1970). Bourdieu e Passeron tratam do modelo escolar francês, mas suas idéias se aplicam perfeitamente bem ao sistema brasileiro. Para eles, qualquer ação pedagógica é violência simbólica e impõe um arbitrário cultural – uma concepção que, por revelar o caráter inevitavelmente opressor de todo e qualquer sistema escolar, foi desprezada quer por parte da esquerda, quer por parte da direita, nos anos 70.

*   *   *

O MEC também não tomou conhecimento de outra crítica, também à esquerda, às escolas. Em *Sociedade sem Escolas* (1970), Ivan Illich acaba, por outra via, convergindo com as idéias de Bourdieu e Passeron. Para Illich, a escola que existe é mais um modo de institucionalizar a vida, de subjugar toda a existência do ser humano a um poder controlador institucional anônimo e quase inescapável, e deveria ser eliminada; em seu lugar, deveriam ser construídas *redes de aprendizagem* não-escolares que aproximassem quem quer ensinar a quem quer aprender.

Houvesse o MEC incorporado essas críticas, teríamos campo para propostas não-diretivas como a *Summerhill* de Alexander S. Neill, ou centradas no aluno como a *Escola da Ponte* estabelecida por José Pacheco – ou mesmo a liberação do *homeschooling* com um currículo aberto.

*   *   *

O nosso sistema educacional nunca foi marxista. Nos últimos cinqüenta anos, a orientação do MEC tem sido, na verdade, oposta: tem visado à formação do cidadão funcionário-pacífico-e-consumidor-previsível, e não à ascensão econômica e política da classe trabalhadora por meio da aquisição da cultura universal, como um projeto marxista de Educação proporia.

Em suma: o programa do MEC não pode ser paulofreiriano: Paulo Freire jamais formulou um sistema educacional. O programa do MEC tampouco é marxista: é direcionado à obediência à autoridade. O MEC não precisou da ajuda nem de Paulo Freire, nem do marxismo, para, nas últimas cinco décadas, constituir-se como o principal agente estupidificador do povo brasileiro.

NÃO EXISTE "EDUCAÇÃO À DISTÂNCIA"

Hoje há inúmeros cursos universitários em formato EAD, e propõe-se a ampliação desse formato no próprio Ensino Básico.

Sinto muito, mas isso é uma farsa: não existe "Educação à Distância".

Como bem sabia Platão já no século V a.C., a *Paidéia* – isto é: a formação integral do ser humano, que é o objetivo final da Educação – é um processo convivencial, um processo que exige a relação pessoal e presencial entre um mestre-aluno e um aluno-mestre.

Tudo isso a que andam chamando de "Educação à Distância" não chega a ser Educação: é, no máximo, instrução.

* * *

A Educação é presencial, ou não é Educação.

AS FÁBRICAS EAD DE DIPLOMAS

No Brasil, muitas universidades particulares aproveitaram a pandemia para justificar a demissão da maior parte dos professores e para priorizar o Ensino à Distância – com aulas gravadas, avaliações simples de múltipla escola, corrigidas automaticamente, sem o apoio de professores em nenhum momento.

Isto é: as universidades particulares maximizaram o lucro, diminuindo abruptamente a folha de pagamentos e aumentando indefinidamente a quantidade de alunos por curso.

O resultado desse processo não pode ser julgado em termos de Educação; ele deve ser julgado em termos de fraude.

* * *

Contarei uma história pessoal que ninguém, além da minha esposa e de alguns amigos muito próximos, jamais soube.

Quando me tornei sócio e diretor de uma escola, decidi fazer uma formação EAD em Língua Portuguesa e em Matemática – com o único propósito de melhor avaliar as práticas dos nossos professores.

Eu já era bacharel e licenciado (e mestre, e doutor); além da direção escolar, dava aulas numa universidade. Com essa limitação de tempo em vista, encontrei na internet uma formação de "complementação pedagógica" a ser ministrada em um ano, totalmente EAD, por uma universidade particular reconhecida pelo MEC. Ora, como o meu interesse era meramente instrumental e eu sabia que jamais trabalharia como professor de Português ou de Matemática, nem colocaria isso no currículo, decidi fazer a minha inscrição.

Inscrevi-me; esqueci-me.

Um dia, recebi uma ligação de uma pessoa da universidade, informando-me que havia provas a fazer até o prazo final do ano letivo – o que significava: até o final da semana. Lembrei-me da inscrição nos cursos, dos quais não havia assistido a uma única aula, ri e decidi, mais por curiosidade do que por qualquer outra razão, ver o que acontecia. "Assisti" a todas as aulas (na verdade, abri e fechei, após dois segundos, todos os vídeos obrigatórios) e resolvi todas as provas (20 avaliações do curso de Português, 20 avaliações do de Matemática) nos dois dias que havia até o final do prazo.

Nas avaliações (todas eram de múltipla escolha, e possuíam um nível de exigência ligeiramente superior ao de um teste psicotécnico), a maior dificuldade que tive foi a de entender algumas das questões de Pedagogia e de Legislação Educacional: certos enunciados estavam tão mal escritos, certos comandos estavam tão mal formulados, que não havia meios de saber qual era a resposta esperada.

Pois bem: passei em todas as provas. Todavia, após receber os resultados (e informar à coordenação que não tinha interesse em receber os diplomas), pensei que, com cursos de tão baixa qualidade, o banco de questões devia ser limitadíssimo – e que as respostas talvez estivessem disponíveis na internet. Dito e feito: uma busca rápida revelou que em inúmeros fóruns compartilhavam-se as soluções das provas dos cursos superiores EAD. Identifiquei, nesses fóruns, várias das questões que eu havia resolvido antes.

Eu já sabia que os cursos teriam uma qualidade baixíssima, mas não estava preparado para o que viria a encontrar: a pura fraude. Isto é: a possibilidade de fazer duas formações superiores em dois dias, com 100% de aulas gravadas, sem qualquer contato com professores, com provas formuladas por analfabetos, e com respostas disponíveis a um clique na internet. Eu não estava preparado para uma formação superior fraudulenta do início ao fim.

* * *

Note-se: nada tenho contra o aprendizado pela internet. Muito pelo contrário: é maravilhosa a proliferação de cursos livres online, gratuitos e pagos, a respeito de tudo o que se possa imaginar. Hoje, pode-se aprender qualquer coisa, em qualquer lugar, a partir de um computador, ou mesmo de um telefone – sem provas, sem diplomas, sem institucionalização do conhecimento –, e isso é uma profunda revolução educacional.

O que é inaceitável, e mesmo criminoso, é que universidades estejam oferecendo aos brasileiros cursos formais de péssima qualidade, com diplomas reconhecidos pelo MEC. Na prática, não se trata de um comércio educacional: trata-se de um comércio de diplomas. Sim: essas universidades particulares não são senão empresas de comércio de diplomas. Elas vendem diplomas a pessoas que talvez acreditem realmente ter obtido uma formação de nível superior. Isso nada tem a ver com Educação: é puro e simples estelionato.

A EDUCAÇÃO NÃO É UMA TÉCNICA

Ferramentas digitais de ensino, com estratégias e materiais planejados e avaliados sistematicamente, instruem, não educam. A instrução é essencial para o desenvolvimento intelectual e profissional de cada um; mas instruir não é educar.

Afinal, a Educação não é uma técnica; é um processo de encontro. Educar é um estar-junto no mundo; é uma troca de impressões, de conhecimentos e de orientações que quase nunca pode ser reduzida ao plano puramente verbal. A rigor, sem a relação presencial e afetiva entre o aluno-mestre e o mestre-aluno, a Educação não existe.

* * *

Por que os formuladores e gestores escolares, em todos os níveis, enfatizam não propriamente a Educação, mas a instrução?

Porque o processo instrucional é facilmente mensurável: basta aplicar uma prova para que se constate o grau de instrução assimilada pelo estudante.

O processo educacional, por sua vez, é algo impossível de avaliar numericamente: não há como medir um olhar de atenção e cuidado, nem se pode quantificar as trocas afetivas que constituem a tessitura da existência humana.

E a cabeça tecnicista julga que não existe o que não pode ser medido. Os formuladores e os gestores muitas vezes perdem a dimensão do que há de especificamente educacional no processo escolar.

* * *

Um professor que não pensa a Educação; um professor que se limita, mecanicamente, a seguir as práticas correntes e o currículo proposto, sem analisar criticamente o que faz; um professor que não quer ou não pode olhar para cada estudante individualmente, nele investindo afeto e tempo – um professor assim não é um educador.

É um mero instrutor, e poderia, com vantagens, ser substituído por ferramentas digitais de ensino.

Professores educadores, por outro lado, são indispensáveis e insubstituíveis. É uma pena que, em nosso país, eles sejam tão raros.

APRENDER A LER NA UNIVERSIDADE

Desde 2013 ensino a disciplina "Metodologia da Pesquisa" numa universidade. A primeira lição nas minhas aulas de Metodologia sempre é: aprender a ler.

Isso pode parecer infantil, mas conheço pessoas com mestrado e doutorado, conheço professores e jornalistas, que lêem muito mal.

Há diferentes técnicas de leitura de um texto dissertativo: a leitura *skimming*, perpendicular, rápida, em que somente se apreende o objeto geral do texto; a leitura tipo *scanning*, também rápida, em que não se entende nada do texto, mas se busca, com atenção, termos ou expressões-chave; a leitura de compreensão, em que se busca efetivamente apreender a tese e os argumentos do texto; a leitura analítica, em que se busca obter as referências do autor e os seus passos lógicos; e a leitura crítica, em que se procura pelas falhas argumentativas, contradições, erros conceituais, equívocos nas referências a outros autores.

* * *

Tratemos da leitura de compreensão, que é a base da leitura analítica e da leitura crítica. Há algumas regras básicas para a compreensão de um texto dissertativo.

Em primeiro lugar, a compreensão de um texto supõe a boa-vontade. É preciso ler um texto com o firme propósito de entendê-lo. Se algo parece fora de lugar, é preciso anotar a dúvida e esperar – pois talvez tudo se esclareça à frente.

Em segundo lugar, é preciso descobrir a tese do texto. Encontramos a tese ao condensarmos ao máximo as idéias defendidas pelo seu autor. A tese de um texto de rede social, por exemplo, é uma frase – explícita ou implícita – que resume toda a postagem. A partir da identificação da tese, é necessário distingui-la dos argumentos. A tese é a idéia que os argumentos sustentam; os argumentos são as justificativas da tese.

Finalmente, é preciso reconhecer a possibilidade de que o autor saiba mais do que nós sobre o assunto a respeito do qual *ele* decidiu escrever. Devemos encarar um texto com humildade. Se há algo muito estranho, devemos antes de tudo fazer a pergunta: será que ele está simplesmente tratando de um assunto que eu não conheço, ou sob uma perspectiva que ignoro?

* * *

A cada regra virtuosa acima exposta corresponde um vício intelectual.

O primeiro vício é a má-vontade prévia. Antes mesmo de terminar a leitura, o sujeito já julga que o texto "está errado". Ele não lê para compreender, não lê para absorver novas perspectivas: ele lê para discordar. É um leitor infantil, que ainda não percebeu que a má-vontade intelectual é marca inequívoca do intelecto obtuso.

O segundo vício é o da confusão entre a tese e os argumentos, o que ocorre quando o leitor não consegue identificar a tese central do texto. O sujeito critica um dos argumentos e julga ter refutado o texto inteiro. Na verdade, esse leitor ainda não entendeu a lógica que rege a argumentação. Ele lê mal porque pensa mal – e pensa mal porque lê mal.

E o terceiro vício é o da ignorância orgulhosa: "se eu nunca ouvi falar disso, evidentemente isso não existe". Esse tipo de leitor ilustra perfeitamente a síndrome de Dunning-Kruger: a sua soberba é diretamente proporcional à sua ignorância — e quanto mais ignorante, mais cheio de opiniões ele é.

* * *

Esses três vícios intelectuais, infelizmente, são lugar-comum nas redes sociais. Eu suspeito que o maior culpado por isso seja o nosso currículo escolar — um currículo que, além de estupidamente extenso, é também isolado das necessidades da vida social e espiritual. Isto é: as crianças e os adolescentes passam ao menos cinco horas diárias na escola por quinze anos, mas não existe tempo, na carga horária repleta de atividades, para o aprendizado suave e o treino permanente dos métodos de leitura.

Em suma: saímos da escola devidamente alfabetizados, mas imperfeitamente letrados. Lemos um texto, mas temos muita dificuldade na sua interpretação.

E a pessoa que não sabe interpretar um texto não sabe interpretar o mundo.

O DIPLOMA NÃO TORNA NINGUÉM PROFESSOR

Muita gente pensa que o professor é aquele que se formou em Pedagogia ou que concluiu alguma licenciatura.

Para mim, isso é um engano. Ninguém se torna professor de um dia para o outro só porque pegou um diploma.

* * *

Eu, por exemplo, descobri-me como professor quando já lecionava Filosofia havia alguns anos.

Antes, ministrava aulas e recebia salário – mas não percebera o mais importante, aquilo que, de tão óbvio, se escondia: que cada criança e adolescente precisava mais de amor e cuidado do que de lição e avaliação.

* * *

Somente fui compreender essa obviedade quando o meu filho nasceu – e, de repente, entendi que cada criança sob os meus cuidados era também um filho de alguém.

Nesse momento, ficou claro que eu precisava ser, para cada aluno e aluna, o mestre atento e sensível que eu queria que, um dia, o meu filho tivesse.

E foi então que finalmente comecei a me tornar um professor.

SOBRE INFÂNCIA E TELAS

Agora existem escolas "modernas" cheias de computadores, *tablets*, quadros didáticos que são um grande monitor de computador. Livros didáticos digitais. Portais na internet com exercícios e avaliações. Em suma: telas por todos os lados, em nome de uma educação divertida.

Então lembro-me de que os executivos do Vale do Silício não permitem que os seus filhos utilizem celulares e *gadgets* afins e preferem as escolas que não seguem a moda da "inovação tecnológica"[1].

Aqueles que melhor conhecem os efeitos da internet e das telinhas, que são justamente os executivos das empresas de tecnologia, não permitem que os seus filhos pequenos se envolvam com celulares, *tablets*, redes sociais.

Eles sabem muito bem que o futuro de uma criança "conectada" é um adulto inepto. Eles querem a conexão digital para todos nós – mas, evidentemente, não para os seus próprios filhos.

---

[1] https://brasil.elpais.com/brasil/2019/03/20/actualidad/1553105010_527764.html

* * *

Foi publicada no *BBC Brasil* uma entrevista[2] com o neurocientista francês Michel Desmurget, autor de *A fábrica de cretinos digitais*. Desmurget aponta que "vários estudos têm mostrado que quando o uso de televisão ou videogame aumenta, o QI e o desenvolvimento cognitivo diminuem".

"Os principais alicerces da nossa inteligência são afetados: linguagem, concentração, memória, cultura (definida como um corpo de conhecimento que nos ajuda a organizar e compreender o mundo). Em última análise, esses impactos levam a uma queda significativa no desempenho acadêmico", diz o pesquisador.

Para Desmurget, "antes dos seis anos, o ideal é não ter telas (o que não significa que de vez em quando você não possa assistir a desenhos com seus filhos). A partir dos seis anos, se os conteúdos forem adaptados e o sono preservado, o tempo em frente a tela pode chegar até meia hora ou até uma hora por dia, sem uma influência negativa apreciável. Outras regras relevantes: sem telas pela manhã antes de ir para a escola, nada à noite antes de ir para a cama ou quando estiver com outras pessoas. E, acima de tudo, sem telas no quarto."

Telas, redes sociais, videogames: isso tudo é ótimo para quem deseja controlar a vontade das massas. Quanto mais acesso a videogames e redes sociais, menos inteligentes e livres os nossos filhos estarão.

* * *

Essa é uma das razões pelas quais na nossa casa as telas são bastante controladas: quase nunca assistimos à televisão, por exemplo. Há mais de dez anos não assistimos aos canais de TV aberta (novelas e telejornais são absolutamente desconhecidos pelas nossas crianças). Sim, o nosso filho de onze anos tem um

---

[2] https://www.bbc.com/portuguese/geral-54736513

videogame – mas os horários de jogos são limitados a uma ou duas horas por semana, aos sábados.

Talvez por isso tenhamos notado algo curioso e sério: o nosso rapazinho é quase sempre um menino tranqüilo, amoroso, respeitador. Contudo, quando ele tem acesso livre a desenhos animados, a seriados ou a um videogame, seu comportamento tende a se transformar: com freqüência, torna-se intolerante e desafiador, e tem crises de raiva por qualquer motivo.

Isso é curioso porque eu, que cresci na época do Atari e do Nintendo, lembro-me de ficar exatamente da mesma maneira quando fazíamos, durante as férias, sessões de horas e horas de jogos eletrônicos com os primos ou os amigos. Até hoje guardo na memória a sensação de cansaço nos olhos e no peito, de insatisfação, de raiva. Qualquer coisa que me contrariasse, por pequena que fosse, era a gota d'água. Por isso, compreendo bem o que acontece com o meu filho.

E isso é sério porque quando fui diretor de uma escola do ensino fundamental constantemente encontrava, nas conversas com pais, uma correlação entre o uso contínuo de televisão/videogame e picos no comportamento agressivo de algumas crianças. Para tornar o problema mais grave, às vezes isso se combinava com a alimentação inadequada (pensem em fandangos e coxinha todo dia) e com a ausência de uma rotina de sono saudável (crianças de sete ou oito anos dormindo às onze da noite, ou mais tarde...).

Alguns educadores, diante do comportamento dessas crianças, exigem imediatamente um laudo psicológico. Talvez eles não percebam que esses comportamentos agressivos ou intolerantes não são o problema, mas sim um sintoma – um sintoma de uma dificuldade que, muitas vezes, não diz respeito a uma patologia, mas a uma dinâmica psicossocial cuja causa está no próprio ambiente familiar.

Por isso, com peso no coração, pergunto-me: quantas crianças não estarão a receber etiquetas de TOD ou de TDAH quando, na verdade, sofrem simplesmente de excesso de telas e de alimentos ultraprocessados, e de falta de atenção humana e de sono de qualidade?

SUICÍDIO E INDÚSTRIA CULTURAL

Em dezembro de 2021 foi divulgado um estudo[3] realizado por equipe liderada por Thomas Niederkrotenthale, professor do departamento de Medicina Social e Preventiva da Universidade de Viena. A pesquisa analisou os números dos suicídios na população norte-americana entre 2010 e 2018.

A interessante conclusão da pesquisa: no mês subseqüente a três eventos particulares, a *Lifeline* (uma linha telefônica de assistência emocional e psíquica a quem tem intenção de cometer suicídio) recebeu quase 7% a mais de ligações (quase dez mil ligações a mais), e houve uma redução de 5,5% na quantidade de suicídios em relação aos números usuais.

Esses três eventos particulares que ocorreram antes da queda do número de suicídios são relacionados a uma música: o hip hop "1-800-273-8255", do artista Logic. O título da música é justamente o número da *Lifeline*. O primeiro evento foi o lançamento da música; o segundo, a sua interpretação no *MTV Video Music Awards* 2017; o terceiro foi a sua interpretação no *Grammy Awards* 2018.

---

[3] https://www.bmj.com/content/375/bmj-2021-067726

Isto é: uma música popular provavelmente ajudou a salvar a vida de centenas de jovens nos EUA.

* * *

Ao ler esse estudo, pensei em um fato muitas vezes desprezado: o poder da indústria cultural na formação do nosso temperamento e da nossa motivação. A música, o cinema, a televisão, as redes sociais influenciam profunda e decisivamente o nosso pensamento e a nossa ação. Platão já sabia do poder heterônomo da cultura: em *A República*, inclui a música como elemento fundamental da Educação, ao mesmo tempo em que propõe que se expulse os poetas miméticos da cidade (o que significa também a proposta de expulsão da poesia mimética da nossa alma).

Adorno e Horkheimer atualizam para o século XX a crítica de Platão à poesia mimética. O que eles falam sobre o filme vale, sem alteração, para a televisão e para as redes sociais, especialmente aquelas que se caracterizam pela aceleração da mensagem visual e pela redução do espaço da comunicação escrita – como *Youtube, Instagram, Tiktok*.

Para Adorno e Horkheimer,

"o filme não deixa mais à fantasia e ao pensamento dos espectadores nenhuma dimensão na qual possam, sem perder o fio, passear e divagar no quadro da obra fílmica, permanecendo, no entanto, livres do controle de seus dados exatos; e é assim precisamente que o filme adestra o espectador, para se identificar imediatamente com a realidade. Atualmente, a atrofia da imaginação e da espontaneidade do consumidor cultural não precisa ser reduzida a mecanismos psicológicos. Os próprios produtos paralisam essas capacidades em virtude de sua própria constituição objetiva. São feitos de tal forma que sua apreensão adequada exige, é verdade, presteza, dom de observação, conhecimentos específicos, mas também de tal sorte que proíbem a atividade intelectual do espectador, se ele não quiser perder os fatos que desfilam velozmente diante de seus olhos".

(T. Adorno e M. Horkheimer. *Dialética do esclarecimento*. Trad. Guido Antonio de Almeida. Rio de Janeiro: Zahar, 1985, pp. 104-105.)

Em outras palavras: o produto cultural contemporâneo (como o cinema, a televisão, a música, as redes sociais), por suas próprias características, ultrapassa facilmente as defesas da nossa crítica, e acessa o campo interno mais ou menos inconsciente em que elaboramos os nossos afetos, os nossos desejos, os nossos propósitos. Assim como esse produto cultural tem o poder de redirecionar o ato de um suicida – de, em vez de conduzi-lo ao desfecho mortal, conduzi-lo ao telefone –, tem também o poder de direcionar uma quantidade indeterminada de atos de todos nós.

E, como lembra-nos Žižek, devido à falta do vocabulário para que compreendamos que os nossos afetos, desejos e propósitos nos são impostos por outrem, acreditamos ser livres: julgamos viver de modo livre e autônomo, desde que possamos optar entre assistir na TV a um filme ou a um jogo de futebol, ou entre jantar no restaurante ou em casa, ou entre comprar um celular *Iphone* ou *Android*, ou entre votar em um candidato ou em outro. Porém, não percebemos que as nossas opções se restringem àquilo que outras pessoas decidem que pode ser escolhido. A liberdade de que dispomos na civilização moderna é a liberdade de que o boi dispõe no pasto para deitar-se sob a sombra de uma árvore ou sob o sol – uma liberdade delimitada pelas cercas heteronômicas da cultura.

* * *

A civilização moderna vive em permanente crise econômica, política, epidemiológica.

Mas esses aspectos estão na superfície. A crise profunda da nossa civilização é uma crise cultural. E é a partir da visão metafísica da ordem das coisas que a cultura se organiza.

* * *

Não é por meio de reformas econômicas, políticas ou sanitárias que se pode fazer florescer o futuro; o que essas reformas garantem é a permanência do presente.

Queremos transformar o mundo? Ora, se não transformarmos *como enxergamos* o mundo, *se não transmutarmos a nós mesmos*, jamais ultrapassaremos o estágio da inofensiva utopia; afinal, uma nova ordem em que todos permanecem com a visão antiga não é senão a manutenção do velho sob um novo nome.

A verdadeira reforma é a da nossa *Weltanschauung*, a reforma de como entendemos e ordenamos os próprios elementos da realidade. Toda *Weltanschauung* é, em última instância, metafísica; é essa metafísica que origina e sustenta a cultura que transforma a economia, a política e os costumes – e, por extensão, também a saúde – de um povo.

Em suma: a crise de fundo da nossa civilização não é econômica, não é epidemiológica; é, em primeiro lugar, uma crise metafísica.

A VIRTUDE DA DESOBEDIÊNCIA

Não, eu não quero que o meu filho seja "obediente". Não quero que ele siga ordens sem questionar, nem que ele se submeta imediatamente à autoridade, qualquer que seja ela.

Não quero que o meu filho aja como a maioria dos indivíduos retratados na experiência de Stanley Milgram – indivíduos dispostos a obedecer ainda que para isso tivessem que anular a consciência.

Não desejo que ele possa se tornar um homem banal, um Adolf Eichmann, cumprindo o seu dever eficiente e acriticamente, esperando no fim receber um afago do chefe.

Prefiro que ele seja um August Landmesser: insubmisso, questionador, irônico, mesmo que assim corra todos os riscos. Afinal, há coisas mais importantes que a própria vida.

$* * *$

Muitos confundem obediência e ética, como se a pessoa mais submissa fosse dotada de um padrão ético mais alto.

Nada mais distante da realidade.

Como mostra o relatório do experimento psicossocial de Stanley Milgram, é preciso manter um padrão ético excepcionalmente elevado para ser capaz de desobedecer a uma ordem de um superior.

É para isso que eu educo o meu filho: eu o educo para uma vida ética, eu o educo para a desobediência.

"ELE AGORA ESTÁ ÓTIMO, NÉ"

Outro dia encontrei uma tirinha do *Calvin* – uma tirinha criada não por Bill Watterson, mas por um fã. Nela, Haroldo convida Calvin a brincar na neve. Contudo, Calvin concentra-se no trabalho escolar: "eu sei, mas a mamãe diz que os remédios estão funcionando, eu realmente preciso terminar este trabalho..." Na última tirinha, em preto-e-branco, Haroldo é retratado, ao lado do menino, não mais como um tigre falante, mas como um simples brinquedo de pelúcia: os remédios fizeram efeito.

Ao encontrar essa que talvez seja uma das mais tristes tirinhas do Calvin, recordei vividamente de algo que passei há alguns anos como professor numa escola privada.

* * *

No último ano em que lecionei Filosofia no fundamental, para crianças de treze ou catorze anos, havia um menino com olhos que faiscavam com o fogo da vida. Alegre, falante, brilhante.

Ele não conseguia participar das aulas sentado. Por isso, na minha classe podia andar pela sala livremente – e foi em uma aula de Filosofia que descobriu que recuperava a calma o foco ao se deitar sob o quadro, justamente no espaço em que o professor usualmente caminha durante as explicações.

Pois bem: durante uma aula, a coordenadora entrou na sala e viu o pequeno deitado ali. Imediatamente gritou com ele, que teria sido conduzido à direção se eu não houvesse interferido.

Quando expliquei, privadamente, que não somente autorizava, mas mesmo encorajava-o a participar das aulas deitado no chão – pois assim ele ficava mais confortável e atento –, a coordenadora olhou fundo nos meus olhos por alguns segundos. Até hoje não sei se ela queria me intimidar ou me entender. Sei que, frente à minha impassibilidade, começou a rir: "Hahahaha, só você mesmo, hein, Bertoche". Acho que recebi naquele momento a indulgência reservada aos professores de Filosofia, esses esquisitões.

Resultado: ele continuou a participar das minhas aulas até o fim do ano letivo caminhando peripateticamente entre os colegas ou, qual Diógenes, esparramado sob a lousa.

* * *

Um tempo depois, o jovem foi meu aluno novamente, já no ensino médio.

O fogo dos seus olhos havia se apagado. Sentava-se encolhido na carteira escolar e nada falava durante as discussões de filosofia. Não procurava nenhum professor mais simpático para conversar animadamente na hora do recreio. Às vezes, dormia durante a aula. Ajustando os medicamentos, disseram.

Fui conversar com a coordenadora sobre ele.

"Ah, é sobre o aluno fulano de tal? A família medicou, os professores estão elogiando, ele agora está ótimo, né?"

O meu coração chorou.

A DOR DOS QUE SE AJUSTARAM

Quando lecionava no ensino básico, eu me preocupava tanto com as dores escondidas dos alunos CDFs quanto com o coração dos alunos da turma do fundão.

Afinal, num sistema educacional doente a adequação é sinal da capitulação do espírito, e a zoeira é um sinal de que o coração permanece saudavelmente rebelde.

* * *

A minha experiência de vinte anos de docência me mostrou que infelizmente a maioria dos professores incorpora o papel de autoridade sádica, e assume as brincadeiras dos estudantes como se fossem ofensas e agressões pessoais, e sente prazer em humilhar, impunemente, os "maus alunos".

Os professores não percebem que a ironia e a irreverência dos alunos não se direcionam a um ou outro professor, mas à própria instituição escolar: a desobediência é uma resposta saudável a ordens absurdas e sem sentido – como a ordem para que se resolvam problemas de estequiometria quando o talento e a vocação do aluno o encaminham para a música, para a contabilidade ou para a jardinagem.

** * **

Se a escola brasileira não prepara para os desafios da nossa vida social, espiritual e profissional, a adaptação ao modelo escolar é a adaptação a uma fantasia. O estudante que é capaz de resolver, sem descanso, cinqüenta problemas de trigonometria, mas não deseja uma carreira em que o domínio dos senos e cossenos seja necessário, prepara-se intensamente para nada.

De fato, a conseqüência mais doentia da falta de sentido da escola brasileira é a existência de enormes contingentes de jovens que não foram capazes de descobrir, durante a adolescência, os seus talentos naturais e a sua vocação: jovens que terminam o período escolar e ingressam na vida adulta sem a consciência clara das suas forças, das suas habilidades, dos seus caminhos possíveis, e que vêem saída para a subsistência na única habilidade que adquiriam: a capacidade de memorização e a repetição da resolução de exercícios – o "mérito" que pode conduzir à aprovação num concurso público.

** * **

Com uma freqüência impressionante, os estudantes com um excelente histórico escolar são justamente os jovens mais incapacitados pela escola: eles sentem-se perdidos diante da necessidade da escolha de uma carreira profissional. Quando questionados sobre as suas habilidades, invariavelmente respondem em termos de currículo escolar: "sou bom em Matemática", "sou péssimo em Química", "gosto de Geografia". Ora, esse tipo de resposta é absurdo, e revela que a escola danifica seriamente a capacidade de compreensão da realidade pelos adolescentes. Ao exigir a memorização de uma quantidade tão insana quanto inútil de conhecimentos, cada professor contribui para que os estudantes permaneçam ignorantes a respeito dos seus próprios talentos e das suas próprias vocações; a escola é um obstáculo que impede que os adolescentes descubram os seus próprios caminhos.

** * **

O mundo escolar é um mundo de fantasia em que os estudantes são sobrecarregados com tarefas que não têm o menor significado na vida real. Nele, o princípio de realidade é invertido: os que naturalizam a fantasia são premiados, e os que dela debocham são punidos.

Isto é: ao fim do percurso escolar, os bons alunos estão absolutamente despreparados para tudo na vida, e os maus alunos estão com a alma destroçada pela humilhação diária pela qual passaram por toda a adolescência.

** * **

A escola, do modo como existe no Brasil, é uma instituição simplesmente perversa – e poucos, pouquíssimos professores não são agentes perpetradores da perversidade contra os seus alunos.

INFINITAS EXISTÊNCIAS, UM ÚNICO PERCURSO

"Da maneira como foi construída, a escola é um sistema de suporte essencial para um modelo de engenharia social que condena a maioria das pessoas à condição de pedras subordinadas numa pirâmide – uma pirâmide que se estreita à medida que se aproxima do terminal de controle. A escola é um artifício que faz com que essa ordem social piramidal pareça inevitável".

(J. T. Gatto. *Dumbing us down*: the hidden curriculum of compulsory schooling. Gabriola Island: New Society Publishers, 2017, p. 12.)

É muito triste como o sistema escolar deforma a personalidade de cada aluno com o propósito de fazê-la caber num modelo antiquado de formação humana – um modelo universalista, massificante, pensado numa época em que o único caminho profissional das classes médias e baixas parecia estar nas fábricas e no comércio.

A escola parou no tempo: ela não está preparada para um mundo em que existem infinitas maneiras de dar sentido e sustento à vida.

* * *

O destino da Educação é preparar o futuro: é tornar possível a existência de uma sociedade em que cada pessoa possa aprender e viver de acordo com a sua natureza singular, sem a preocupação com o julgamento de professores, patrões ou governantes.

* * *

Por isso, o desafio central da Educação na Modernidade é a conciliação dialética entre:

1. a necessidade de um currículo e de uma metodologia relativamente generalizados que tornem possível o acesso universal às mais altas realizações da cultura humana; e

2. a necessidade de um currículo e de uma metodologia individualizados que correspondam aos talentos e interesses particulares de cada aluno singular em sua própria circunstância.

Enquanto a nossa escola não compreender tanto a inevitabilidade dessa contradição quanto o valor inalienável dos seus dois aspectos, permanecerá cega para o problema fundamental da Educação em nosso tempo — e manter-se-á como uma instituição que a um só passo reproduz, institui e legitima todas as formas de opressão.

SOBRE JAMAIS TER FEITO DEVER DE CASA

Agradeço à minha mãe por ter me concebido, por ter me nutrido e sustentado, por estar sempre presente – e por jamais ter me aporrinhado com assuntos de escola.

Eu não me lembro de ter feito um "dever de casa" sequer durante o meu período escolar.

Não levei bronca por notas baixas.

Nem fui obrigado a passar horas e horas estudando para qualquer prova.

E assim pude aproveitar os anos mais livres da vida.

* * *

No segundo e terceiro ano do segundo grau fui "aprovado pelo conselho". Anos depois vim a saber que a Professora Fátima, a minha querida professora de Português, doutora em literatura com uma tese sobre Almeida Garret, brigava por mim naqueles Conselhos de Classe. Por toda a vida ser-lhe-ei grato.

Fui "aprovado pelo conselho" porque, nessa época, embora tivesse as melhores notas da turma em Língua Portuguesa,

Redação e Literatura – uma coleção de notas 10 –, as minhas notas em ciências naturais variavam entre medianas a sofríveis.

* * *

De fato, não me lembro de jamais haver estudado aos dezesseis ou dezessete anos. Na escola, talvez tenha prestado alguma atenção e copiado uns quadros entre um cochilo e outro. Em casa? De jeito nenhum. Eu tinha mais o que fazer.

Com essa idade, antes da era da internet e das redes sociais, eu

- andava de bicicleta para cima e para baixo,

- praticava alpinismo,

- acampava com os amigos,

- atuava numa companhia de teatro Amador,

- tocava piano e aprendia os macetes do violão,

- jogava RPG de tabuleiro,

- desenhava,

- organizava saraus culturais e reuniões políticas,

- debatia ferozmente sobre política, religião e poesia,

- participava ativamente do movimento estudantil,

- criava e administrava um curso pré-vestibular com amigos da mesma idade,

- estava nas conferências municipais, estaduais e nacionais de Saúde, no momento de implantação do SUS,

- experimentava o cotidiano de um partido de esquerda,

- aprendia a beber,

- lia Nietzsche e Fernando Pessoa,

110

- explorava os limites da linguagem escrevendo contos surrealistas,

- compunha má poesia – e música não tão má assim,

- descobria as delícias e as misérias do amor.

Por que eu perderia o meu tempo estudando, sei lá, química orgânica, quando a vida real estava acontecendo fora da escola?

* * *

Ao não se importar com o que eu fazia ou deixava de fazer na escola, a minha mãe me beneficiou enormemente: pude provar o gosto da vida quando a maioria dos meus colegas, sob o olhar inquisitorial dos pais, afundava o rosto em infinitos exercícios de estequiometria.

Ela teve a sabedoria de jamais reverenciar o ensino escolar. E, por isso, principalmente por isso!, eu pude ler livros, criar arte, experimentar a vida – pude, em suma, me educar.

ESCOLA E "MERCADO DE TRABALHO"

Às vezes alguém me diz que a escola existe para "preparar para o mercado de trabalho".

Para mim, isso é um absurdo completo. Concordo com Dermeval Saviani: o propósito da escola não é – e jamais deve ser – o treinamento de funcionários para o "mercado de trabalho", mas a integração de cada criança e adolescente à cultura produzida pelo ser humano em todos os tempos. Em outras palavras: a escola existe para conduzir cada indivíduo singular à participação integral na humanidade, de acordo com os seus talentos e com a sua vocação.

E concordo com Bachelard: não é a escola que deve servir à sociedade; a sociedade é que deve servir à escola – que é a instituição mais importante e fundamental de qualquer nação.

* * *

De fato, cada pessoa tem, desde muito jovem, um ou mais talentos (isto é: habilidades naturais) e vocações (ou seja: caminhos possíveis e adequados para si na vida).

A tarefa central da Educação é, em primeiro lugar, despertar em cada estudante esses talentos e levá-lo a descobrir as suas vocações possíveis.

E, em segundo lugar, oferecer as experiências e os materiais necessários para que esses talentos e essas vocações floresçam, sem que outras demandas atrapalhem ou inviabilizem esse processo.

** * **

A Educação é a função essencial da sociedade: é por meio da Educação que os talentos e as vocações específicas dos indivíduos podem se desenvolver harmonicamente com as exigências sociais, políticas e econômicas de cada época.

Todavia, a escola que conhecemos é capaz de realizar a tarefa central da Educação?

Ou a escola é, para todos os efeitos, uma instituição *antieducacional?*

ESCOLA DE "EMPREENDEDORES"

As novas propostas de reforma curricular no Brasil incluem o "empreendedorismo" e as "competências e habilidades" requeridas pelo mercado. Essas novas propostas seguem a Teoria do Capital Humano – desenvolvida pelo economista Gary Becker, da Escola de Chicago, nos anos 60 (o livro fundamental aqui é *Human capital: a theoretical and empirical analysis, with special reference to education*. Chicago: The University of Chicago Press, 1964).

Para essa teoria – que deu origem ao discurso que enfatiza a "aquisição de habilidades e competências" (via Philippe Perrenoud, por exemplo) e embasa testes internacionais como o PISA –, a Educação escolar é tratada como um investimento econômico: a escola deve formar (ou formatar) trabalhadores e consumidores, promovendo o crescimento da indústria, do comércio, dos serviços. Em suma: o crescimento do PIB.

A escola (e a universidade, e a ciência), na visão de Chicago, que é a metafísica do atual governo, existe em função do aspecto econômico da sociedade. Deve-se calcular o custo-benefício de políticas educacionais, deve-se produzir um currículo do ensino básico voltado às necessidades do mercado, deve-se abrir cursos universitários voltados às necessidades da mão-de-obra de cada região. E, naturalmente, é preciso extirpar do currículo tudo o que não for "útil" aos empregadores, eliminar cursos universitários sem ligação direta com os "setores produtivos" da sociedade e – muito importante – sempre manter os gastos no mínimo nível possível.

Em outras palavras: a tese educacional dos economistas de Chicago, com a Teoria do Capital Humano, não visa à criação de um sistema educacional do tipo *Paidéia*, um sistema que permita a ascensão e o brilho de uma civilização, com a valorização das ciências, da literatura, da filosofia e das artes; pelo contrário, visa somente a formar bons empregados e consumidores previsíveis, num contexto de custo-benefício.

É a fórmula oposta da seguida em todas as escolas e universidades de elite no mundo. Eton College não acompanha a teoria do capital humano. A Sorbonne também não.

Um projeto pedagógico que se submeta aos interesses do mercado não é um projeto que vise à Educação, mas sim aos interesses da classe empresarial.

* * *

A minha posição é a de Gaston Bachelard. Para ele, a escola não deveria existir em função da sociedade, mas o contrário: a sociedade deveria existir em função da escola:

"Diz-se e torna-se a dizer que o dever da escola é preparar a criança para a vida. Não se cansam de utilizar certa metáfora bélica: é preciso, afirmam, armar a nossa juventude para as lutas da vida. Numa palavra, a escola é feita para a sociedade. Mas como tudo seria mais claro, mais agradável para o coração do homem, se, invertendo a proposição, disséssemos: a sociedade é feita para a Escola. A Escola é a finalidade da sociedade. Nós devemo-nos de corpo e alma à geração que nos sucede".

(G. Bachelard. La vocation scientifique et l'âme humaine. In: BACHELARD et al. *L'homme devant la science*. Neuchatel: Éditions de la Baconnière, 1952, pp. 33-34.)

117

EDUCAÇÃO: MEIO OU FIM?

Todos os governos desde o regime militar – governos de direita, governos de esquerda – têm concebido a Educação como um meio para o desenvolvimento econômico do país.

Mas a Educação é um meio ou um fim?

Ora, a pergunta "Educação para quê?" é tão ofensivamente absurda quanto as perguntas "justiça para quê?", "bondade para quê?", "verdade para quê?".

Educar-se é uma necessidade humana fundamental – e não um meio para que se obtenha outra coisa.

Se posta a serviço utilitário do mercado, a Educação deixa de ser Educação e se transforma em algo bem diferente: torna-se mera instrução.

Ao contrário do que os governos das últimas cinco décadas acreditaram, a Educação não deve ser útil ao governo, mas o governo deve ser útil à Educação; a Educação não deve servir ao mercado, mas ao próprio ser humano.

QI, EDUCAÇÃO E LITERATURA

O QI médio em praticamente todos os países do mundo cresceu muito no último século.

Na Alemanha e nos EUA, o crescimento do QI médio foi de mais de trinta pontos. No Quênia e na Argentina, foi de cerca de vinte e cinco pontos. Na Estônia e no Sudão, foi cerca de doze pontos.

No Brasil aconteceu justamente o contrário. A *queda* do QI foi de quase dez pontos nos últimos cem anos[4]. Talvez esse emburrecimento generalizado seja único na história. O nosso QI médio é de 87, o que nos coloca, na média, pouco acima do limite da deficiência intelectual.

$$* * *$$

Esse fenômeno bizarro tem tudo a ver com o nosso modelo de (des)educação escolar. E já é muito antigo. Em 1915, Lima Barreto revelava a cultura das aparências no Brasil: ao saber que Policarpo Quaresma possuía uma biblioteca particular, o doutor Segadas perguntou para que tantos livros, se não era

---

[4] https://ourworldindata.org/grapher/change-in-average-fullscale-iq-by-country-1909-2013?country=~BRA

nem formado. Não ocorreu ao doutor Segadas que Policarpo tivesse livros para os ler: para o doutor, uma biblioteca não passava de um adorno ao diploma. É assim há mais de cem anos: no Brasil, quase sempre os livros servem não para ampliar o nosso mundo interior, mas como sinal exterior de status.

Em 1951, o prêmio Nobel de física Richard Feynman aceitou o convite para lecionar, no Rio de Janeiro, para uma turma de pós-graduação. Em 05 de maio de 1952, no fim da sua experiência docente no Rio, Feynman fez uma conferência que, quase setenta anos depois, ainda repercute fundo na ciência brasileira. Nessa conferência, expôs o nosso sistema educacional: ele descreveu um sistema em que os alunos não aprendem nada senão a decorar textos e fórmulas, e não imaginam o que fazer depois com isso. Feynman diz na sua autobiografia que aparentemente havia no Rio de Janeiro uma Universidade, com uma lista de cursos, com descrições desses cursos; mas que essa aparência não passava de uma ilusão, e que surpreendentemente no Brasil não existia, de fato, nem Universidade, nem ciência.

O fato é que a Educação brasileira é muito ruim há mais de cem anos.

* * *

E a Educação brasileira tem sido muito ruim porque nunca houve, em nosso país, um projeto de Educação. Jamais – jamais! – os nossos governantes e gestores do primeiro escalão se perguntaram por que educar. Nunca se puseram a questão: "quem nós queremos que as nossas crianças sejam aos dezoito anos? como queremos que elas compreendam o mundo? o que queremos que elas saibam, o que queremos que elas saibam fazer?".

O resultado é que o nosso currículo escolar é uma colcha de retalhos sem nenhum propósito, um currículo que macaqueia desastradamente os currículos de outros países.

Daí vem uma surreal conseqüência: a única meta de todo o ensino básico se torna o vestibular, um vestibular com um programa duas vezes absurdo – absurdo por sua extensão alucinada e absurdo por sua desconexão com a vida do espírito e da sociedade.

* * *

O nosso modelo de ingresso no ensino superior – que consiste em provas que abrangem uma quantidade sobre-humana de conhecimentos – não mede nada além da capacidade de concentração, memorização e repetição. Não por acaso, os professores mais reputados nos cursinhos preparatórios são justamente os especialistas em mnemotécnica: são aqueles que criam os poemas mais picantes para se decorar a Tabela Periódica, que inventam as melhores melodias para se guardar várias fórmulas de física e que adestram os alunos com esquemas préfabricados de redação para qualquer tema.

Neste nosso modelo, o bom candidato ao ensino superior se torna profundo conhecedor... de métodos de realizar provas. E, por não ter compreendido realmente nada, no dia seguinte ao vestibular se esquece de tudo o que passou dez anos estudando.

Surge daí a tradição – identificada, com assombro, por Feynman – do "estudar para a prova", das musiquinhas de decoreba, dos cursinhos preparatórios: saber os macetes para tirar boas notas nas avaliações importa mais do que verdadeiramente saber aquilo que se estuda. A nossa escola nada ensina – a não ser a tirar boas notas. O nosso currículo oculto é o da valorização dos diplomas – e o da desvalorização do conhecimento.

Ora, Platão já sustentava, há vinte e cinco séculos, a impossibilidade da existência de uma sociedade sã sem um sistema educacional saudável. O nosso sistema educacional, com um currículo inacreditavelmente extenso, mas absolutamente sem propósito, é justamente o oposto disso. Como querer que o Brasil seja um país com bons cidadãos, se o nosso currículo oculto parece ter sido elaborado com a finalidade de formar indivíduos frívolos, vaidosos e ignorantes?

* * *

Isso explica uma característica das cidades brasileiras contemporâneas: a enorme quantidade de academias de ginástica, fenômeno sem par no mundo, e a ínfima quantidade de livrarias.

Um povo que coloca a preocupação com a "barriga tanquinho" em primeiro lugar na sua vida revela, com isso, qual é o seu horizonte existencial e que marca pretende deixar na História.

O Brasil é o país com maior número de cirurgias estéticas *per capita* no mundo inteiro. Os EUA fizeram cerca de trezentas mil cirurgias plásticas a mais do que as 1.224.300 realizadas no Brasil em 2017, mas têm uma população 60% maior do que a brasileira.

Por outro lado, povo brasileiro está entre aqueles com menor quantidade de livrarias *per capita* em todo o planeta. Por exemplo: a cidade de São Paulo, capital econômica e uma das cidades com mais cultura no Brasil, possui uma livraria para cada 144 mil habitantes. Buenos Aires, capital econômica e cultural da Argentina, tem uma livraria para cada seis mil habitantes. Em outras palavras: Buenos Aires possui vinte e quatro vezes mais livrarias *per capita* que a maior e mais rica cidade brasileira.

O brasileiro julga excessivamente caro pagar cinqüenta reais por um livro, mas faz dívidas astronômicas para comprar um automóvel. Isso ilustra o nosso problema civilizacional: somos o país da pose inculta. Somos o exemplo acabado da síndrome socrática de Dunning-Kruger: tão abissalmente ignorantes que não sabemos nem que somos o povo mais ignorante do mundo.

* * *

A conseqüência disso é evidente. Nestes anos, tenho ouvido e lido profissionais liberais, magistrados, jornalistas e – pasmem – professores universitários com uma nítida dificuldade de descrever as suas intuições e percepções, ou com uma evidente incapacidade de efetuar as operações lógicas mais simples num debate.

124

É fácil atestar essa decadência: basta visitar uma livraria – se você encontrar alguma, é claro – e buscar um romance de qualquer escritor brasileiro contemporâneo. Raríssimos serão os livros que não apresentarão uma vulgaridade estrutural, sintática, vocabular desoladora.

Ou seja: ter freqüentado a escola e a universidade no Brasil nas últimas décadas é praticamente uma condenação à impotência discursiva.

* * *

E o que a literatura de um povo tem a ver com o QI? Tudo.

É por meio da linguagem que nós pensamos o mundo. Por meio da estrutura sintática da língua intuímos a estrutura lógica do Cosmos. Sartre está certo quando nos diz que "nosso pensamento não vale mais do que a nossa linguagem e deve-se julgá-lo pela forma com que a utiliza". Se não lemos boa literatura, falamos e escrevemos mal; se falamos e escrevemos mal, pensamos mal; se pensamos mal, saímo-nos mal nos testes de QI. Para tornarmo-nos mais inteligentes, é preciso desenvolver uma faculdade comunicativa que vá além dos grunhidos mais ou menos elaborados com os quais expressamos os desejos, as sensações e as opiniões imediatas.

Geralmente, é na escola que tomamos contato, pela primeira vez, com a estruturação formal da nossa língua – não somente por meio das aulas de Gramática, mas, principalmente, por meio dos contos, romances e poemas que somos obrigados a ler.

E o que somos obrigados a ler?

Na escola, em meio a alguns tesouros da língua portuguesa, como as obras de Pe. Vieira, Machado, Euclydes, Lima Barreto e Guimarães Rosa, somos forçados a encarar também obras de qualidade menor, como as de um Joaquim Manuel de Macedo, de um Raul Pompéia, de um Aluísio Azevedo.

125

Entre uns e outros, uma ausência salta aos olhos: a ausência da grande literatura mundial.

É inconcebível que os alunos brasileiros não leiam Cervantes na escola. Que não leiam Shakespeare. Que não recebam livros de Dostoievski, de Hemingway, de Borges. Que, ao lado dos necessários poemas de Pessoa, de Cecília Meireles, de Drummond, não leiam também Blake, Whitman, García Lorca, Neruda.

Como podemos ombrear com os outros povos do mundo se não conhecemos o fundo cultural no qual os debates civilizacionais são travados? As trocas civilizacionais profundas não se dão no plano da conversa do taxista de aeroporto, não se dão em termos de cantores da moda e jogadores de futebol.

A não ser que deliberadamente queiramos nos posicionar como a nação do QI médio 87, a nação dos bobo-alegres.

* * *

O nosso sistema educacional é, na verdade, um sistema inteiramente deseducacional. Ele não aumenta a nossa inteligência: ele a reduz.

Se o nosso sistema educacional continuar centrado na prova, não haverá saída para a nossa civilização: acabaremos por desaparecer não por conseqüência de uma invasão estrangeira ou de uma guerra civil, mas por pura inaptidão para a existência.

Para salvarmos a civilização brasileira, precisamos salvar a escola. E a escola somente será salva caso passe a fazer o que nunca fez: a educar – caso ensine, em primeiro lugar, a ler, escrever e falar bem, o que é imprescindível para que, depois, possa cuidar dos talentos e da vocação de cada estudante.

Finalmente: para ler, para escrever, para falar bem – isto é: para pensar bem –, só há um caminho: o caminho da boa literatura e da prática da escrita e do debate. Justamente o que mais falta nas nossas escolas, tão ocupadas com o que é irrelevante.

A CONDENAÇÃO À IMPOTÊNCIA DISCURSIVA

Nestes anos tenho ouvido e lido profissionais liberais, magistrados, jornalistas e – pasmem – professores universitários com uma nítida dificuldade de descrever as suas intuições e percepções ou com uma evidente incapacidade de efetuar as operações lógicas mais simples.

Essa dificuldade dos brasileiros com a ordenação do discurso é uma conseqüência do modelo de Educação que adotamos. A nossa capacidade de escrever bem e de raciocinar corretamente tem decaído desde as reformas educacionais do regime militar – reformas que baniram do currículo escolar, em nome da "formação para o trabalho" (melhor seria dizer: a "formação para a obediência"), os estudos clássicos.

* * *

Será possível reverter essa condenação?

É claro que sim. E a fórmula é simples: a leitura dos grandes escritores somada ao estudo da lógica clássica.

Efetivamente, não basta somente ler a grande literatura e adquirir o manejo dos símbolos da cultura universal sem que se aprenda a utilizá-los numa ordem lógica: isso seria adquirir a matéria da vida interior sem dominar a sua forma.

E não basta somente aprender a lógica, mas não ter uma cultura literária: isso seria dominar a forma do raciocínio, mas permanecer pobre quanto à matéria simbólica de que a vida interior é preenchida.

A literatura universal e a lógica clássica constituem verdadeiramente a matéria e a forma da inteligência crítica, da inteligência que procura incorporar em seu cosmos interior o mundo simbólico dos variados interlocutores – ao mesmo tempo em que mantém uma vigilância cética em relação aos seus próprios símbolos.

E o cultivo da inteligência crítica é difícil? Não; pelo contrário, é profundamente prazeroso. É caro? Não! Uma pequena biblioteca de vinte ou trinta volumes bem escolhidos já é um excelente começo. Mas é demorado? Ora, tudo o que realmente vale a pena na vida o é.

LATIM NA ESCOLA?

Quando fui diretor escolar, sugeri, na primeira reunião de pais que convoquei, que os alunos tivessem, a partir do 3º Ano do Ensino Fundamental, aulas de inglês, francês e latim.

Expliquei que o latim é uma língua de cultura: quem tem noção de latim tem uma compreensão muito mais profunda não só das línguas neolatinas, mas também do próprio desenvolvimento da cultura na história. O latim amplia o horizonte existencial, cultural e profissional.

Os pais não se convenceram. A proposta do latim para as crianças caiu.

Tudo somado, ter podido implementar o inglês e o francês juntos já foi uma grande vitória. E mesmo essa vitória não foi simples: não faltaram pais questionando por que o francês, e não o espanhol – pais a quem eu explicava que todo brasileiro lê, entende e fala espanhol (ou "portunhol") com muita facilidade, em função da proximidade entre a língua portuguesa e a espanhola, e que não é necessário perder o precioso tempo da escola com isso.

Infelizmente são poucos, no Brasil, os que compreendem que a relação fundamental da Educação não se dá unicamente com o "mercado de trabalho" (que certamente será diferente quando as crianças de seis anos chegarem aos vinte), mas também com a cultura.

* * *

Então o que é, numa fórmula sintética, educar?

Educar é conduzir o estudante ao campo da cultura humana: é familiarizá-lo com tudo de mais profundo e rico que os seres humanos criaram e têm criado, para que ele possa viver, em plenitude, a experiência humana em todos os seus graus.

* * *

Por isso, o ensino das línguas de cultura não deveria ser restrito à elite. Todas as crianças, e especialmente as mais pobres!, deveriam ter acesso, na escola, aos meios de adquirir a alta cultura – meios entre os quais se destaca o aprendizado das línguas em que a cultura universal está disponível em primeira mão.

Porém, infelizmente os professores raramente compartilham dessa perspectiva. A crítica de muitos professores a esse tipo de proposta revela a sua visão ao mesmo tempo assistencialista e elitista: para muitos professores, "se a criança não tem nem alimento em casa, mais importante que fornecer o caminho da alta cultura é fornecer o alimento do corpo; entre alimentar as crianças ou ensinar o latim, é preciso escolher a primeira opção".

Não se trata de uma disjunção, mas de uma conjunção!

É necessário fornecer aos nossos alunos o alimento do corpo E a alta cultura!

* * *

Suspeito que a causa de fundo da crítica desses professores seja outra.

É que não se pode dar aquilo que não se possui.

O DESPREZO DO BRASILEIRO PELA EDUCAÇÃO

Hoje lembrei-me de quando fui sócio de uma escola de ensino fundamental.

Ao assumir a direção da escola (cujo público era da classe média de Teresópolis, RJ), pretendi, inspirado pela pedagogia de Freinet, determinar um dia semanal de atividades externas para os nossos alunos: biblioteca pública, museu, Câmara de Vereadores, cinema, teatro, fazenda, Parque Nacional da Serra dos Órgãos, Parque Municipal Montanhas de Teresópolis.

Como é evidente, essas atividades teriam um custo: o frete do ônibus e, quando fosse o caso, o bilhete de entrada. No total, seria algo entre R$ 20,00 e R$ 30,00 por passeio.

Fizemos uma consulta prévia a um grupo de responsáveis.

Alguns se preocuparam com o "conteúdo": os nossos alunos não ficariam "para trás" por "perderem" um dia de aula toda semana?

Expliquei para eles que os dias de aula não seriam perdidos; pelo contrário, nos passeios haveria muito mais aprendizado – transdisciplinar – do que nas salas de aula. Seria a oportunidade de levar os alunos a sair da passividade teórica de uma aula convencional e aprender ativamente no próprio mundo.

Mas a preocupação da maioria dos responsáveis não foi essa: foi o custo. A maioria deles não estava disposta a gastar mais R$ 100,00 ou R$ 150,00 por mês com a Educação dos seus filhos.

* * *

R$ 150,00 é, para muitas famílias de classe média, um custo educacional inaceitável. Não importa que gastem muito mais com salões de beleza, academias, eletrônicos, automóveis, bebidas, pizzas, viagens de consumo; quando se trata da Educação, qualquer quantia é excessiva.

Como não desistir de qualquer projeto educacional em nosso país quando a cada momento manifesta-se o desprezo da maior parte dos brasileiros em relação à Educação e à cultura?

A ESCOLA MODERNA NÃO É *PAIDÉIA*

A escola moderna, concebida para formar operários e consumidores, não é *Paidéia*, não educa. Pelo contrário: atrofia e adoece o espírito.

E a escola brasileira, pastiche da escola moderna, desenvolvida com o propósito de separar a elite e o populacho (por meio, por exemplo, dos exames de vestibular, a meta central dos doze anos da escola básica), faz ainda mais: constitui-se como verdadeiro obstáculo para todos os que tentam se educar.

* * *

Fomos escolarizados no Brasil – da alfabetização ao nível superior?

Com toda a probabilidade, ilustramos perfeitamente o efeito Dunning-Kruger: intelectual e culturalmente, somos impostores que acreditam na própria impostura.

A LITERATURA MORRE, A CIVILIZAÇÃO MORRE

O domínio da língua não se esgota na leitura e na escrita proficiente. A língua é composta por muitas linguagens que se inscrevem em diferentes regiões hermenêuticas. Ao transitar por um texto escrito numa região hermenêutica desconhecida, um leitor se encontra numa situação de analfabetismo simbólico – ele não interpreta corretamente o texto porque desconhece os complexos nos quais os seus símbolos se relacionam. Esse leitor está como que diante de um texto escrito noutra língua, uma língua ignorada. Todavia – e aí está o problema –, ao ler o texto que escapa ao seu horizonte simbólico, ele acredita compreender o que está escrito, porque sabe o significado ordinário das palavras que ali estão. O exercício intelectual mais difícil é o reconhecimento da própria ignorância: se conheço todas as palavras de um texto, como chegarei à conclusão de que a ordem em que elas são dispostas pode fazer emergir um nível hermenêutico de cuja existência não suspeito, um nível hermenêutico que eventualmente conferirá às palavras lidas um significado completamente diferente – e mesmo invertido?

* * *

A perda da participação do brasileiro comum nas diversas regiões hermenêuticas da língua é conseqüência do abandono da nossa literatura e da nossa poesia.

Temos bons escritores e poetas? Sim. Mas temos os leitores correspondentes? Quantos romances brasileiros lançados recentemente você leu? Quantos livros dos nossos poetas vivos você comprou neste ano?

Não duvidemos: a morte da nossa literatura e da nossa poesia é o augúrio da insuficiência civilizacional brasileira.

SEM LEITURA NÃO HÁ CULTURA

Segundo a 5ª edição da pesquisa *Retratos da Cultura*[5], um em cada três brasileiros nunca comprou um livro na vida.

E 48% dos brasileiros não são leitores de livros. Não lêem livros técnicos, nem religiosos, nada: os livros simplesmente não fazem parte do cotidiano de metade da população brasileira.

Isso não acontece devido ao preço do livro: sim, o livro é caro, mas freqüentemente custa menos que uma conta de bar ou um lanche de fast-food...

Aliás, com o valor que custa qualquer televisão ou smartphone dá para montar uma pequena biblioteca – e, assim, abrir o horizonte da existência.

---

[5] https://www.prolivro.org.br/wp-content/uploads/2020/12/5a_edicao_Retratos_da_Leitura-_IPL_dez2020-compactado.pdf

UM *YOUTUBER* ILETRADO E ILETRANTE

Li que Felipe Neto, um *youtuber* famoso, posicionou-se contra a apresentação de Machado de Assis, de Álvares de Azevedo e da literatura em geral para os adolescentes na escola.

* * *

Defendo um currículo escolar bem diferente, mais enxuto e personalizado. Contudo, se há algo no currículo que deveria ser ampliado é o contato dos alunos com a literatura – e não apenas a brasileira, mas a universal.

Na minha escola dos sonhos, os adolescentes leriam não só Vieira, Cruz e Souza, Eça, Machado, Pessoa, Graciliano Ramos, Florbela Espanca, Cecília Meireles, Mário Quintana, Guimarães Rosa, Clarice Lispector etc., mas também Shakespeare, Blake, Goethe, Victor Hugo, Dickens, Dostoievski, Tólstoi, Kipling, Hesse, Faulkner, Borges, Hemingway, Neruda...

* * *

De fato, a literatura é um componente essencial da *Paidéia*, isto é: da formação integral do ser humano.

Afinal, é por meio da literatura que não somente adquirimos e desenvolvemos a nossa capacidade de leitura, interpretação e escrita, como também aprendemos a reconhecer e nomear as experiências do mundo humano. Ou seja: por meio da literatura, enriquecemos a nossa experiência da vida, pois passamos a prestar atenção nas nuances da linguagem, dos fenômenos sociais e dos nossos próprios sentimentos. A literatura amadurece a existência.

* * *

Contudo, talvez seja difícil explicar isso a um *youtuber* iletrado: como tudo na vida, só podemos julgar o valor de uma caminhada após termos percorrido ao menos parte do caminho.

OS *INFLUENCERS* CONTRA MACHADO

Li que um apresentador de televisão chamado Tiago Lei-
fert, seguindo os passos do *youtuber* Felipe Neto, posicionou-se
publicamente contra a apresentação de Machado de Assis e da
grande literatura aos adolescentes na escola: "seria melhor
aprender estatística".

* * *

Nunca se leu tanto, mas jamais se leu tão pouco. Com as
redes sociais, os jovens passam o dia a ler; todavia, lêem textos
curtos, frases desconectadas, simples palavras. Para eles, tudo
que tenha mais de dois ou três parágrafos é "textão"; preferem
"esperar sair em filme". Não imaginam que no livro – objeto
antiquado, cinco vezes centenário – possa caber um mundo.
Não supõem que a prática da leitura atenta de um ensaio ou de
um romance de qualidade seja o exercício mais próprio para o
desenvolvimento da inteligência livre e refinada.

Afinal, é com palavras que pensamos. Quem não lê bem,
não pensa bem, porque não compreende as sutilezas da linguagem. E quem não pensa bem escreve mal e age mal.

* * *

Por meio da literatura não somente adquirimos e desenvolvemos a nossa capacidade de leitura, interpretação e escrita, como também aprendemos a reconhecer e nomear as experiências do mundo humano. Ou seja: por meio da literatura, enriquecemos a nossa experiência da vida, pois passamos a prestar atenção nas nuances da linguagem, dos fenômenos sociais e dos nossos próprios sentimentos. A literatura amadurece a existência.

Por isso, a leitura – e o seu complemento, a escrita – é o elemento fundamental de todo processo civilizatório. Isto é: a leitura e a escrita são a base da Educação. Um currículo que não faça delas a sua prioridade em todos os momentos não forma jovens de pensamento livre: forma jovens ineptos, incapazes de julgar por si o sentido e a propriedade das idéias.

* * *

Contudo, é difícil explicar isso ao iletrado: como tudo na vida, só podemos avaliar uma jornada após termos percorrido ao menos parte do caminho.

AS BIBLIOTECAS: PRAÇAS DE RESISTÊNCIA

As bibliotecas não são simplesmente lugares em que podemos ler livros.

Cada biblioteca é uma praça de resistência de uma época que já não mais existe.

É dos últimos lugares em que qualquer pessoa pode entrar livremente e ter acesso a bens de alto valor econômico – e ninguém espera que se gaste nem mesmo um centavo por isso.

Em *Fahrenheit 451*, Ray Bradbury descreve uma distopia em que os livros são proibidos. Lá, as telas, a televisão, o entretenimento tomam todo o lugar da cultura literária. Conseqüentemente, a população se torna mansa e estúpida, e passa a odiar os livros como se fossem "armas carregadas":

"- Ah – Beatty inclinou-se, varando a rala névoa de fumaça de seu cachimbo. – Nada mais simples e fácil de explicar! Com a escola formando mais corredores, saltadores, fundistas, remendadores, goleiros, detetives, aviadores e nadadores em lugar de examinadores, críticos, conhecedores e criadores imaginativos, a palavra 'intelectual', é claro, tornou-se o palavrão que merecia ser. Sempre se teme o que não é familiar. Por certo você se lembra do menino de sua sala na escola que era excepcionalmente 'brilhante', era quem sempre recitava e dava respostas enquanto os outros ficavam sentados com cara de cretinos, odiando-o. E não era esse sabichão que vocês pegavam para cristo depois da aula? Claro que era. Todos devemos ser iguais. Nem todos nasceram livres e iguais, como diz a Constituição, mas todos se 'fizeram' iguais. Cada homem é a imagem de seu semelhante e, com isso, todos ficam contentes, pois não há nenhuma montanha que os diminua, contra a qual se avaliar. Isso mesmo! Um livro é uma arma carregada na casa vizinha. Queime-o. Descarregue a arma. Façamos uma brecha no espírito do homem. Quem sabe quem poderia ser alvo do homem que lê? Eu? Eu não tenho estômago para eles, nem por um minuto. E assim, quando as casas finalmente se tornaram à prova de fogo, no mundo inteiro – você estava certo em sua suposição na noite passada –, já não havia mais necessidade de bombeiros para os velhos fins. Eles receberam uma nova missão, a guarda de nossa paz de espírito, a eliminação do nosso compreensível e legítimo sentimento de inferioridade: censores, juízes e carrascos oficiais. Eis o nosso papel, Montag, o seu e o meu."

(R. Bradbury. Fahrenheit 451. Trad. Cid Knipel.
São Paulo: Mediafashion, 2016, pp. 59-60.)

De fato: os livros têm um potencial agressor. Eles agridem o autoritarismo, o sadismo, a ignorância; eles agridem a credulidade e a resignação das pessoas.

Um leitor de livros inevitavelmente desconfia do poder político, do poder econômico, da imprensa, de gurus. Ao mesmo tempo, é capaz de exercitar a humanidade quando tudo em volta desumaniza.

No romance de Bradbury, as pessoas, proibidas de ter livros, decoram os seus livros favoritos – elas *tornam-se* livros, numa tentativa desesperada de salvar a cultura literária, isto é: de salvar a humanidade do ser humano.

Nós não precisamos recorrer a esse artifício extremo. Ainda temos bibliotecas. Ainda temos livros. É preciso defendê-los da ameaça de nosso tempo – que não é a fogueira, mas a ignorância travestida de cultura popular.

A POLÊMICA É NECESSÁRIA

A mais importante conquista da Modernidade não foi material: não foi a industrialização, nem o desenvolvimento dos aparatos técnicos, nem mesmo o progresso da ciência natural.

A mais importante conquista da Modernidade – via o processo que Kant chamou de *Aufklärung* – foi de natureza político-cultural: a autonomia do pensamento e da expressão.

Por isso, a virtude moderna por excelência é a capacidade de discordar, discutir e debater com liberdade, tolerância e serenidade.

* * *

Não há, na comunidade de idéias que é a rede social, nada mais ridículo que o patrulhamento ideológico. Sempre que vejo alguém se julgando no direito de decidir como o outro deve pensar e o que deve dizer, tenho a certeza: o patrulhador está na infância política – e é um ἰδιώτης, um idiota, no sentido mais preciso.

* * *

As polêmicas são necessárias para o movimento da razão. Como dizia Bachelard, "a verdade é filha da polêmica, não da concórdia". A ausência da dúvida não é sinal de forte convicção, mas da dogmática ausência do pensamento crítico. Na *ágora* – que inclui a rede social –, a certeza inabalável é a marca inequívoca da ignorância.

SOBRE OS LIVROS PROIBIDOS

Jamais falei com nojinho da obra de algum escritor. Jamais. Em especial, jamais tive nojo das obras proibidas: elas me aguçavam a curiosidade.

$* * *$

Na adolescência, chegou-me às mãos um exemplar do *Mein Kampf*, numa das edições proibidas daquele gaúcho nazista maluco que foi depois preso. À época, eu já havia lido o Diário de Anne Frank; já conhecia o relato do horror do nazismo.

Após ler o livro de Hitler, concluí duas coisas: primeiro, lá estava, abertamente, uma declaração de intenções para a continuação da Grande Guerra; segundo, o Holocausto já estava ali prefigurado. Perguntei-me como o povo alemão, tão escolarizado, tão culto, havia podido adotar aquele programa insano. E, aos dezesseis anos, compreendi que a História não terminaria antes do fim do homem no mundo: a qualquer momento o terror e o genocídio poderiam retornar, e um dia retornarão, independentemente dos avanços sociais, econômicos e educacionais, mesmo nos países mais industrializados.

A leitura de um livro proibido me ensinou mais do que todas as aulas de História que tive em anos e anos de escola.

* * *

Há quinze anos eu lecionava Filosofia no Ensino Médio em colégios do Rio de Janeiro.

Já naquele momento, em 2006, 2007, era visível o início da guerra cultural que ganharia as páginas dos jornais e das revistas a partir de 2013.

Alguns alunos – bons leitores, inteligentes, perspicazes – começavam a classificar as posições ideológicas dos professores, e a estabelecer afinidades a partir de campos simbólicos.

Lembro-me, por exemplo, do querido Omar Mansour, ainda no Ensino Fundamental, antes de ser meu aluno, perguntando ao "professor novo de Filosofia" como eu julgava o pensamento do Karl Marx. E depois, já no Ensino Médio, querendo saber o que eu pensava dos livros de outros autores, inclusive do Olavo de Carvalho.

A minha resposta sempre foi: não vou dizer. Jamais sigam as opiniões dos outros a respeito de um autor ou de um livro; leiam-no e julguem-no por si mesmos. E leiam ainda mais atentamente aquilo que lhes dizem para não ler. Poucas coisas têm tanto valor, no mundo da inteligência, quanto a leitura de um livro proibido.

* * *

Hoje, no contexto da guerra cultural declarada, eu acrescentaria: leiam tanto os livros detestados pelos radicais, quanto os detestados pelos conservadores. Percebam os pressupostos das obras, compreendam as suas teses, descubram as suas conseqüências. Isto é: não leiam para confirmar os seus juízos. Leiam para desconstruí-los; leiam para destruí-los.

E erijam, a partir dos escombros, a sua própria vida interior.

UMA ELITE INTELECTUAL ILETRADA

Hoje lembrei-me de um companheiro de magistério. Fui seu colega por alguns anos em uma rede de escolas particulares no Rio de Janeiro.

É doutor na sua área.

Um dia, confessou-me jamais haver lido um livro sequer de literatura em língua portuguesa.

"Mas como? Nem Machado, nem José de Alencar, nem Lima Barreto? Não leu nada da nossa literatura na escola?", perguntei.

"Não. Na escola passaram aos alunos resumos de livros desses autores".

* * *

Sem a literatura, sem a aquisição dos planos hermenêuticos que constituem a matéria das palavras e das expressões da língua, sem a compreensão dos campos simbólicos em que se manifestam esses planos hermenêuticos das palavras, não podemos acessar a riqueza do real; ela ali está, diante de nós – todavia, por não termos a linguagem necessária para percebê-la, seguimos pobres, pobres de mundo.

E sem o entendimento dos arquétipos – manifestos na literatura – sobre os quais os roteiros da nossa vida e das nossas instituições se inscrevem, sem a capacidade da suspensão dos nossos valores e das nossas crenças, é impossível refletirmos criticamente sobre as questões do nosso tempo, da nossa sociedade, da nossa vida: adotamos diante do mundo uma atitude ingênua, tanto mais arraigada quanto mais pueril.

* * *

Eis aonde chegamos: professores doutores incultos, com o conhecimento restrito aos estudos em sua área de pesquisa, sem a capacidade de perceber a natureza dos campos simbólicos pelos quais passa a sua linguagem, sem a menor compreensão das narrativas mitológicas que regem o seu pensamento – na ciência, na política, na sua vida pessoal.

O que fazer, amigos, quando parte significativa da elite intelectual de um país é iletrada, ignorante, bruta?

OS IGNORANTES DOUTORES BRASILEIROS

Vivemos num país em que *doutorandos* questionam a exigência de proficiência na língua inglesa para receber bolsa para fazer o doutorado no exterior.

É absolutamente inadmissível que exista um doutorando que não seja proficiente em pelo menos duas outras línguas, sendo uma delas o inglês – que é a principal língua científica do nosso tempo.

Afinal, como o estudante poderá fazer pesquisa de ponta – o que é o pressuposto de um doutorado – se não tiver o conhecimento do estado da arte quanto aos métodos e descobertas sobre o objeto de sua investigação? Impossível. E somente se pode conhecer o estado da arte de um campo de pesquisa por meio da leitura de artigos escritos em outras línguas. Portanto, é uma exigência incontornável da pesquisa de pós-graduação o domínio, ainda que instrumental, de línguas diferentes.

O próprio questionamento dessa exigência por doutorandos – e doutorandos bolsistas pagos com o dinheiro público – destrói qualquer credibilidade dos programas de pós-graduação nos quais os estudantes foram admitidos. Como é possível que alguém ingresse em um doutorado sem o domínio instrumental de outras línguas?

O fato de que essa pergunta tenha que ser colocada mostra o nível abissal a que a Educação chegou em nosso país: estamos formando doutores monoglotas – isto é: doutores incapazes de conhecer as pesquisas de seu campo realizadas no mundo inteiro. Em outras palavras: estamos formando doutores ignorantes quanto ao próprio objeto de suas pesquisas.

SOMOS LINDOS

Somos lindos, mas...

O Brasil é o país com a maior quantidade de cirurgias plásticas *per capita* no mundo, à frente dos EUA.

Nenhum país do mundo se compara ao Brasil quando o assunto é quantidade de academias de musculação por habitante, mesmo nas menores cidades. Os EUA talvez estejam também em segundo lugar nisso.

Se, por um lado, o povo brasileiro está entre os que mais tempo e dinheiro dedicam ao embelezamento de seu corpo, por outro está entre aqueles com menor quantidade de livros lidos por habitante.

E fica sempre entre os últimos colocados nos testes internacionais de aprendizagem.

* * *

Um povo que coloca a preocupação com o formato da barriga e do bumbum em primeiro lugar na sua vida mostra, por isso mesmo, que não se preocupa com a cultura e com a inteligência.

* * *

A beleza do corpo decai com a idade – ainda que se freqüente a academia diariamente. A beleza da inteligência, contudo, pode se tornar cada vez mais intensa com o passar dos anos; basta exercitá-la cada vez mais.

O que queremos para nossos filhos? Que eles se preocupem acima de tudo com a beleza de seus corpos, ficando frustrados e com um insaciável vazio existencial após a maturidade – ou pior: tornando-se obtusos e unidimensionais –, ou que sejam pessoas capazes de compreender a si mesmos e à realidade de modo inteligente e saudável, embelezando-se cada vez mais com o tempo?

O PREÇO QUE O PROFESSOR PAGA

Vivi, há alguns anos, uma realidade estranha: já doutor, fui professor em universidade privada, professor substituto em universidade federal, professor em duas redes de escolas particulares e em um cursinho, autor de apostilas em um grande sistema "pedagógico", além de manter uma pequena agenda de atendimentos em Filosofia Clínica – desdobrando-me em seis trabalhos ao mesmo tempo, para que pudesse receber um salário digno e sustentar a minha casa.

Durante esse período, bebia *Redbull* como café da manhã, almoçava biscoito ao volante, dormia no máximo três ou quatro horas por noite. Perdi a conta das vezes em que experimentei a estranha sensação, bem descrita por Simone de Beauvoir, de dar aulas de História da Filosofia dormindo, de olhos abertos, diante dos alunos, com o discurso fluindo sabe-se lá de onde.

É evidente que essa rotina me causou vários males: nesses poucos anos não vi o meu filho crescer, tive crises de hipertensão, dormi ao volante e bati o carro algumas vezes, duas delas com perda total do veículo.

* * *

Tudo isso era uma alegre dança diária com a vida e com a morte: era a substância da existência naquele momento.

E era o absurdo preço que o professor brasileiro precisa pagar para fugir da pobreza.

A CATÁSTROFE CIRCULAR DA NOSSA ESCOLA

A catástrofe circular da nossa escola: temos professores de fraca formação acadêmica, com salários miseráveis. Eles oferecem aos seus alunos pouca cultura e, por isso, não os elevam acima da média cultural da sociedade; ninguém pode dar o que não possui. Por conseguinte, aos 18 anos o brasileiro – formado em escola pública ou particular, tanto faz – é inculto, ignorante e pouco alfabetizado. Devido às perspectivas salariais sombrias do magistério, é entre os mais incultos, ignorantes e pouco alfabetizados que a Pedagogia e as Licenciaturas alistam os seus estudantes. Depois de alguns anos, os professores de poucas luzes são substituídos, em sala de aula, por seus antigos alunos, ainda menos capazes. E o processo se perpetua.

* * *

A síndrome socrática de Dunning-Kruger revela que o ignorante ignora a sua ignorância na razão inversa da sua capacidade: quanto mais ignorante, mais capaz o indivíduo se julga.

É isso o que vemos muito entre os professores do Ensino Fundamental e Médio de nosso tempo – sejam licenciados, mestres ou doutores: quase sempre são indivíduos semiletrados, que pouco lêem, incapazes de acompanhar os debates da alta cultura, mas que se julgam capabilíssimos. Assim, confundem ideologia com conhecimento; confundem cultura popular com alta cultura; confundem leitura do livro-texto com Educação.

* * *

E é todavia necessário aumentar-lhes brutalmente os salários; somente tornando o magistério uma profissão atraente aos menos incultos, menos ignorantes e melhor alfabetizados entre os egressos do ensino básico, podemos começar a interromper o círculo vicioso que, a cada geração, aprofunda a tragédia da nossa escola – e a pôr em movimento outro círculo, este virtuoso, em que os melhores estimulam os melhores a manterem o seu legado.

Isto é: a boa remuneração não é, *per se*, condição suficiente para que a nossa escola deixe de ser uma instituição de trevas. Mas é condição necessária. Sem a elevação radical do salário dos professores de hoje – para que daqui a vinte anos possamos começar a ver os resultados, com a flor da juventude a ensinar as nossas crianças –, não existe futuro para a civilização brasileira.

BONS PROFESSORES CUSTAM CARO

O Brasil gasta menos do que a média dos países da OCDE por aluno por ano – menos do que a média no ensino universitário e muito, muito menos do que a média no ensino básico.

Ora, não existe Educação de qualidade e barata. Formar e manter bons professores custa muito caro.

Para alcançarmos a meta de uma escola que ofereça uma Educação de qualidade para nossas futuras gerações, a primeira decisão política deveria ser o aumento radical do investimento por aluno por ano – a sua multiplicação por cinco ou por dez. Essa multiplicação do investimento por aluno deveria sustentar o aumento significativo do salário docente.

Afinal, os professores devem constituir a elite intelectual do país. Todavia, os melhores alunos somente se interessarão pela carreira docente se perceberem, desce o ensino básico, que a carreira de professor lhes pagará salários decentes. Somente então, com professores motivados e mais ricos culturalmente, os currículos e os métodos poderão ser reformulados e melhor aplicados.

Enquanto isso não for possível, continuaremos fazendo de nossos filhos, netos e bisnetos os jovens mais ignorantes de todo o planeta, e da nossa sociedade a mais inculta, corrupta e homicida do nosso tempo.

O SALÁRIO DOS PROFESSORES BRASILEIROS

Matéria no jornal *O Globo*[6] nos lembra um fato que é amplamente reconhecido: os professores brasileiros estão entre os que recebem os menores salários no mundo inteiro.

Se compararmos com os membros da OCDE, ficamos em último lugar.

Os salários dos professores brasileiros no topo da carreira correspondem, em valores absolutos, à metade dos salários dos professores em igual situação na Hungria, o último dos países da OCDE. Isso mesmo: os professores com trinta anos de magistério no país que está em último da OCDE ganham *o dobro* do que os nossos professores recebem.

* * *

Qualquer governo que afirme poder solucionar o problema da Educação sem multiplicar – por três, por cinco, por dez – os salários dos professores brasileiros da rede pública en-

---

[6] https://oglobo.globo.com/sociedade/professores-brasileiros-tem-os-piores-salarios-afirma-ocde-em-levantamento-feito-em-48-paises-23752804

gana a população. FHC, Lula, Dilma, Temer, Bolsonaro – a rigor, *nenhum* deles cuidou da Educação brasileira no seu aspecto mais básico: as condições de subsistência do professor.

É impossível existir uma Educação de qualidade se os estudantes das licenciaturas são recrutados entre os piores alunos do ensino médio – que é o que ocorre há pelo menos trinta anos, devido aos salários de fome que são oferecidos na carreira pedagógica.

E é impossível termos bons professores se eles não podem ter uma vida intelectual digna: comprar livros, assistir a cursos, viajar para outros países para congressos.

* * *

"Ah, mas não temos dinheiro para isso".

Se "não temos dinheiro" para o salário dos professores, então – sinto muito – "não temos dinheiro" para tornar digno o nosso país.

Nesse caso, melhor seria acabarmos logo com o Brasil e recomeçarmos tudo – como um novo país, ou como novos países, com alguma chance, ainda que remota, de dar certo.

BRASIL E FINLÂNDIA

O projeto educacional finlandês é o exato oposto do brasileiro.

No Brasil, os "especialistas" querem que as crianças fiquem mais tempo nas escolas, com mais deveres de casa, com um currículo enorme, sem sentido e engessado.

Na Finlândia, o desafio é outro: é deixar as crianças o menor tempo possível na escola, de preferência só a partir dos sete anos, sem dever de casa, sem um currículo nacional, sem vestibular; cada professor (há somente um por turma!) prepara o currículo específico adequado àqueles alunos e àquelas circunstâncias sociais.

Os professores finlandeses são muito bem pagos; a Finlândia sabe que a Educação de qualidade é necessariamente cara, e que Educação barata é fraude. Quem não tem no mínimo um mestrado em Ciências da Educação não pode nem pensar em concorrer às vagas do magistério – que são disputadíssimas. O sistema é 100% público, como tem que ser em qualquer país cuja sociedade se preocupe com a Educação. As razões? Em primeiro lugar, uma escola particular simplesmente não pode arcar com as despesas necessárias para manter os bons professores num bom e diversificado espaço educacional – a não ser que a sua anuidade custe uma pequena fortuna para as famílias. Em segundo lugar, todos são obrigados a estudar juntos: o filho do zelador é colega de turma do filho do empresário.

Por aqui, os nossos professores recebem salários de fome. Não têm sequer como comprar livros. E recebem ainda menos na rede pública do que na rede particular, o que é um absurdo. A conseqüência: a carreira do magistério é desvalorizada; os jovens que acabam caindo nas Licenciaturas e para a Pedagogia são, quase sempre, aqueles com a pior formação intelectual, acadêmica e cultural possível; o abismo social que nos divide é engendrado desde a nossa infância, com escolas ruins para as crianças ricas e escolas piores para as crianças pobres.

O resultado disso tudo: a Finlândia tem um dos melhores sistemas educacionais do mundo; nós, um dos piores. O jovem egresso das escolas finlandesas – sem currículo, sem dever de casa, sem provas – está muitíssimo preparado para os desafios do século XXI; o jovem que sai da nossa escola, a despeito de ter estudado sob um dos currículos mais extensos do mundo, não sabe nem escrever direito.

* * *

Muitos dos nossos educadores são profundamente conservadores – mesmo os que se julgam de esquerda. Por desconhecerem a imensa variedade de modelos educacionais criados na história, por ignorarem a pluralidade de sistemas pedagógicos que atualmente há no mundo, naturalizam o sistema brasileiro – o único que conhecem... – e tornam-se refratários à idéia de uma radical revolução na nossa escola.

Diante de idéias como as que aqui são expostas, dizem: "Ah, mas as condições na Finlândia são diferentes. Não podemos pegar o que foi feito lá e aplicar aqui; não daria certo".

Frente a essa crítica conservadora, é preciso lembrá-los de que as mulheres e os homens finlandeses não têm nada de especial em relação às mulheres e aos homens brasileiros; somos todos humanos, com as mesmas qualidades e defeitos, e se eles podem ter uma escola excelente lá, nada impede que tenhamos uma escola excelente aqui, adaptada às nossas circunstâncias.

E é preciso lembrá-los também de que não é a sociedade finlandesa que permite a existência da escola que eles têm – é bem o contrário. Afinal, não é a sociedade que molda a escola: é a escola que molda a sociedade. Por isso, não há sentido em querer primeiro mudar a sociedade brasileira, para depois termos uma escola de padrão finlandês: a ordem das transformações se dá no sentido contrário. Se queremos florescer como civilização, se queremos encontrar o nosso lugar na História, precisamos, antes, criar uma escola verdadeira e radicalmente educadora.

Ou continuaremos com o nosso lugar de bobos-alegres do mundo, o lugar de um povo inculto e pobre na terra mais rica do planeta, celebrando os trocados recebidos com a exportação das nossas riquezas para o desenvolvimento das outras nações, como fazemos desde o século XVI.

TRANSFORMAR A ESCOLA

Educação é *Paidéia*. E *Paidéia* é a formação integral do ser humano: a formação intelectual, cultural, espiritual. A escola brasileira não é *Paidéia*, não educa: instrui – e instrui não para as necessidades da vida, mas para a realização do vestibular: uma meta que se esgota no mesmo instante em que a vida adulta se inicia. Ou seja: a nossa escola não nos prepara para a vida adulta, não nos prepara para os desafios profissionais, emocionais, sociais e éticos que encontraremos.

Se depender do que encontra na escola, o estudante brasileiro chega ao final do Ensino Médio absolutamente despreparado para tudo: não tem uma profissão, não sabe tocar música, não é capaz de produzir uma obra de arte, não monta móveis, nem troca a resistência de um chuveiro elétrico, nem abre uma empresa. E não lembra também o que decorou para passar nas provas e no vestibular: após a realização das avaliações, esquece (com toda a justiça) toda a matéria. Em suma: após doze anos de estudo, o jovem brasileiro sai da escola perfeitamente incapaz de tocar a própria vida. Quase tudo o que é memorizado não passa de perda de tempo; o que seria útil lhe é sonegado.

Por isso, é urgente transformar a escola: de um espaço interno, murado, limitado, massificador, com regras desconectadas da realidade – isto é: uma fábrica ou um quartel estilizado – para um espaço externo, sem muros, ilimitado, criado de acordo com as aptidões e interesses de cada aluno, fundado nas necessidades sociais, profissionais e culturais do indivíduo, a partir dos seus próprios talentos, com o propósito de realizar a sua vocação.

A transformação da escola será cara? Naturalmente: não existe Educação barata. É preciso investir no salário dos professores, em livros, em computadores, em viagens, em cultura. Se há uma despesa que jamais é alta demais, é a despesa com Educação.

Essa transformação será difícil? Sim, evidentemente: os profissionais do ensino fossilizados, apaixonados pelo adestramento de crianças, orgulhosos do seu rigor acadêmico, certos de que são excelentes mestres, precisarão encontrar outro emprego. Não deve haver, na escola, lugar para eles.

E se não tivermos governos dispostos a quebrar os muros escolares, a trazer a escola para a vida, a reformular inteiramente o currículo, a gastar muito mais com professores e estrutura cultural e pedagógica? Se não houver disposição política para isso, infelizmente permaneceremos como o povo da pose inculta, da ignorância orgulhosa, o povo do QI 87, vivendo um dia de cada vez, eternamente renunciando à nossa autonomia.

O PAÍS DA POSE INCULTA

Existe um fenômeno curioso na cultura brasileira: a falsificação de credenciais acadêmicas.

Esse fato social não é exclusividade da direita nem da esquerda: todos os campos políticos têm a sua cota de trapaceiros. Tampouco se restringe ao mundo da política: está evidentemente disseminado por toda a sociedade.

* * *

Em 2021, tomou posse como presidente da CAPES a professora Cláudia Mansani Queda de Toledo, casada com Flávio Eufrásio de Toledo, reitora da universidade fundada por Antônio Eufrásio de Toledo – universidade onde concluiu o doutorado em 2012.

Cláudia M. Q. de Toledo, nova presidente do CAPES, foi coordenadora, nessa mesma universidade, de um curso de pós-graduação descredenciado pelo próprio CAPES por insuficiência em vários quesitos.

Entre as maravilhas do seu Currículo Lattes, lemos que ela foi "coordenadora da pós-graduação" dessa mesma universidade entre 1994 e 2000, quando tinha somente dezessete e vinte e três anos, respectivamente. Terá sido o caso inédito de uma jovem que torna-se coordenadora da pós-graduação no mesmo momento em que, ainda adolescente, começa a cursar a graduação?

E há também a inclusão, na produção técnica, de "planejamento de reunião de coordenação", reuniões ordinárias de docentes, disciplinas ministradas na universidade e simples aulas.

Se isso não fosse suficiente, a sua dissertação de mestrado tem inúmeros plágios: várias são as passagens de autoria alheia reproduzidas como se houvessem saído de sua própria cabeça.

Em suma: a presidente da CAPES, além de ter realizado a sua formação e a sua carreira acadêmica numa universidade inexpressiva e de propriedade de sua família, é também, em vários sentidos, uma fraudadora acadêmica.

Portanto, segue firme e forte a tradição brasileira de mentirosos, malandros e impostores acadêmicos que se envolvem com a política.

Kassio Marques, o desembargador indicado por Jair Bolsonaro ao STF, afirma no currículo ter feito pós-doutorado que não fez.

Carlos Decotelli, ex-futuro ministro da Educação do governo Bolsonaro, mentiu: afirmou ter concluído um doutorado que não concluiu.

A ministra da Mulher, Família e Direitos Humanos do mesmo governo, Damares Alves, mentiu: não é mestre em Educação, em Direito Constitucional nem em Direito da Família.

O seu ministro do Meio-Ambiente, Ricardo Salles, mentiu: não é mestre em Direito Público pela Yale.

Wilson Witzel, ex-juiz e governador impichado do Rio, mentiu: jamais fez um doutorado-sanduíche em Harvard.

Dilma Roussef mentiu: não concluiu o mestrado em Economia.

Em 2006, Aloízio Mercadante afirmou expressamente ser doutor em Economia, mas não era: defenderia a sua tese quatro anos depois.

O mais impressionante é que, até que essas mentiras fossem reveladas, todos alardeavam publicamente os títulos inexistentes.

* * *

É necessário reconhecer que esse fenômeno não se limita ao mundo da política.

Em 2017, a jovem Bel Pesce, a "Menina do Vale", não somente ostentava em palestras títulos acadêmicos que não possuía, como também inventava ter exercido cargos executivos em empresas de tecnologia que jamais exerceu.

Em 2019, descobriu-se que a professora Joana D'Arc Felix mentia ter realizado um pós-doutorado em Harvard. Ela chegou a divulgar para a imprensa um certificado de Harvard tão verdadeiro como uma nota de três reais – pós-doutorado não é título acadêmico, e não dá direito a diploma.

Ainda em 2019, descobriu-se a falsificação dos diplomas acadêmicos de Wemerson da Silva Nogueira – que se apresentava como professor. Wemerson foi vencedor do prêmio *Educador nota 10* de 2016 e finalista, em 2017, do *Teacher Global Prize*. Ele falsificou os diplomas que dizia possuir – licenciatura em Química e em Ciências Biológicas, além de uma pós-graduação – e, por não ser licenciado, lecionava ilegalmente.

Em 2021, Cátia Regina Raulino foi denunciada por afirmar, no seu Lattes, ter realizado graduação na UFMA, mestrado na UFSC e doutorado na UFBA (o que as três universidades negam), e por publicar, em seu próprio nome, trabalhos roubados de alunos de graduação. Cátia nunca cursou o nível superior,

171

mas apresentava-se como professora doutora, lecionava no nível superior e coordenava um curso de graduação em Direito.

* * *

Todas essas fraudes somente foram descobertas graças à fama. Sem os holofotes, todos sustentariam a mentira e jamais seriam questionados. Naturalmente, há outros milhares entre nós que, protegidos pelo relativo anonimato, beneficiam-se de títulos acadêmicos que não possuem.

Qual será a raiz desse fenômeno?

* * *

Nós somos o povo da pose inculta. Assistimos à profusão das academias de ginástica; somos os campeões mundiais em cirurgias plásticas *per capita* (à frente dos EUA!); observamos o imenso sucesso de musas e musos *fitness* na internet. Ao mesmo tempo, verificamos a tenebrosa qualidade das nossas escolas; temos pouquíssimas bibliotecas públicas; e estamos entre os últimos colocados entre os leitores de livros *per capita* no mundo. Tudo isso nos revela o valor extraordinário que damos à aparência e o desprezo que reservamos ao intelecto.

Como já mostrava Lima Barreto em *Triste Fim de Policarpo Quaresma*, publicado em 1911, não nos interessa o conhecimento: contentamo-nos com a sua simulação, ficamos satisfeitos com os meros sinais exteriores da inteligência.

Por isso tantos mentem nos seus currículos. Uma civilização que valorizasse a cultura constituiria um povo mais preocupado em conhecer as coisas do que em receber diplomas; aqui, invertemos essa ordem, e queremos exibir títulos sem passar pelo longo e desgastante processo de obtê-los. Não nos importa realmente saber: o fingimento nos basta.

* * *

O problema mais grave da civilização brasileira não é a corrupção, não é o desperdício, não é a política. O problema fundamental da nossa civilização é a Educação. Esse problema também é o de resolução mais difícil. Afinal, como podemos realmente educar as crianças, se os adultos – os políticos, os influenciadores, os professores! – contentam-se em fingir para todos, inclusive para si mesmos, a posse de um capital cultural que não têm?

O PROBLEMA FUNDAMENTAL DO BRASIL

Qual é o problema fundamental do nosso país?

Dirão que é a corrupção. Dirão que é a criminalidade. Que é a desigualdade social, a qualidade dos nossos políticos, a ignorância da nossa elite.

Todas essas respostas estão corretas, mas não vão à raiz da questão. É preciso ver para onde todas elas apontam.

E todas apontam para o problema da Educação.

* * *

O problema fundamental do nosso país é, e sempre foi, a Educação.

Jamais tivemos um projeto educacional de fato – no máximo, um projeto de instrução dos jovens.

E é preciso dizer: Educação e instrução são processos independentes, que não acontecem necessariamente no mesmo tempo e lugar.

A instrução é o ensino para a realização de alguma tarefa específica: fazer contas, dirigir automóveis, levantar paredes, passar numa prova de vestibular.

A Educação é a formação integral do ser humano: a formação intelectual, cultural, espiritual, que torna a pessoa capaz de compreender o mundo e a si mesma. Isso significa que a Educação não pode ter um objetivo específico bem definido: ela precisa ser aberta para que cada um possa constituir-se de acordo com os seus próprios projetos – que dependem da personalidade, da vocação e das aptidões de cada ser humano.

* * *

Há uma inevitável e necessária ausência de objetivo definido mensurável no processo verdadeiramente educacional: não é possível medir a Educação por meio da capacidade de um aluno acertar na realização de um cálculo de trigonometria, ou na sua contratação para um emprego, ou na sua aprovação no Enem, por exemplo.

Vivemos num país em que o tecnicismo sentou praça. De acordo com a mentalidade tecnicista, somente se deve levar em conta o que pode ser medido e analisado quantitativamente: se um processo não produz imediatamente resultados mensuráveis, é um mau processo e deve ser eliminado. O processo educacional é um exemplo perfeito desse tipo de processo.

É por isso que muitos de nós (entre militares, burocratas, políticos e professores) são, sem que se dêem conta, reais inimigos da Educação. Sim, eles defendem a palavra "Educação", mas tomam-na como sinônimo de instrução, isto é: como algo diferente do que ela verdadeiramente designa. Quando falam "em defesa da Educação", quase sempre pensam não em educar, mas em instruir – e em medir essa instrução.

* * *

176

A Educação não pode ser medida: ela não cabe em questões de múltipla escolha. A razão é simples: ela é diferente para cada um. Podemos ter uma matriz geral – que é a cultura que apresentamos às crianças e aos adolescentes: a música, a literatura, a poesia, as artes plásticas, o senso do belo, do bom, do justo. Mas o efeito que isso tudo causa é diferente em cada pessoa. Como dizer que existe um "efeito cultural certo" e um "efeito cultural errado"? Como "aprovar" ou "reprovar" alguém em função disso? Como transformar isso numa nota de zero a dez?

É possível avaliar quantitativamente o resultado de um processo instrucional, mas não o resultado de um processo educacional.

* * *

No Brasil nunca tivemos um projeto educacional. Sempre copiamos, de modo automático e desastrado, aquilo que entendíamos que os outros países – países europeus – faziam.

E entendíamos mal. Olhávamos para o papel, para o currículo, não para a vida social e escolar desses países. Copiamos o currículo, macaqueamos os livros-texto, tentando parecer europeus. E fomos ampliando cada vez mais essa paródia de escola européia, inserindo cada vez mais componentes curriculares, cada vez mais matérias nesses componentes, até que chegamos a um ponto em que um aluno do Ensino Médio precisa lidar com uma quantidade extraordinariamente grande de conteúdos, uma quantidade muito maior que aquela que se encontra nos próprios sistemas escolares que imitamos.

Em 1951, por exemplo, o físico Richard Feynman ficou muitíssimo impressionado com o currículo de Física no Brasil; os alunos brasileiros viam (e vêem) tanta física que era surpreendente que o Brasil não fosse uma potência nessa área. Rapidamente Feynman compreendeu que os professores não ensinavam de fato aquele conteúdo todo: eles simplesmente instruíam os alunos de modo que soubessem solucionar questões de prova. Feynman percebeu que o sistema escolar brasileiro era uma fábrica de fazedores de questões de prova – mas que não havia, de fato, o menor resquício de Educação no Brasil.

De fato, a ausência de um projeto educacional no nosso país significou, desde sempre, a adoção de um currículo completamente insano – um currículo que nos faz perder pelo menos quinze anos da nossa vida com a memorização de um conteúdo quase todo irrelevante e desconectado do nosso contexto social, intelectual e espiritual.

Um currículo que é sobretudo irrealizável. Um professor de Ensino Médio tem formação superior, leu livros, vive no meio escolar. Ele conhece bem o seu componente curricular, e talvez conheça razoavelmente os componentes próximos (o professor de História conhece um pouco de Geografia, o de Química conhece um pouco de Física, e por aí vai). Mas é impossível que ele conheça a totalidade do currículo que os adolescentes precisam aprender. Em outras palavras: exige-se dos nossos adolescentes o domínio geral de um conjunto muito extenso e profundo de assuntos, domínio que mesmo adultos mais cultos e inteligentes que a média não sonham ter. Exige-se dos nossos adolescentes o que é simplesmente impossível. Quando se exige de alguém o impossível, a resposta ou é a doença, ou é o cinismo, ou é a fraude.

De fato, ninguém com a mente sã – entre gestores, professores e alunos – considera que a escola seja um lugar de aprendizado real para a existência adulta. Todos vêem a escola ou como um lugar de instrução malfeita (especialmente para a realização do Enem: um quarto do nosso tempo de vida em função de uma única prova!), ou como um pequeno inevitável inferno, um lugar em que tudo é artificial, tudo é teatral, tudo é absurdo, um longuíssimo rito de passagem para que possamos chegar à maioridade.

* * *

Se nada faz sentido na escola, se o currículo oficial é insano e irrealizável, o currículo oculto prevalece – porque ele se torna a única coisa que faz sentido no ambiente escolar.

E qual é o currículo oculto da escola brasileira? É justamente o cinismo, a obediência fingida, a fraude, o jeitinho. E, para os alunos que não conseguem aprender a jogar o jogo da mentira, a conseqüência é a doença do ser: a neurose, a depressão, o desespero.

Sim: a escola brasileira é sobretudo uma escola de corrupção. Ou alguém julga que o nosso velho hábito, já institucionalizado, de "estudar para a prova" seja outra coisa que não uma cola sofisticada? Ou que os exercícios "de revisão", que são em tudo similares àqueles da avaliação, é outra coisa senão fraude? Ou que a própria exigência impossível de saber tudo de um currículo insano não é senão a preparação para uma vida de aparências?

* * *

Todos aqueles "problemas graves do país" – a corrupção, a criminalidade, a desigualdade social, a nossa classe política, a nossa elite – são criados, dia após dia, no interior do nosso sistema escolar, seja na própria escola ou no "ensino em casa" do nosso tempo de pandemia. O maior problema do Brasil é a escola.

A nossa escola nos destrói, dia a dia, cada vez mais. Seja escola pública, seja particular, seja militar, seja preparatória para o Enem: geração após geração, a nossa escola impede a existência de um processo educacional; em seu lugar, apresenta uma instrução fake, que de fato corresponde a uma formação para o jeitinho.

* * *

179

A solução do problema da Educação brasileira passa pela discussão a respeito de um projeto escolar verdadeiramente educacional. Isto é: é preciso que as escolas comecem, pela primeira vez na história brasileira, a educar.

E para que tenhamos uma escola educadora é preciso que tenhamos professores educadores.

Professores educadores: mestres muito bem-preparados, leitores, estudiosos, que pensem a Educação, que possam participar dos debates sobre o sentido da própria escola.

Isso acontecerá nesta geração, com os professores que temos? Infelizmente, creio que não. Os nossos filhos continuarão freqüentando uma escola absurda, que não forma para nada a não ser para a mentira e a corrupção.

Mas os nossos filhos podem começar a mudança, se começarmos desde agora a preparar a próxima geração de professores. E para que a próxima geração de professores seja mais consciente que a atual, é preciso antes de qualquer coisa valorizar a profissão docente.

* * *

Um país não pode sair do fundo do abismo civilizacional se o salário dos seus professores está entre os mais baixos do mundo.

A elevação do salário docente público aos níveis da média dos países da OCDE não é a solução para todos os problemas da escola brasileira – mas é condição *sine qua non* para que uma solução seja concebida.

Estabelecido um bom salário, veríamos, quinze ou vinte anos depois, a elite cultural e intelectual dos nossos jovens buscando o magistério.

E poderíamos então agir para melhorar o currículo e as práticas pedagógicas.

∗ ∗ ∗

Em outras palavras: para que daqui a quinze ou vinte anos comecemos a ver uma mudança na escola brasileira, precisamos valorizar os professores de hoje. Precisamos desde já tornar o magistério uma opção interessante aos melhores alunos. Precisamos seguir o modelo de valorização docente que foi seguido na Coréia, na Finlândia, na Suécia, onde, com seus altos salários, ao lado de suas altas exigências intelectuais e acadêmicas, a carreira de professor é uma das mais disputadas.

É preciso que o salário do professor brasileiro, um dos mais baixos do mundo, se torne pelo menos equivalente ao da média da OCDE. É preciso que a carreira do magistério seja desejada, e que para ela queiram se encaminhar os jovens mais brilhantes de cada geração.

Serão esses jovens brilhantes, recebendo excelentes salários, com tempo para o estudo e a pesquisa, que começarão a mudar o lugar da escola brasileira: de uma escola que cada vez mais conduz o Brasil à lata de lixo da História, para uma escola que não somente instrua, mas verdadeiramente eduque, e que torne o Brasil um dos melhores lugares do mundo para se viver.

Em suma: o que quer que possa ser feito, somente será feito com uma escola com professores realmente educadores, prestigiados, cultos e motivados.

∗ ∗ ∗

É incompreensível que os brasileiros aceitem, passivamente, há muitas décadas, a desvalorização do trabalho do professor.

O médico cuida dos doentes, e isso o torna muito importante. No serviço público, o salário do médico reflete essa importância. O advogado ajuda a quem quer encontrar a justiça, e é importantíssimo. O salário do advogado que entra no serviço público está de acordo com essa importância.

181

Mas o professor cuida daquilo que é verdadeiramente mais importante – seja na sociedade, seja na nossa vida pessoal: as nossas crianças, os nossos filhos. A função central de uma sociedade bem ordenada é a Educação das futuras gerações. É inconcebível que aceitemos que os nossos filhos sejam "educados" por pessoas que não recebem um salário minimamente digno para a subsistência, e que, portanto, não podem comprar livros, não podem viajar, não têm acesso à alta cultura.

O verdadeiro movimento revolucionário para o Brasil, para que daqui a quinze anos o Brasil possa começar a se erguer, não é outro senão a defesa do aumento radical e imediato do salário do magistério. Sem isso, não teremos, no futuro, professores capazes de pensar e a praticar a Educação; sem professores educadores, a nossa escola continuará a ser uma fábrica de corruptos, e o nosso país seguira sendo a pátria da aparência, da incultura e da mentira.

A ÚNICA SAÍDA

A escola brasileira é universalizante, massificante, desindividualizante. O seu propósito é destruir a singularidade de cada estudante – e torná-lo um *brasileiro comum*. Ela alcança o seu objetivo ao submeter o corpo dos alunos ao adestramento fabril – sem o direito de se movimentar livremente, de usar o banheiro livremente, de se alimentar livremente, de falar livremente –, e ao impor ao espírito dos estudantes uma disciplina sem propósito – com um currículo obrigatório arbitrário, desconectado das necessidades sociais, profissionais e culturais da vida em nosso tempo.

A escola brasileira ainda segue o modelo imposto pela ditadura: uma escola única, com um currículo único, voltado para a formação de bons operários de indústria, de confiáveis empregados do comércio, de adequados funcionários públicos. A nossa escola foi pensada para o mundo dos anos 60 e 70: para um mundo com um conjunto fechado e determinado de carreiras profissionais, um mundo que já não existe há cinqüenta anos.

O mundo do século XXI é completamente diferente: hoje, os jovens descobrem – e inventam! – novas profissões, novas carreiras, novos modos de vida. Em nosso tempo há caminhos que, há cinqüenta, quarenta ou trinta anos seriam inconcebíveis. Como imaginar, nos anos 60, que um adolescente com um celular, no seu quarto, poderia ganhar num mês mais dinheiro que seus pais ganham em três ou quatro anos? Como supor, nos anos 70, que seria possível viver, por anos, como nômade, visitando dezenas de países, sem nenhum emprego fixo, ganhando dinheiro ao compartilhar as experiências com as outras pessoas? Como entender, nos anos 80, que todos poderiam, em qualquer lugar do mundo, gravar e divulgar músicas, publicar livros, criar e expor obras de arte, com pouco ou nenhum investimento financeiro, sem a necessidade de gravadoras, de editoras, de galerias de arte, sem padrinhos ou agentes?

A escola ainda é importante no processo de alfabetização e letramento universal; todavia, num mundo em constante transformação, num mundo efetivamente caótico e indeterminista, em que ninguém pode prever quais serão as formas de trabalho e de organização social que existirão em cinco ou dez anos, o currículo escolar, tal como está constituído, tornou-se um peso inútil, desengonçado, absurdo, que todos os estudantes são obrigados a carregar.

* * *

Como a escola pode manter a sua relevância em nosso tempo? Como ela pode reafirmar a sua necessidade?

Numa sociedade aberta, em que há infinitos caminhos, a escola precisa tornar-se também aberta, e igualmente possibilitar caminhos infinitos. Isto é: o currículo escolar do século XXI deve se tornar ao mesmo tempo menor e mais amplo; deve ser mais restrito, e ao mesmo tempo multiplicar-se indefinidamente. Como isso é possível?

Com o estabelecimento de dois princípios fundamentais:

Em primeiro lugar, o princípio de manter um currículo obrigatório mínimo, verdadeiramente mínimo, que leve cada estudante a:

- ler bem, escrever bem, acessar e compreender os símbolos e as narrativas fundamentais em que a nossa civilização se funda (isso inclui o contato com a literatura universal, com a História, com as narrativas científicas importantes da nossa cultura); e

- contar bem os números, e realizar todas as operações matemáticas e geométricas necessárias na vida comum das pessoas (as quatro operações, o que inclui os juros simples e compostos e as frações; a geometria euclidiana, as formas geométricas, o básico da trigonometria; as operações com as medidas de tempo, de espaço, de área, de volume, de velocidade, de informação; as proporções e a regra de três);

- ter acesso à língua inglesa. Por que o inglês? Porque atualmente (e isso não deve mudar nas próximas décadas) o inglês é, efetivamente, a língua da comunicação internacional. Quem lê, entende e fala em língua inglesa tem acesso à cultura e ao trabalho em quase qualquer lugar do mundo.

Em segundo lugar, o princípio de oferecer a cada estudante uma pluralidade indeterminadamente variada de elementos que podem ser adicionados livre e optativamente ao seu percurso. Aqui podem ser incluídos elementos formais, como estudos aprofundados de matemática, ou de geografia, ou de História, ou de línguas diversas (francês, alemão, mandarim, grego, latim), ou de qualquer outro campo acadêmico; podem ser incluídos elementos práticos, como a marcenaria, a jardinagem, a mecânica; elementos técnicos, como o aprendizado da enfermagem, de processos de edificação, de agronomia, de mineração; elementos artísticos variados, como o teatro, o canto, a pintura, a escultura, o domínio de um instrumento musical; o aprendizado da informática e da programação de computadores; as artes marciais, o escotismo, as técnicas de sobrevivência em ambientes naturais diversos; a produção e o gerenciamento de eventos esportivos ou culturais, ou de podcasts, ou de canais de redes sociais; e por aí vai.

***

Evidentemente toda a organização escolar precisaria ser transformada: não faria sentido termos doze professores (Matemática, Português, Geografia, História, Física, Química, Biologia, Filosofia, Sociologia, Educação Artística, Educação Física, Inglês) por cada turma do Ensino Médio, por exemplo. Muito mais adequado seria um sistema como o finlandês, com um professor por turma – um professor que pudesse orientar os caminhos singulares dos alunos; em nosso tempo, com os nossos recursos tecnológicos, esses caminhos podem ser criados e trilhados com o acesso a outros professores, em outros lugares que não a escola, de modo presencial ou remoto. Ou poderíamos criar um sistema particularmente brasileiro, de acordo com as nossas próprias especificidades.

De todo modo, seria necessário reinventar a nossa escola, recriar o nosso currículo, reorganizar os nossos espaços, transformar a formação e a prática docente. Para que isso tudo pudesse acontecer, seria preciso, todavia, mudar algo muito mais resistente: a representação social da escola no nosso imaginário. Seria preciso que compreendêssemos que a escola não é um ente da natureza, e que o modelo a escola que freqüentamos não é necessário, mas contingente, e que há inúmeros outros formatos possíveis para a Educação escolar formal. Essa seria, de fato, a maior dificuldade na criação de uma escola do século XXI: a oposição, que viria em primeiro lugar dos próprios professores, à organização de uma escola finalmente educadora.

***

Talvez seja necessário elaborar um novo *manifesto* para uma escola livre: um manifesto que, diferentemente do que fizemos neste livro, apresente não mais a *denúncia* da falta de propósito da nossa escola, mas uma *proposta* para uma escola que faça sentido no Brasil do século XXI. Um manifesto de uma escola livre, que eduque para a liberdade, num momento em que a única certeza é a da pluralidade dos modos de existência do ser humano no mundo; um manifesto não somente *educacional*, mas mesmo *civilizacional*, que nos leve a abandonar o *caminho da sobre-vivência* – quer na dimensão do indivíduo, quer na dimensão da sociedade – e, em seu lugar, nos permita a construção do *caminho da civilização*, da eternamente prometida, e jamais realizada, civilização brasileira.

PARA UM MANIFESTO DA ESCOLA LIVRE

Este livro é uma obra de *denúncia* escrita por um professor, gestor, formador de professores e, muito especialmente, por um pai. Nestas páginas não há nenhuma tentativa de propor um novo sistema escolar, um novo modelo de ensino, um novo currículo; a denúncia e a desconstrução são os movimentos que necessariamente devem anteceder uma revolução. Não haveria razão para revolucionar o que é *suficientemente adequado*.

Ora, a nossa escola não é *suficientemente adequada*, nem mesmo *pouco adequada*; ela é uma instituição *absolutamente inadequada, criminosamente inadequada* na tarefa que se propõe: a de educar as novas gerações. Os egressos do nosso sistema escolar são total e completamente despreparados para qualquer tarefa que não seja a realização de avaliações escritas; quase sempre a medida do seu preparo para a vida é inversamente proporcional ao esforço e à dedicação investidos na formação escolar. Este fato, sozinho, basta para revelar o caráter *monstruoso* da instituição escolar brasileira.

Toda civilização é produto do seu sistema educacional. A civilização brasileira, cujos frutos notáveis oferecidos à humanidade têm sido a escandalosa desigualdade social, a corrupção e a fraude em graus inimagináveis, a violência contra a mulher e a criança e os mais de quarenta mil homicídios por ano, é produto da nossa escola, que, em lugar de humanizar os indivíduos, desumaniza-os; em vez de promover a sua autonomia, estabelece a heteronomia e a submissão; não lhes apresenta exemplos da ação ética, mas de violência simbólica, de arbitrariedade e de sadismo; e não lhes exige a ação ética, mas a trapaça. Sim, o nosso país sobressai-se no mundo em função da ignorância, da mentira e da violência; seria muito difícil que fosse diferente, se isso é tudo o que *realmente* aprendemos, diariamente, em quinze anos de escolarização universal compulsória.

Será impossível transformar a civilização brasileira sem reconstruir, desde a base, o processo pelo qual essa civilização se cria e se reproduz: a escolarização. A escola é a nossa única esperança – mas não a escola atual, que é a grande responsável pela nossa desastrosa presença na história das civilizações. A escola que poderá nos erguer é outra, completamente diferente, da qual até hoje só tivemos vislumbres.

* * *

Em 1932, vinte e seis intelectuais assinaram o Manifesto da Escola Nova, que sustentava a defesa da escola pública, laica, obrigatória, gratuita e igual para todos. Naquele Manifesto, lemos que todo projeto de Educação reflete a "concepção de vida" de seu tempo – e que a Escola Nova não deve servir aos interesses de classe, mas aos interesses do indivíduo. Subscrevo integralmente essas idéias, que permanecem tão válidas em 2022, quando escrevo estas linhas, quanto eram em 1932.

Todavia, o mundo mudou imensamente em noventa anos. O interesse do indivíduo, àquela altura, correspondia à necessidade de ler, escrever, contar, e obter na escola as bases para posteriormente adquirir a formação necessária para a sua profissão – que se circunscrevia, essencialmente, a ocupações na agricultura, na construção civil, na indústria, no comércio, nas Forças Armadas, na administração pública ou numa carreira liberal. Todavia, hoje em dia os jovens têm, à sua frente, uma infinidade de carreiras, com diferentes requisitos e exigências – e a cada dia surgem novos tipos de trabalho.

A escola que não acompanha as "concepções de vida" de seu tempo constitui-se como um peso morto para as novas gerações. Ao dissociar-se do mundo onde está inserida, a cada dia torna-se mais antiquada, enfadonha, inútil, porque prepara para as exigências de uma sociedade que já não mais existe.

* * *

Como pensar uma escola para um tempo em existem infinitas "concepções de vida" possíveis, e em que os jovens têm o poder de inventar a sua própria profissão? Qual deveria ser a estrutura dessa escola, quais deveriam ser as suas práticas, qual deveria ser o seu currículo obrigatório?

Diante de um futuro imprevisível, somente uma resposta faz sentido: a estrutura da escola deveria ser fluida, as práticas deveriam ser descentralizadas ao limite – isto é, deveriam ser adaptadas a cada estudante –, e o currículo obrigatório deveria ser mínimo, ao lado de um currículo eletivo tão grande quanto a própria quantidade de conhecimentos produzidos pela humanidade.

Afinal, não existe nenhuma razão necessária – ou científica, ou pedagógica – para que o nosso currículo seja tão extenso,

191

ou para que os métodos pedagógicos sejam aplicados aos estudantes como se eles fossem uma massa desindividualizada, ou para que as turmas sejam seriadas pela idade, ou mesmo que sejam seriadas, ou que as disciplinas curriculares sejam rigorosamente delimitadas, ou que haja uma quantidade específica de professores necessários para o processo escolar, ou para que haja provas escritas, ou aprovações, ou reprovações. As decisões a respeito disso tudo são, fundamentalmente, políticas, micropolíticas e econômicas.

* * *

Uma escola livre não deve visar a uma Educação centrada no ensino, nem a uma Educação centrada no aluno, mas a uma Educação centrada no próprio processo de aprendizado: com um currículo aberto, no qual a relação entre os professores e os alunos seja tal que eles construam, juntos, um percurso de aprendizado para cada estudante, a partir dos seus próprios talentos e interesses específicos. Não se trata, aqui, de simplesmente abandonar a criança, num processo não-diretivo, mas de orientar a sua busca, de ensinar os métodos de investigação e de mostrar os diferentes modos de seleção, análise e crítica dos dados encontrados.

Em outras palavras: uma escola livre deve focar-se menos na *apreensão e na memorização dos dados*, e mais na *busca, na análise e na crítica* das informações, a partir de cada projeto pessoal. Deve enfatizar menos o currículo *geral* e mais o currículo *particular* de cada estudante. Em lugar de *massificar uma turma*, conformando os alunos a um único padrão, aferido por avaliações – e abandonando os que ao padrão não se ajustam –, uma escola livre deve *desmassificar* os estudantes, isto é: deve *desenturmá-los*, deve *individualizá-los*, torná-los cônscios de sua singularidade, e prontos para perseguir as suas metas particulares, enquanto favorece a socialização entre todos os membros da comunidade escolar.

Esta é, em suma, a meta de uma escola livre e libertadora: ajudar cada estudante a descobrir os seus talentos, a encontrar a sua vocação e a dar os primeiros passos na busca da sua realização pessoal – ou seja: orientar cada indivíduo na construção da autonomia, a partir de si mesmo, no interior de uma comunidade que reconheça e acolha a inevitável pluralidade de projetos e de "concepções de vida".

* * *

Um Manifesto da Escola Livre, o Manifesto da escola necessária para o Brasil no século XXI, está por escrever – um programa sistemático aberto, que concilie quatro elementos fundamentais da Educação: a universalidade da cultura humana, as circunstâncias histórico-culturais da nossa civilização, o entorno socioeconômico de cada escola e a singularidade da existência de cada estudante. Quando esses quatro elementos forem reunidos num projeto educacional nacional, num projeto escolar que permita a busca e a descoberta dos instrumentos para a realização de qualquer concepção de vida, encaminhar-se-á a solução de um dos mais difíceis problemas de nosso país – o problema da Educação.

E talvez, então, poderemos descobrir e realizar a nossa vocação civilizacional - e finalmente estabelecer o verdadeiro lugar do Brasil (que não será o do *país do futebol*, o da *nação dos bobos-alegres*) entre as civilizações na História.

193

9 788554 165024

MEMBERS OF LEGISLATIVE COUNCIL

Sl.No.	Name	Party
1.	Kanakamamidi Swamy Goud	TRS
2.	Dr. Palla Rajeshwar Reddy	TRS
3.	Paturi Sudhakar Reddy	TRS
4.	Poola Ravinder	Independent
5.	Katepally Janardhan Reddy	TRS
6.	Sunkari Raju	TRS
7.	Balasani laxminarayana	TRS
8.	Naradasu Laxman Rao	TRS
9.	Puranam Satish Kumar	TRS
10.	Kasireddy Narayan Reddy	TRS
11.	Dr. Bhoopathi Reddy	TRS
12.	Konda Muralidhar Rao	TRS
13.	Patnam Narender Reddy	TRS
14.	V. Bhoopal Reddy	TRS
15.	M. Ranga Reddy	INC
16.	T Bhanu Prasad Rao	TRS
17.	Kuchukulla Damodar Reddy	INC
18.	MS Prabhakar Rao	INC
19.	Mohd. Mahmood Ali	TRS
20.	Srihari Kadiyam	TRS
21.	Nethi Vidya Sagar	TRS
22.	Mohammed Saleem	TRS
23.	Vullolla Gangadhar Goud	TRS
24.	Mohammed Fareeduddin	TRS
25.	Kompally Yadava Reddy	TRS
26.	Alimineti Krishna Reddy	TRS
27.	Bodakunti Venkateswarlu	TRS
28.	Ponguleti Sudhakar Reddy	INC
29.	Syed Altaf Hyder Razvi	AIMIM
30.	Syed Aminul Hasan Jafri	AIMIM
31.	T. Santhosh Kumar	INC
32.	Mohammed Ali Shabbir	INC
33.	Smt. Akula Lalitha	INC
34.	Naini Narsimha Reddy	TRS
35.	Farooq Hussain	Nominated by Governor
36.	Karne Prabhakar	Nominated by Governor
37.	D. Rajeshwar Rao	Nominated by Governor
38.	Sabavat Ramulu Naik	Nominated by Governor
39.	Komatireddy Rajgopal Reddy	INC
40.	N. Ramachandra Rao	BJP

Current Affairs

Budget 2019-20

The Chief Minister, Mr. K. Chandrasekhar Rao, presented the Budget for Telangana for financial year 2019-20 on September 9, 2019.

Budget Highlights

- The **Gross State Domestic Product (GSDP)** of Telangana for 2019-20 at current prices is approximately ₹ 9,52,455 crore. This is 10% higher than the revised estimate for 2018-19.
- **Total expenditure** for 2019-20 is estimated to be ₹ 1,46,492 crore, which is 9.1% lower than the revised estimate of 2018-19. In 2018-19, as per the revised figures, the expenditure is estimated to decrease by ₹ 13,231 crore (7.6%) over the budgeted estimate.
- **Total receipts (excluding borrowings)** for 2019-20 are estimated to be ₹ 1,13,145 crore, a decrease of 10.1% as compared to the revised estimate of 2018-19. In 2018-19, total receipts (excluding borrowings) are estimated to fall short of the budgeted estimate by ₹ 12,876 crore (9.3%).
- **Revenue surplus** for the next financial year is targeted at ₹ 2,044 crore, or 0.21% of the GSDP. Fiscal deficit is targeted at ₹ 24,082 crore (2.53% of GSDP).
- Sectors such as energy (61%), social welfare and nutrition (32%), and agriculture and allied activities (30%) saw the highest increase in allocations. Further, allocations to water supply, sanitation, housing and urban development (69%) and irrigation and flood control (64%) saw the highest decline.

Policy Highlights

- **Crop loan waiver:** In his budget speech, the Chief Minister announced a crop loan waiver for the farmers of Telangana. For this, an amount of ₹ 6,000 crore has been allocated.
- **Increased financial assistance under Rythu Bandhu scheme:** Financial assistance provided to farmers under the Rythu Bandhu scheme has been increased from ₹ 8,000 to ₹ 10,000 (per acre per annum). An amount of ₹ 12,000 crore has been allocated to this scheme.
- **Increase in ASARA pension:** Pension provided under the social security pension scheme called ASARA will be doubled. Old age pension eligibility under this scheme has been reduced from 65 years to 57 years.

Budget Estimates for 2019-20

- The total expenditure in 2019-20 is targeted at ₹ 1,46,492 crore. This is 9.1% lower than the revised estimate of 2018-19. This expenditure is proposed to be met through receipts (other than borrowings) of ₹ 1,13,145 crore and borrowings of ₹ 32,900 crore. Receipts in 2019-20 (other than borrowings) is expected to be 10.1% lower than the revised estimate of 2018-19.

- In 2018-19, as per the revised figures, expenditure of the state is estimated to decrease by ₹ 13,231 crore (7.6%) over the budgeted estimate. Receipts (excluding borrowings) is estimated to be lower than the budgeted estimate by ₹ 12,876 crore (9.3%).

Expenditure in 2019-20

- Capital expenditure for 2019-20 is proposed to be ₹ 35,436 crore, which is a decrease of 16% over the revised estimate of 2018-19. Capital expenditure includes expenditure affecting the assets and liabilities of the state, such as: (i) capital outlay, i.e. expenditure which leads to creation of assets (such as bridges and hospitals), and (ii) repayment and grant of loans by the state government.

- In 2019-20, capital outlay is estimated to be ₹ 17,275 crore, which is a decrease of 35.8% over the revised estimates of 2018-19. The capital outlay towards transport is estimated to decrease by ₹ 1,933 crore from the revised estimates of 2018-19.

Receipts in 2019-20

- The total revenue receipts for 2019-20 are estimated to be ₹ 1,13,100 crore, a decrease of 5% over the revised estimate of 2018-19. Of this, ₹ 85,204 crore (75% of the revenue receipts) will be raised by the state through its own resources. ₹ 27,896 crore (25% of the revenue receipts) will be devolved from the centre in the form of grants and the state's share in central taxes.

- **Non-tax revenue:** Telangana is estimated to generate ₹ 15,875 crore (14% of the revenue receipts) through non-tax sources in 2019-20. Non-tax sources include interest receipts, dividends, and royalties, among others. This is an increase of 150% over the revised estimate of 2018-19.

- **Tax revenue:** The state's own tax revenue is estimated to be ₹ 69,329 crore in 2019-20 (61% of the revenue receipts). This is an increase of 3.9% over the revised estimates of 2018-19.

2020 Declared as Artificial Intelligence year

The state government of Telangana has decided to declare 2020 as Year of Artificial Intelligence and thus will be organising various activities related to emerging technology throughout the year. This comes in the backdrop of emerging talent pool as well as renewed focus by industry and other ecosystem players on AI space in last 4-5 years. Throughout the year 2020, which is going to be celebrated in Telangana as AI year, the state government will be running multiple programs, meetings and activities such as hackathons, master classes and other activities. The government agencies will give challenges and make available data sets on which companies can run algorithms.

The state government has signed up with NITI Aayog (National Institution for Transforming India), which has come out with 'National Strategy for Artificial Intelligence' to run pilot projects in Telangana. Telangana was 1st State to sign up with NITI Aayog when they prepared 'AI for All' document. IT industry body NASSCOM (National Association of Software and Services Companies) is setting up a Centre of Excellence in Data Sciences and AI in Hyderabad, Telangana. This CoE is expected to start its activities in 2020.

Telangana's first Food Park

Union Minister Harsimrat Kaur Badal inaugurated Telangana's first food park at Lakkampally village in Nandipet Mandal of Nizamabad district, Telangana in September 2019. It has been set up at a cost of ₹ 109 under Centre's Food Park Scheme and is promoted by Smart Agro Food Park.

It has been set up on 78 acre of land. It is estimated to provide direct and indirect employment opportunities to 50,000 youth and benefit one lakh farmers. It will generate additional investment of about ₹ 250 crore will be generated with setting up of 22 food processing units in the park, generating a turnover of about ₹ 14,000 crore.

It is being implemented by Union Ministry of Food Processing Industries to give major boost to food processing sector by adding value and reducing food wastage at each stage of the supply chain with particular focus on perishables. Projects under this scheme have been merged under Ministry of Food Processing's comprehensive flagship scheme- 'Pradhan Mantri Kisan SAMPADA Yojana'.

Objective: To create modern infrastructure facilities for food processing along value chain from farm to market through cluster based approach with strong forward and backward linkages.

Kaleshwaram Lift Irrigation Project

On June 21, 2019, The first phase of the world's largest multi-stage, multi-purpose scheme Kaleshwaram Lift Irrigation Project (KLIP) worth ₹ 80,000 crore was inaugurated by the Chief Minister of Telangana Chandrashekar Rao at Medigadda in Jayashankar-Bhupalpally district near the borders with Maharashtra and Chhattisgarh. It was inaugurated in the presence of Governor of Telangana, Maharashtra Chief Minister and Andhra Pradesh Chief Minister. The cost of the project is expected to rise to ₹ 1,00,000 crore on its completion. It is constructed by Megha Engineering and Infrastructure Limited (MEIL). The project, built across Godavari river, has become the world's biggest in terms of capacity with 3 Barrages, 1531 km of Gravity Canals, 203 km of Tunnels, 20 Lifts, 19 Pump houses and 20 Reservoirs with total capacity of 147 TMC water irrigating 37 lakh acres. It will provide irrigation facility for two crops in a year to 45 lakh acres and will supply 40 TMC of water to the ambitious Mission Bhagiratha drinking water supply project. Approximate 16 thousand million cubic feet (TMC) will support industries

NPCI tie-up with Telangana to offer MeeSeva Service Portal

On June 18, 2019 The National Payments Corporation of India (NPCI) of Mumbai signed an agreement with the state Government of Telangana. This is to offer a mode of payment options like UPI (Unified Payments Interface) Collect Request, RuPay Debit and Credit Cards to the users of the 'MeeSeva' portal of the Government. The portal offers 150 government services and in 2018, it crosses 100 million transactions. The partnership will help the people of Telangana to get the benefits of debit and credit card payment network in India and it will be a true Make in India collaboration. NPCI, which runs the UPI, RuPay, is also in the process of enabling a Quick Response (QR) code-enabled payment mechanism as an additional feature on the MeeSeva portal, which will be available both online and offline.

First ever Space Museum of India Inaugurated

On July 26 2019, the first space museum of India opening new attraction to space enthusiasts, was set up at Hyderabad in association with Indian Space Research Organisation (ISRO). The museum is housed in the Birla Science Museum. It gave space of 9000 square feet to set up the space museum. It was inaugurated on the celebration on golden jubilee year of the Birla Archaeological and Cultural Research Institute (BACRI). The space Museum is located on the erstwhile Naubat Pahad, Telangana in the centre of the city. The museum which is an initiative of BACRI aims to spread knowledge on science and technology and also as a way to encourage young students to explore the field.

Amazon's World's Largest Campus in Hyderabad

On August 21, 2019, e-commerce company Amazon, inaugurated its single-largest campus in the world in terms of area (9 acres) in Hyderabad, Telangana. The campus was inaugurated by Mohammed Mahmood Ali, MLC (Member of Legislative Council), Minister of Home, Prisons, Fire Services, government of Telangana. This Hyderabad campus of Amazon, is the only one, placed outside US (United States). Having over 62,000 employees in India, this campus alone can accommodate more than 15,000 employees.

IGBC Green Platinum Rating to Secunderabad Station

On September 18, 2019, the Secunderabad railway station of Indian Railways (IR) became the first station awarded with green 'Platinum rating' by the Indian Green Building Council (IGBC) under the Confederation of Indian Industries (CII) for its energy conservation initiatives and modern passenger amenities inclusion. C. Shekar Reddy, Chairman, IGBC Hyderabad, presented the IGBC plaque and certificate to Vinod Kumar Yadav, General Manager at Secunderabad railway station in presence of Piyush Goyal, Union Minister for Railways. The station has been awarded the Indian Standard Organisation (ISO) 14001-2015 Certificate-Environmental Management system. It received the National Tourism Award 2016-2017. The station comes under Secunderabad division of the South Central Railways (SCR) zone. Major initiatives of this railway station are Air-conditioned waiting halls equipped with CO_2(carbon dioxide) sensors, solar panel installations, station beautification, and waste management etc.

Telangana becomes fully Electrified State

Telangana became one of the fully electrified states in India after providing 100% electricity coverage to over 5 lakh 15 thousand households, especially those in the remote areas under the Sahaj Bijli Har Ghar Yojana (Soubhagya). Rural Electrification Corporation Limited (REC) is the nodal agency for the scheme. It is an Indian government project to provide electricity to all households. The project was announced in September 2017 by Prime Minister Narendra Modi.

1912

(xvi)

Telangana

GENERAL KNOWLEDGE

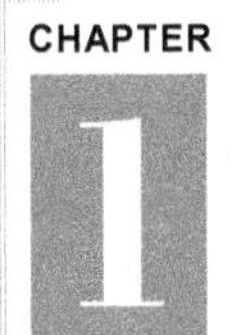

Telangana : At a Glance

TELANGANA is located in the Southern peninsula of India. The state is bound on the North by Odisha and Chhattisgarh, on the West by Maharashtra and Karnataka, on the South and East by Andhra Pradesh. Hyderabad, Secunderabad, Warangal are some of the key cities in the state. The most commonly spoken language of the state is Telugu. Hindi, English and Urdu are the other languages used.

TELANGANA : FACT FILE

✦ Area	:	114,865 sq. kms
✦ Districts	:	31
✦ Revenue Divisions	:	68
✦ Towns (as per 2011 Census)	:	158
✦ Municipal Corporations	:	6
✦ Municipalities	:	38
✦ Nagar Panchayats	:	25
✦ Zilla Praja Parishads	:	9
✦ Mandal Praja Parishads	:	443
✦ Gram Panchayats	:	8778
✦ Revenue Mandals	:	584
✦ Revenue Villages	:	10,761
✦ Inhabited Villages	:	10,128
✦ Un-inhabited Villages	:	633
✦ Households	:	83.58 lakhs
✦ Household size	:	4
✦ Total Population (as per 2011 Census)	:	3,51,93,978

✦ Sex Ratio (Females per 1000 Males)	:	988
✦ Density of Population	:	306 sq. kms
✦ Decadal Growth Rate (2001-2011)	:	13.58
✦ Literacy Rate	:	66.46%
✦ Male	:	74.95%
✦ Female	:	57.92%
✦ Member of Parliament (MPs) (Rajya Sabha)	:	7
✦ Member of Parliament (MPs) (Lok Sabha)	:	17
✦ Member of Legislative Council (MLCs)	:	40
✦ Member of Legislative Assembly (MLAs) (*Nominated)	:	119+1* = 120
✦ Zila Parishad Territorial Constituency Members	:	443
✦ Mandal Parishad Territorial Constituency Members	:	6,497

State Animal

Deer is deeply associated with Indian history and a reference to this graceful animal was there in the great epic Ramayana. It can survive in the smallest forests also. It reflects the mindset of the people of Telangana as it is very sensitive and innocent.

State Bird

Lord Rama spotted the Palapitta before invading Lanka and vanquished Ravana. Palapitta has been chosen to put Telangana on the path of victory.

State Tree

Pandavas had vanquished a large army of Kauravas only after worshipping the Jammi Chettu. They had hidden their weapons on a Jammi Chettu when they had been forced into exile in the forests. Now, Telangana requires the blessings of the Jammi Chettu.

State Flower

Tangedu flower, which is used during the Batukamma festival by women folk, is the most appropriate choice as the State flower.

State Symbol	Common Name	Telugu Name
State Animal	Spotted Deer	Jinka
State Bird	Indian Roller	Pala Pitta
State Tree	Jammi	Jammi Chettu
State Flower	Tangedu	Tangedu

Economic Scenario

Telangana State, since its formation, has made commendable achievements in terms of economic performance. The State economy has turned around since 2014-15 and continued to grow in a higher growth trajectory. The growth of State Domestic Product has surpassed the national growth and poised for a double digit growth in the current financial year, 2016-17. The living standards, as measured by the per capita income (PCI) of the State, are much higher than the national average. Even the growth of PCI has picked up since formation of the State and growing at much faster pace than that of All India average.

Gross State Domestic Product (GSDP)

The growth rate of GSDP denotes the performance of the economy and changes in the magnitude and composition of GSDP of the State economy, over a period of time. As per the Advanced Estimates, released by the Directorate of Economics and Statistics, the Gross State Domestic Product (GSDP) at current prices for the year 2016-17 is estimated at ₹ 6.54 lakh crore, as against ₹ 5.76 lakh crore in the previous year, indicating a growth rate of 13.7 per cent. Telangana's GSDP at constant (2011-12) prices is estimated at ₹ 5.11 lakh crore in 2016-17, compared to the previous year estimates of ₹ 4.64 lakh crore, thereby registering a growth rate of 10.1 per cent.

Performance of State's Economy

The share of Telangana's economy in National GDP is 4.28 per cent in 2016-17, as against 4.21 per cent in 2015-16. A comparison of State GSDP growth with that of All India growth reveals that in 2012-13 Telangana grew at 2.7 per cent, which is much lower than All India growth rate of 5.5 per cent. However, since 2014-15, the growth rate of Telangana has picked up and registered higher growth than All India during subsequent years.

Sectoral Growth Performance

The economy is broadly classified into three sectors, i.e., primary, secondary and tertiary. The primary sector consists of crops; livestock; forestry & logging; fishing & aquaculture; and mining & quarrying sectors. The secondary sector consists of manufacturing; electricity, gas, water supply & other utility services; and construction sectors. The tertiary sector consists of trade & repair services; hotels & restaurants; transport, including railways, road, water, air & services incidental to transport; storage; communication & services relating to broadcasting; financial services; real estate, ownership of dwellings & professional services; public administration; and other services.

The Gross State Value Added from the Primary sector that includes agriculture and allied activities is likely to register an impressive growth of 17.2% at current prices, due to the good monsoon and proactive measures initiated by the Government to revamp the rural economy. This is significantly higher than the All India growth rate of 9.0% for this sector.

The Secondary sector that includes manufacturing, electricity and construction is likely to grow at 9.8%, which is higher than that of All India growth of 8.7%. The Services sector is likely to grow at 14.6%, as compared to All India growth of 11.9%.

Sub-sectoral Growth Rates

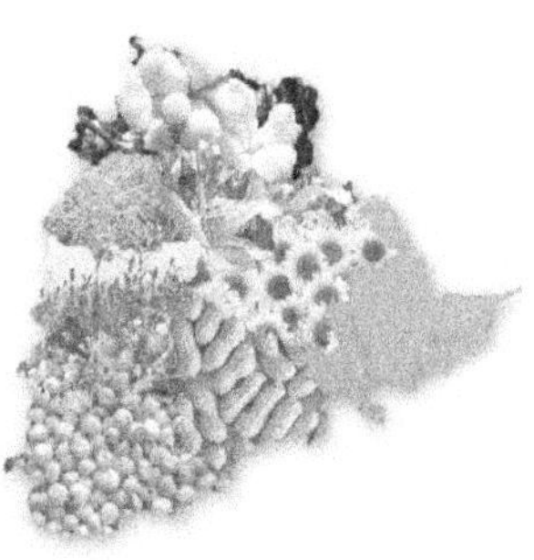

Agriculture and allied sector registered a robust growth of 12.1 per cent in 2016-17 prices, as against the dismal growth of (-) 6.3 per cent observed in 2015-16 at constant (2011-12) prices. The high growth in agriculture and allied sector is attributed to crop sector, which witnessed a growth of 19 per cent, because of good monsoon and holistic development of agriculture sector by the Government. Among the agriculture and allied sectors, the livestock and fishing & aquaculture sub-sectors have registered a moderate growth of 6.4 and 4.7 per cent, respectively. The forestry and logging sector is likely to register a negative growth in 2016-17.

Industry sector grew at 7.5 per cent in 2016-17 as against 5.5 per cent registered in last year. The highest growth in industrial sector is observed in mining and quarrying with 15.6 per cent, followed by manufacturing sector at 7.1 per cent. The construction which is one of the main driver of demand from other sectors with its backward and forward linkages, is recorded a growth of 6 per cent during 2016-17. However, 'the Electricity, gas, water supply & other utility services' is the only sector which registered a negative growth within the industry sector.

Tertiary sector is the main contributor to the GSVA growth of the State. It has registered a growth of 8.2 per cent in 2016-17, as compared to the 11.4 per cent recorded in 2015-16. Amongst the sub-sectors of tertiary sector, 'Transport, storage, communication & services related to broadcasting' have registered a highest growth of 11.2 per cent, followed by 'Trade, repair, hotels and restaurants', and 'Financial Services'.

Per Capita Income

Per Capita Income (PCI) is a better indicator to measure the level of economic development and standard of living of the people. As per the advanced estimates 2016-17, the Per Capita Income of the State (at current prices) is estimated at ₹ 1,58,360 as compared to ₹ 1,40,683 of last year, registering a growth of 12.6 percent. The national PCI is estimated to be at Rs. 1,03,818 in 2016-17, as against ₹ 94,178 recorded in 2015-16, registering a growth rate of 10.2 per cent.

DISTRICT WISE FOCUS

* **Nizamabad:** Minerals, Cement and Food processing.
* **Adilabad:** Cement and Paper.
* **Karimnagar:** Fertiliser, Power, Cement and Textiles.
* **Warangal:** Minerals, food Processing, Textiles and Leather.
* **Khammam:** Minerals, Power, Granite, Metallurgy and Paper
* **Nalgonda:** Cement and Pharmaceuticals.
* **Mahaboobnagar:** Textiles, Minerals, Pharma and Consumer products.
* **Rangareddy:** IT and BT, Pharma, Food Processing and Defence and Aerospace.
* **Medak :** Chemicals, Engg, Automobiles and Pharma.

IMPORTANT NEWSPAPERS/MAGAZINES

Newspapers/Magazine	Year	Language	State
Mana Telangana	2015	Telugu	Hyderabad, Nizamabad, Karimnagar, Warangal.
Namasthe Telangana	2011	Telugu	Hyderabad (H.Q.), Adilabad, Nizamabad, Karimnagar, Warangal.
Sakshi	2008	Telugu	Hyderabad
Nava Telangana	2015	Telugu	Hyderabad, Karimnagar, Khammam, Rangareddy
Surya	2007	Telugu	Hyderabad
Telangana Kalam	2013	Telugu	Hyderabad
Vaartha	1996	Telugu	Hyderabad
Janam Sakshi	2002	Telugu Karimnagar	Hyderabad (H.Q.),
Eenadu	1974	Telugu	Hyderabad (H.Q.)
Gawah Urdu (Weekly)	1999	Urdu	Hyderabad
Business Line	1994	English	Hyderabad
Deccan Chronicle	1938	English	Hyderabad
Financial Express	1961	English	Hyderabad
The Hans India	2011	English	Hyderabad, Vijayawada, Warrangal
The Hindu	1878	English	Hyderabad
The New Indian Express	1931	English	Hyderabad

AWARD WINNERS FROM TELANGANA

Bharat Ratna

- Zakir Hussain

Padma Vibhushan

- Zakir Hussain
- Kaloji
- Ali Yavar Jung
- Padmaja Naidu.
- Ravi Narayan Reddy (1992)
- Cingireddy Narayana Reddy (2000)
- Ramoji Rao

Zakir Hussain

Mukesh Kumar Kaloji Mithali Raj Raja-Radha Reddy Saina Nehwal Paidi Jairaj

Padma Bhushan

- C. Narayanareddy
- Harron Khan Sherwani
- Saina Nehwal
- Harindranath Chattopadhyay
- Raja and Radha Reddy
- Sania Mirza

Padma Shri Award

- Narella Venu Madhav
- Mukesh Kumar (Hockey)
- Gajam Anjaiah
- Sayyid Ahmedullah Qadri
- Aekka Yadagiri Rao
- Chandrakant Pithowa
- B.V. Rama Mohan Reddy
- P. Raghu Ram
- Mithali Raj
- Mannam Gopi Chand
- Mohammad Ahmed Zaki
- Sania Mirza
- Raja and Radha Reddy
- Saina Nehwal
- Dr. Mohammed Abdul Waheed
- Daripalli Ramaiah
- T.H. Chowdary
- P.V. Sindhu
- K. Laxma Gaud
- T.V. Narayana

Dada Saheb Phalke Award

- Paidi Jairaj (1980)

Jnanpith Award

- C. Narayanreddy for his Telugu poetic work *Viswambara* (1988).

Sahitya Akademi Award in Telugu

- Suravaram Pratap Reddy for his social history book **Andhrula Sanghika Charitamu** (1955)
- Daasarathi Krishnamacharyulu for his **Timiramotho Samaram** (1974).

Arjuna Award

- Mohammad Azharuddin (Cricket)
- Mukesh Kumar (Hockey)
- Saina Nehwal (Badminton).
- Mithali Raj (Cricket)
- Sania Mirza (Tennis).
- P.V. Sindhu (Badminton).

2 History

TELANGANA, as a geographical and political entity, was born on June 2, 2014 as the 29th and the youngest state in Union of India. However, as an economic, social, cultural and historical entity it has a glorious history of at least two thousand five hundred years or more. Megalithic stone structures like cairns, cists, dolmens and menhirs found in several districts of Telangana show that there were human habitations in this part of the country thousands of years ago. Remnants of iron ore smelting found at many places demonstrate the hoary roots of artisanship and tool making in Telangana for at least two thousand years. The reference to Asmaka Janapada, part of present Telangana, as one of the 16 Janapadas in ancient India proves that there existed an advanced stage of society.

One of the first five disciples of the Buddha, Kondanna is a typical name from Telangana and though there is no exact information about his native place, the earliest known Buddhist township of Kondapur in Medak district is believed to be after him. The Buddha himself famously acknowledged that it was Kondanna who understood him properly. The Buddhist sources say that Bavari, a Brahmin from Badanakurti in Karimnagar sent his disciples to all the way to north India to learn Buddhism and spread the message in this region. Megasthenes, who visited India in the 4th century BC, wrote that there were 30 fortified towns of Andhras and a majority of them were in Telangana. In the historical age, Telangana had given rise to mighty empires and kingdoms like the Satavahanas, Vakatakas, Ikshvakus, Vishnukundins, Chalukyas, Kakatiyas, Qutb Shahis and Asif Jahis.

The emergence and flourishing of these powerful political formations is in itself a proof of existence of a sturdy economic, social and cultural structure. Thus, Telangana has been a vibrant social entity by the time of the Buddha and continued to be so for the next two and a half millennia. Endowed with such rich cultural heritage, despite the attempts by historians and scholars from Andhra region to obfuscate and erase its history, Telangana always retained and fought for its self-respect and self-rule.

Pre-History

Even though extensive exploration has not been done, particularly subjected to neglect after 1956, the archaeological department under the Nizams' government had done tremendous work in discovering the traces of pre-historical human habitations in Telangana. These studies found that human habitations in parts of Telangana can be seen from the Paleolithic age consistently. Either the same locations or extended locations showed people continued to live and develop through the later stages of Mesolithic, Neolithic and Metal ages. Excavations discovered stone tools, microliths, cists, dolmens, cairns and menhirs. All the ten districts of Telangana showed these traces even when a proper, scientific and official research and excavations have not been done and thanks to the efforts of either the first generation researchers before 1950s or individual amateur explorations.

Pre-Satavahanas

In the historical age beginning from 1000 BC there are some references of Telangana as a geographical entity as well as Telugu as a linguistic entity, in the contemporary Buddhist and mythological texts. However, it needs a detailed research to discover finer aspects and establish the stage of development of pre-Satavahana society. Though the official research into this aspect was stalled for about six decades, some enthusiasts like Thakur Rajaram Singh, B.N. Sastry and Dr. D. Raja Reddy did their own painstaking explorations and showed that there was a flourishing society before the emergence of the Satavahanas. Particularly Dr.

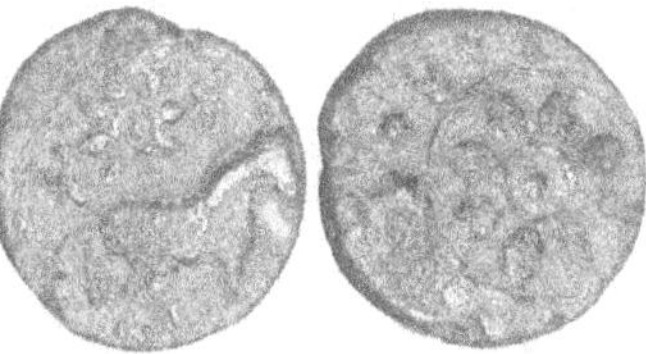

Pre-Satavahanas Coin

Raja Reddy proved with numismatic evidence that there were rulers before the Satavahanas with Kotalingala as capital and issued their own coins. In these excavations, the coins of Gobada, Naarana, Kamvaaya and Samagopa were discovered and at least two other rulers' names came to light. Thus, Telangana happens to be the first region in the subcontinent to have issued punch-marked coins with even insignia. The Buddhist texts as well as accounts of foreigners like Magesthenes and Arrian talked about this region as having thirty forts, many of which have to be explored.

Satavahanas

After the fall of the Mauryan Empire, around the third century BC, there arose the first significant kingdom under the Satavahanas from this region. The earliest capital of the Satavahanas was Kotalingala and then moved to the other popular

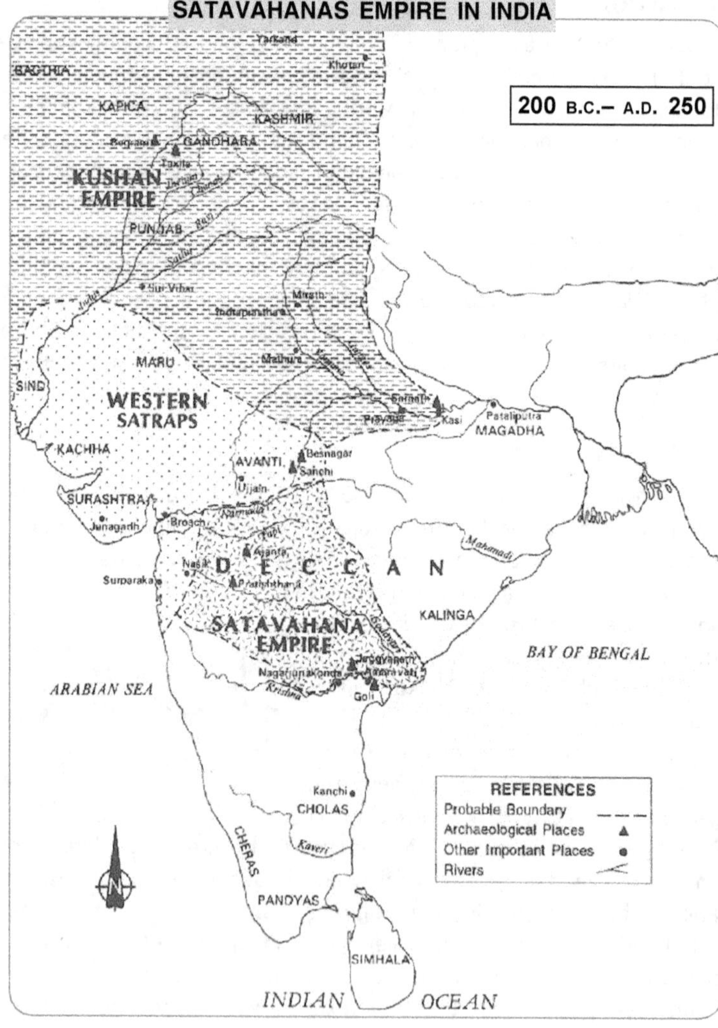

capitals like Paithan and Amaravati (Dharanikota) only after two centuries of their rule. However, the first capital was either ignored or brushed aside to give prominence to the later place in coastal Andhra. The coins issued by the Satavahana kings Simuka (BC 231-208), Siri Satavahana, Satakarni I, Satasiri, Satakarni II, Vasittiputta Pulumayi, Vasittiputta Satakarni and their governors were discovered in Kotalingala. Numismatic and epigraphic evidence showed that the Satavahanas ruled a larger area of the peninsula, with oceans as borders on three sides. Literature like Gathasaptashati, painting like Ajanta flourished during the Satavahana rule. The Satavahana rulers did not believe in divine rights of a king and they carried administrations in accordance with the directives of the Dharma Shastras and the social customs. The king himself led his armies in the battle-field and was commander-in-chief of his forces.

There was also a council of ministers to aid and advise him for carrying out the administration properly. The king was the head of the Government as well as the protector to his people. The Satavahana Empire was very vast. Their administrative system was feudal. They had divided their empire among a number of feudal chiefs who managed the land revenue system and looked after the administration.

The military administration of the Satavahanas was also quite efficient. Their army consisted of foot soldiers, cavalry and elephants. They collected 1/6th of the produce as tax called 'bhaga' and 'deyameya'. But states main sources of income was 'land revenue'.

Post-Satavahanas

After the fall of Satavahanas in the third century AD, Telugu-speaking areas were divided under various small rulers and till the emergence of the Kakatiyas, for about six or seven centuries this fragmentation continued. Even as the mainstream Andhra historians maintained that it was a dark period in Telangana history without any political formation, the current research found that Telangana was ruled by various kingdoms like the Ikshvakus, Vakatakas, Vishnukundins, Badami Chalukyas, Rashtrakutas, Vemulavada Chalukyas, Kalyani Chalukyas, Mudigonda Chalukyas, Kanduri Chodas and Polvasa dynasty.

Ikshvakus

Andhra Ikshvakus were originally feudatories of the Satavahanas and bore the title Mahatalavara. Although the Puranas state that seven kings ruled for 100 years in total, the names of only four of them are known from inscriptions. Vasishthiputra Sri Santamula (Santamula I), the founder of the line, performed the Asvamedha, Agnihotra, Agnistoma and Vajapeya sacrifices. Virapurushadatta was the son and successor of Santamula through his wife Madhari.

Vishnukundin Empire

Indra Varma is the first ruler of the Vishnukundin dynasty. It is believed that he carved out a small princedom for himself possibly as a subordinate of the Vakatakas in the last quarter of the fourth century C.E. Under the rule of Madhav Varma II the dynasty began its imperial expansion who ruled for nearly half a century. His reign is considered as a golden age in the history of the Vishnukundins. During his rule Vishnukundin dynasty rose to great heights. During the rule of Vikramendra Varma I (508-528 C.E.) Vishnukundina dynasty lost its power. The next two and half decade witnessed constant dynastic struggles.

The Vemulavada Chalukyas

The earliest members of the Vemulavada (also known as Lembulavada/ Lemulavataka) Chalukyas were in the service of Pulakesin II, who impressed by the valour of Satyasraya Ranavikrama, the earliest known member of this family gave him Sapadalaksha territory (corresponding to the present day Karimnagar and Nizamabad districts of Telangana) to administer with Bodhan as centre.

Vinayaditya Yuddhamalla I (750-775) was the real founder and the first celebrated king of this family. After establishing himself as the ruler of *Sapadalaksha,* Yuddhamalla captured the inaccessible fort of Chitrakuta. Yuddhamalla was succeeded by his son Arikesari I (775-800). The most distinguished ruler of the Vemulavada Chalukyan family was Baddega (c. 850-895). He was described as the 'hero of forty-two battles' and called with an epithet Solada-Ganda, 'unvanquished hero'.

The Mudigonda Chalukyas

The Mudigonda Chalukyas came into political prominence around the early tenth century. The Mudigonda Chalukyas had their capital at Mudigonduru after which they were called Mudigonda Chalukyas. Kokkiraj was a valorous king who ruled the kingdom with the help of his brother Ranamarda. Ranamarda was an outstanding warrior and the Mogalucheruvula grant describes him as a veritable Rama on the battle field. Ranamarda was succeeded by his son Kusumayudha I. He was described as 'Ranamardanvaya kulatilaka'. He rendered loyal services to Chalukya Bhima I of the Vengi Chalukyan line. During the reign of Chalukya Bhima I, the Rashtrakutas along with their subordinates the Vemulavada Chalukyas intruduced into Vengi country, but had to suffer defeat in the hands of Kusumayudha I who showed dauntless courage and remarkable bravery in restoring the Vengi kingdom to Chalukya Bhima I.

Kakatiyas

The sub-feudatories of the Rashtrakutas emerged themselves as independent kings and founded the Kakatiya dynasty around 950 AD and this kingdom became strong and united whole of Telugu-speaking lands and lasted for more than three centuries and a half. The kingdom saw powerful kings like Ganapatideva, Rudradeva and Prataparudra as well as the first ever woman ruler in the subcontinent Rudramadevi. The Kakatiyas ruled from Hanamkonda in the beginning and shifted their capital to Warangal later.

The Kakatiya reign is said to be the brightest period of the Telugu land with the Kakatiya rulers extending the empire beyond Warangal all the way upto Raichur, Karnataka. Warangal embellished their reign, as the metropolis of Andhra (Deccan) region, standing the testimony of time for nearly a millenium (more than 800 years). The stalwarts of the Kakatiyan Dynasty united all the Telugu kings under one administration and are the most brilliant monarches ever to rule the Andhra reign right up there with the Satavahanas.

This age witnessed the virtual elimination of Jainism from the Telugudesa. Veer Shaivism of Brahannaidu flutoished in Tirupati, Simhachalam, Srikakulam, Mandaluru. Due to its impact, a new community called "Padmanaikas" was founded. The great cultural development under the Kakatiyas influenced each and every sphere of the social life. Infact cultural development has witnessed its last stage in Telugudesa under Kakatiyas. In the field of literature, both Sanskrit and Telugu were given due patronage. Kakati Rudra wrote the "Neetisaara" on the basis of the Sanskrit text "Neetisaara" (same name). Vidyanath, most popular poet in the court of Prataparudra wrote "Prataprudra Yashobushanam", a text on Alankarashastra.

Machaladevi was an accomplished painter in the court of Prataprudra. She founded a school for promoting painting called "Chitrashala" at Warangal. "Kakati Prola" constructed the "Siddeshwara" and "Padmakshi" temples in Hanamkonda, "Swayambhu" and "Kesava" temples in Warangal. He constructed the magnificient 1000 pillar temple in Hanamkonda.

Envy of this affluence, several neighbouring kingdoms as well as Delhi Sultanate tried to wage war on Warangal many times and failed. Finally in 1323, Delhi army could lay seize on Warangal fort and capture Prataparudra, who, killed himself on the banks of the Narmada unwilling to surrender when he was being taken as prisoner of war to Delhi.

After Prataparudra was defeated by Malik Kafur in 1323, the Kakatiya kingdom was again fragmented with local governors declaring independence and for about 150 years Telangana was again under different rulers like Musunuri Nayakas, Padmanayakas, Kalinga Gangas, Gajapatis, and Bahmanis.

QUTUBSHAHIS

During the reign of Muhammud Shah III, Quli Qutub Shah became the governor of Telangana region. By sheer dint of his merit and hard work he won the

Qutub Shahi Tomb

admiration of his over-lord. After the death of Muhammud Shah. Quli Qutub Shah, like the rulers of Bijapur, Berar and Ahmadnagar, declared himself independent and started ruling his kingdom under the name of Quli Qutub Shah. Quli Qutub Shah fortified the fort of Golkonda and named it as Muhammadnagar, in the name of his patron, Muhammad Shah III. Quli Qutub Shah successfully established a Qutub Shahi kingdom in the Deccan which lasted for two centuries. He achieved the political unification of Andhra to some extent. He was a Shiya by faith, but followed a policy of toleration towards the religions.

Muhammad Quli succeeded Ibrahim. He came to the throne at a very tender age of fifteen. He was a man of perseverance and assiduity. During his time the kingdom of Golconda embraced the whole of Andhra country. His reign was peaceful and prosperous.

Muhhammad Quli maintained friendly relations with the Shah of Persia. This enabled him to bring some persons interested in doing trade from Persia and provided facilities for them to settle in the cities like Hyderabad and Machilipatnam. Muhammad Quli was a great builder. He was responsible for the planning and building of the modern city of Hyderabad. The most important buildings of the city, viz.; Charminar, Jami Masjid, Chandana-Mahal and countless monuments that are scattered throughout the environs of the city of Hyderabad were the works of this great Sultan. He constructed a dam across the Musi river and thereby provided water supply to the inmates of the city.

Muhammad Qutub was the son-in-law of Muhammad Quli. He was a great scholar and a parton of men of letters. He was responsible for lying down the foundation of the Mecca, Masjid which was completed by his successors.

Abul Hasan was the last Qutub Shahi Sultan. He was popularly known as Tanishah. He was the son-in-law of Abdullah Qutub Shah. He was an Arabian, came to India and ultimately became the sultan of Golconda. He was an excellent administrator. He followed the policy of religious toleration. The appointment of Akkanna and Madanna as the commander and Prime Minister and his policy of cooperation and friendship with the rising Maratha ruler, Shivaji, speak volumes of his enlightened rule.

The kingdom was divided into many administrative divisions. Tarafs (provinces) Sarkars (districts). Paraganas (talukas) and villages were the principal administrative divisions of the kingdom. The main source of income to the state was the land revenue. Tax farming system was the principal feature of the revenue administration. The Qutub Shahi rulers did not maintain standing army. They depended mostly on the feudal levies supplied by the nobles and the Jagirdars. The Mughuls, Persians and the English managed the main wings of Qutub Shahi army.

The Sultans of this period took particular interest in improving irrigational works. There were places where one to three crops were cultivated. The coastal area was full of fertile lands and there rice was grown in plenty. Machilipatnam was famous for producing the finest quality of Muslims. Paritala, Malapalli and Goliapalli were famous for diamond mines.

Muhammud Qulli was a great Urdu poet. During the time of Abdullah, Urdu reached to new heights. Further, he was himself a great poet in that language.

Rule of Nizamat

Qamar-ud-din Khan

In 1712, Emperor Farrukhsiyar appointed Qamar-ud-din Khan as the viceroy of Deccan and gave him the title Nizam-ul-Mulk. He was later recalled to Delhi, with Mubariz Khan appointed as the viceroy. In 1724, Qamar-ud-din Khan defeated Mubariz Khan and reclaimed the Deccan suba. It was established as an autonomous province of the Mughal empire. He took the name Asif Jah, starting what came to be known as the Asif Jahi dynasty. He named the area Hyderabad Deccan. Subsequent rulers retained the title Nizam ul-Mulk and were called Asaf Jahi Nizams or Nizams of Hyderabad. The Medak and Warangal divisions of Telangana were part of their realm.

When Asaf Jah I died in 1748, there was political unrest due to contention for the throne among his sons, who were aided by opportunistic neighbouring states and colonial foreign forces. In 1769, Hyderabad city became the formal capital of the Nizams.

Nasir-ud-dawlah, Asaf Jah IV signed the subsidiary alliance with the British in 1799 and lost its control over the state's defense and foreign affairs. Hyderabad State became a princely state among the presidencies and provinces of British India.

A total of seven Nizam's ruled Hyderabad. There was a period of 13 years after the rule of Asaf Jah I, when three of his sons (Nasir Jung, Muzaffar Jung and Salabath Jung) ruled. They were not officially recognised as the rulers :

- ✦ Nizam-ul-Mulk, Asaf Jah I (Mir Qamar-ud-din Khan)
- ✦ Nasir Jung (Mir Ahmed Ali Khan)
- ✦ Muzaffar Jung (Mir Hidayat Muhi-ud-din Sa'adullah Khan)
- ✦ Salabat Jung (Mir Sa'id Muhammad Khan)

- ✦ Nizam-ul-Mulk, Asaf Jah II (Mir Nizam Ali Khan)
- ✦ Sikander Jah, Asaf Jah III (Mir Akbar Ali Khan)
- ✦ Nasir-ud-Daula, Asaf Jah IV (Mir Farqunda Ali Khan)
- ✦ Afzal-ud-Daula, Asaf Jah V (Mir Tahniyath Ali Khan)
- ✦ Asaf Jah VI (Mir Mahbub Ali Khan)
- ✦ Asaf Jah VII (Mir Osman Ali Khan).

Osman Ali Khan

Telangana was historically well known as a prosperous state. Telangana region was erstwhile Hyderabad State till 1956, ruled by the Asaf Jahi Nizam VII (Mir Osman Ali Khan Bahadur). During his days, he was reputed to be the richest man in the world, having a fortune estimated at $2 billion in the early 1940s, which was double the annual revenue ($1 billion) of the newly independent Union Government of India in 1950.

The state of Hyderabad was the largest of the princely states in pre-independence India, among other 600 princely states; with an area of 86,000 square miles (223,000 km^2). The Nizam VII was the highest-ranking prince in India, entitled to a 21-gun salute, held the unique title of "Nizam", was created "His Exalted Highness" and "Faithful Ally of the British Crown" after World War I, for his financial contribution to the British Empire's war effort.

Nizam is held to have been a benevolent ruler who patronized education, science and development, literature, art, architecture, culture, jewellery collection and rich food. His 37-year rule witnessed the introduction of electricity, railways, roads and airways. Several lakes in and around Hyderabad city were excavated and some irrigation projects on the Tungabhadra river were undertaken. Nearly all the major public buildings in Hyderabad city, such as the Osmania General Hospital, High Court, Asafiya Library, Town Hall, Jubilee Hall, Hyderabad Museum, Nizamia Observatory and many other monuments were built during his reign.

Nizam started his own bank, the Hyderabad State Bank as the state's central bank, which managed the Osmania sikka, the currency of the Hyderabad state. It was the only state which had its own currency, the Hyderabadi Rupee, which was different from the rest of India. Hyderabad was the only state in British India where the ruler was allowed to issue currency notes. A 100 rupee note was introduced in 1918.

Nizam of Hyderabad's Note

Nizam of Hyderabad's Coin

Nizam used to encourage local artisans, wherein the Telangana weaver created world history by weaving a saree, a six-meter drape worn by women, that fits into a matchbox.

CARNATIC WARS

The Carnatic Wars were a series of military conflicts in the middle of the 18th century in India. The conflicts involved numerous nominally independent rulers and their vassals, struggles for succession and territory and included a diplomatic and military struggle between the French East India Company and the British East India Company. They were mainly fought on the territories in India which were dominated by the Nizam of Hyderabad up to the Godavari delta. As a result of these military contests, the British East India Company established its dominance among the European trading companies within India. The French company was pushed to a corner and was confined primarily to Pondichery. The East India company's dominance eventually led to control by the British Company over most of India and eventually to the establishment of the British Raj.

First Carnatic War (1746-1748)

In 1740 the War of the Austrian Succession broke out in Europe. Great Britain was only drawn into the war in 1744, when it entered the war opposed to France and its allies. After the British initially captured a few French merchant ships, the French called for backup from as far afield as esle de France (now Mauritius), beginning an escalation in naval forces in the area. In July 1746 French commander La Bourdonnais and British Admiral Edwrd Peyton fought an indecisive action off Negapatam, after which the British fleet withdrew to Bengal. On 21 September 1746, the French captured the British outpost at Madras. British Admiral Edward Boscawen besieged Pondicherry in the later months of 1748, but lifted the siege with the advent of the monsoon rains in October. With the termination of the War of Austrian Succession in Europe, the First Carnatic War also came to an end. In the Treaty of Aix-la-Chapelle (1748), Madras was given back to the British in exchange for the French fortress of Louisbourg in North America, which the British had captured.

Second Carnatic War (1749-1754)

Through a state of war did not exist in Europe, the proxy war continued in India. On one side was Nasir Jung, the Nizam and his protege Muhammad Ali, supported by the English, and on the other was Chanda Sahib and Muzaffar Jung, supported by the French, vying for the Nawabship of Arcot. Muzaffar Jung and Chanda Sahib were able to caputure Arcot while Nasir Jung's subsequent death allowed Muzaffar Jung to take control of Hyderabad. Muzaffar's reign was short as he was soon killed, and Salabat Jung became Nawab. In 1751, however, Robert Clive led British troops to capture Arcot, and successfully defend it. The war ended with the Treaty of Pondicherry, signed in 1754, which recognised Muhammad Ali Khan Walajah as the Nawab of the Carnatic.

Third Carnatic War (1758-1763)

The outbreak in 1756 of the Seven Years' War in Europe resulted in renewed conflict between French and British forces in India. The Third Carnatic War spread beyond southern India and into Bengal where British forces captured the French settlement of Chandernagore (now Chandanagar) in 1757. However, the war was decided in the south, where the British successfully defended Madras, and Sir Eyre Coote decisively defeated the French, commanded by Comte de Lally at the Battle of Wandiwash in 1760. After Wandiwash, the French capital of Pondicherry fell to the British in 1761.

HYDERABAD AFTER INDEPENDENCE

After Indian independence in 1947, the country was partitioned on communal lines. The Nizam ruled over more than 16 million people of territory when the British withdrew from the sub-continent in 1947. The Nizam refused to join either India or Pakistan, preferring to form a separate kingdom within the British Commonwealth of nations, but the proposal was rejected by the British government. Nizam also concurrently encouraged the activities of the Razakars (a private army). The Nizam cited the Razakars as evidence that the people of the state were opposed to any agreement with India.

Thousands of peasants in the entire state of Hyderabad revolted against the Nizam. The Communist Party of India leaders also joined in fighting against the Nizam and Razakars. Thousands of people laid down their lives, and finally, the Telangana Peasant Armed Struggle of 1948 was successful in driving out local landlords (zamindars, doras, and deshmukhs), and distributing their land to the landless. This was considered to be the great rebellion movement in the Indian history.

Liberation of Hyderabad State

Since majority of the people of Hyderabad state were Hindus and as the Hyderabad state was surrounded on all sides by Indian territory, the violence in Hyderabad state prompted the new Indian government to invade and annex Hyderabad in 1948.

Hyderabad state was liberated from Nizam on September 17, 1948, using military force, in what was known as Operation Polo, led by Sardar Vallabhai Patel and made part of Indian Union and was a separate state during 1948-56.

In 1952, the first Legislative Assembly elections were held wherein, Sri Burgula Ramakrishna Rao, was elected as the first Chief Minister.

Next to Hyderabad state, leaders from Andhra area which was a part of Madras Presidency, were keen on fighting for a separate state for the Telugu speaking people.

Demand for Andhra State: The ceded districts of Madras presidency known as coastal Andhra put forward their case for a separate state in 1950 on the ground of domination of Tamils in employment and industry and for neglecting the Andhra area. Hence, they demanded for separate state of Andhra.

Sri Potti Sriramulu's Fast: A Gandhian, Sri Potti Sriramulu undertook fast-unto-death in October, 1952, demanding that Madras be made capital of the separate Andhra State. After 58 days of fasting, he passed away on December 15, 1952. While taking out his funeral procession, violence broke out in several parts of Madras and Andhra areas.

Declaration of Andhra State

The Central Government declared the Andhra state on 19th December, 1952, retaining Madras city for Tamils as it was the home for Tamils. The Andhra State came into effect from October 1, 1953 with Kurnool as its capital city. Due to lack of minimum requirements, at certain stage, not even have a place to set up head quarters; they failed to rule the state as all major administrative offices were housed in tents, and they had a deficit budget of ₹ 5 crore and the State Govt., was unable to pay staff salaries.

States Reorganisation Committee

In 1953, the Central Govt. has appointed Supreme Court Judge, Sayyid Fazal Ali to head the States Reorganization Committee (SRC) to recommend reorganizing the states on linguistic basis, and the report was submitted in the year 1955.

The SRC committee clearly mentioned that 8 Telugu speaking districts of Telangana area should be made into a separate state called Hyderabad and if interested in future its assembly must vote with 2/3rd majority in 1961 (after two elections), so that Telangana can be a part of a United Telugu State, because the committee felt that these two regions are unequal partners.

Formation of Andhra Pradesh State

While forming the Andhra Pradesh state, a Gentlemen's Agreement of 1956, was entered between Andhra and Telangana leaders, which assured of fair play for Telangana region in terms of education and employment for its people, utilizing the excess revenue collected from Telangana region on the development of

Telangana only, and funds disbursement for the region to be shown separately and a separate Telangana Regional Committee to be constituted. At least two important portfolios in the Ministry should be given to the Telangana ministers out of the five like—(a) Home, (b) Finance, (c) Revenue, (d) Planning and Development, and (e) Industries, apart from either Chief Minister or Dy. Chief Minister to the region, one minister should be from a miniority community from Telangana. The agreement was scuttled the same day after formation of AP Government led by N Sanjeeva Reddy, the first Chief Minister, on November 1, 1956, wherein the Dy. Chief Minister position was denied to Telangana person citing it as a sixth finger. Except Home Ministry, the other important portfolios were given to Telangana ministers once in a while in 53 years.

Jai Telangana Movement

After formation of Andhra Pradesh, the Mulki Rules, and Gentlemen's Agreements were not honoured, and by 1968, more than 25,000 from Andhra region, had occupied jobs in Telangana region, and there was a feeling of betrayal among the students and employees of the region for not implementing the Gentlemen's Agreements while forming Andhra Pradesh. Especially, employees felt that in spite of having good qualifications, and competence, they were not getting jobs in their region, whereas non-locals were occupying those positions, because of the nepotism of the senior officers who hail from non-Telangana.

The Government jobs were filled with people hailing from Andhra region ignoring Mulki Rules & Gentlemen's Agreement and promotions were not given based on seniority and to the locals, but were filled with non-locals being transferred from Andhra region. By this time, the surplus funds collected in the form of taxes etc., to the state exchequer from Telangana region were diverted to Andhra region and natural resources like coal and water were diverted to develop Andhra region. This led to a historical agitation which is called as "JAI TELANGANA MOVEMENT" in 1968-69.

Though the movement was started in Osmania University, very soon it was spread all over the region, Government employees and opposition members of the state legislative assembly swiftly threatened "direct action" in support of the students by observing pen down strike. There were protests all over the region, people from all walks of life including employees, teachers, students, intellectuals, women, and general public joined the movement. Even, the political leaders like Sri Konda Laxman Bapuji, the then Minister resigned and joined the movement. Subsequent to this, several political leaders joined the movement including Madan Mohan, Mallikarjun, V.B. Raju, and Puli Veeranna.

Over 9 months of the movement, about 370 youngsters and students were killed in police firings, more than 70,000 people were arrested of which 7000 were women. People were lathicharged 3266 times, about 20,000 people were injured in the lathicharges, and 1840 people had received bullet injuries and fractures, tear gas was used 1870 times. But it was suppressed by the then Kasu Brahmananda Reddy government by using brute force.

When the movement was going high, to safeguard the Telangana rights, an "All Party Accord" was entered and was shelved in less than six months. Also the then Prime Minister Indira Gandhi's Eight Point formula and Five Point formula were disobeyed by the then Andhra Pradesh government.

When the movement was suppressed, people expressed their wish for a separate statehood in the form of Ballot in 1971 General Elections. There was an overwhelming support to the Telangana cause which was evident from the election of 11 MPs from Telangana Praja Samithi (Telangana People's Association) party led by M. Chenna Reddy, out of the 14 MP seats in Telangana region. Despite electoral successes, however, some new party leaders gave up their agitation in September 1971 and, much to the disgust of many separatists including M. Chenna Reddy, rejoined the safer political haven of the Congress ranks.

In September 1971, P.V. Narasimha Rao hailing from Telangana region was made the Chief Minister, after Kasu Brahmananada Reddy. He was a statesman, great administrator, reformist and an intellectual. In 1972, the highest Judicial body in the country Supreme Court, upheld the rule of reserving educational and employment opportunities available in Telangana under Mulki Rules, exclusively for the residents of the Telangana region.

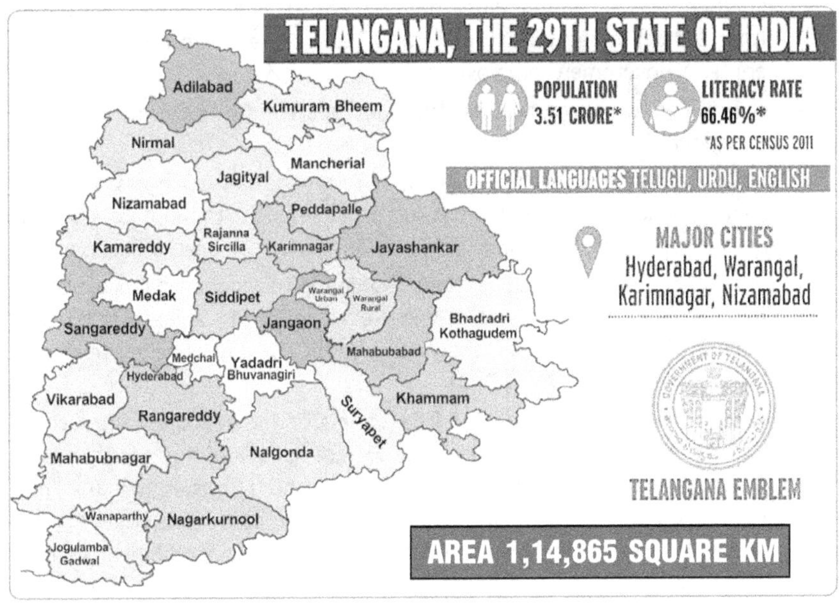

This resulted in the "Jai Andhra" agitation, wherein Andhra people wanted to have their separate State. Due to this, the then Chief Minister, Sri P.V. Narasimha Rao was forced to resign, and Central Government declared President's Rule, on the same day, when he declared his cabinet of ministers.

Jai Andhra movement was a death blow to Telangana region. It resulted in the following decisions:

+ Mulki Rules were diluted
+ Telangana Regional Committee was cancelled
+ Period of Residence brought down from 12 to 4 years
+ Government stopped maintaining separate revenue accounts for Andhra and Telangana regions.
+ Andhra people were now allowed to purchase lands from Telangana farmers.

Consequently the Six Point Formula was diluted and the promises made to Telangana people and region were once again disobeyed.

TELANGANA TIMELINE

+ In 1985, employees from Telangana region cried foul over appointments in government departments and complained about 'injustice' done to people of the region.

+ The then Telugu Desam Party government, headed by N.T. Rama Rao, brought out a government order to safeguard the interests of Telangana people in government employment.

+ Till 1999, there was no demand from any quarters for division of the state on regional lines.

+ In 1999, Congress demanded creation of Telangana state. Congress was then smarting under crushing defeats in successive elections to the state Assembly and Parliament with the ruling Telugu Desam Party in an unassailable position.

+ Yet another chapter opened in the struggle for Telangana when Kalvakuntla Chandrasekhar Rao, who was seething over denial of Cabinet berth in the Chandrababu Naidu government, walked out of TDP and launched Telangana Rashtra Samiti on 27 April, 2001.

+ Following pressure applied by Telangana Congress leaders, the Central Working Committee of Congress in 2001 sent a resolution to the then NDA government seeking constitution of a second States Re-organisation Commission to look into Telangana state demand, which was rejected by the then Union Home Minister L.K. Advani saying smaller states were "neither viable nor conducive" to integrity of the country.

- TRS started gradually building the movement for a separate state.
- Congress forged an electoral alliance with TRS by promising to create Telangana state.
- Congress came to power in 2004, both in the state and at the Centre, and TRS became part of the coalition governments at both places.
- Protesting delay in carving out the separate state, TRS quit the coalition governments in the state and at the Centre in December 2006 and continued an independent fight.
- In October 2008, TDP changed its stance and declared support for bifurcation of the state.
- TRS launched an indefinite hunger-strike on 29 November, 2009 demanding creation of Telangana. The Centre budged and came out with an announcement on 9 December, 2009 that it was "initiating the process for formation of Telangana state".
- But the Centre announced on 23 December, 2009 that it was putting Telangana issue on hold. This fanned protests across Telangana with some students ending their lives for a separate state.
- The Centre then constituted a five-member Committee on 3 February, 2010, headed by former judge Srikrishna, to look into statehood demand. The Committee submitted its report to the Centre on 30 December, 2010.
- Telagana region witnessed a series of agitations like the Million March, Chalo Assembly and Sakalajanula Samme (general strike) in 2011-12 while MLAs belonging to different parties quit from the House.
- With its MPs from Telangana upping the ante-Congress made Union Home Ministry to convene an all-party meeting on December 28, 2012 to find an "amicable solution" to the crisis.

State Formation

After 4 years of peaceful and impactful protests, the UPA government started the statehood process in July 2013 and concluded the process by passing the statehood bill in both houses of Parliament in Feb. 2014.

In the General Elections held in April 2014, Telangana Rashtra Samithi emerged victorious by winning 63 of the 119 seats and formed the government. Sri K. Chandrashekar Rao was sworn in as the First Chief Minister of Telangana. The Telangana state was inaugurated formally on 2 June, 2014.

❖ ❖ ❖

3 Topography

ANDHRA PRADESH is the fifth largest State in Indian Union. Andhra Pradesh with its 2,75,909 sq.Kms and 8.4% of geographical area in India territory extends from Chittoor to Srikakulam and from Anantapur to Adilabad districts. Three distinct administrative and geographical regions can be identified viz. Circars or Coastal Andhra, Telangana and Rayalaseema.

1. **Coastal Andhra :** It comprises of 9 districts viz., Srikakulam, Vizayanagaram, Vishakhapatnam, East and West Godavari, Krishna, Guntur, Prakasam and Nellore districts with 92,906 sq. km. of geographical area.

2. **Telangana :** It comprises of 31 districts. These are: 1. Hyderabad, 2. Adilabad, 3. Bhadradri Kothagudem, 4. Jagtial, 5. Jangaon, 6. Jayashankar, 7. Jogulamba Gadwal, 8. Kamareddy, 9. Karimnagar, 10. Khammam, 11. Kumuram Bheem, 12. Mahabubabad, 13. Mahabubnagar, 14. Mancherial, 15. Medak, 16. Medchal, 17. Nagarkurnool, 18. Nalgonda, 19. Nirmal, 20. Nizamabad, 21. Peddapalli, 22. Rajanna Sircilla, 23. Rangareddy, 24. Sangareddy, 25. Siddipet, 26. Suryapet, 27. Vikarabad, 28. Wanaparthy, 29. Warangal Rural, 30. Warangal Urban, 31. Yadadri Bhuvanagiri with an 1,14,865 Sq.Km. geographical area.

3. **Rayalaseema :** It comprises of 4 districts, Kurnool, Cuddapah, Chittoor and Anantapur with 67,299 Sq.Km. geographical area.

Physical Features

Physiographically the State falls into 3 distinct zones viz. Coastal plains, Eastern ghats and Western peneplains. In each zone the land form, altitude and cropping patterns are different demarcating vividly one zone from the other. The first two units stretch from north-east to south-west in narrow strip while the western peneplains occupy rest of the area.

1. **Coastal Plains :** It Is a flat plain stretching from the foot of the Eastern Ghats to the Bay of Bengal, i.e. from Kalingapatnam in the north to Pulicat

---

Note: This chapter also includes Topography & Physiography of Andhra Pradesh.
Without analysing the whole region it will be difficult to understand only Telangana region.

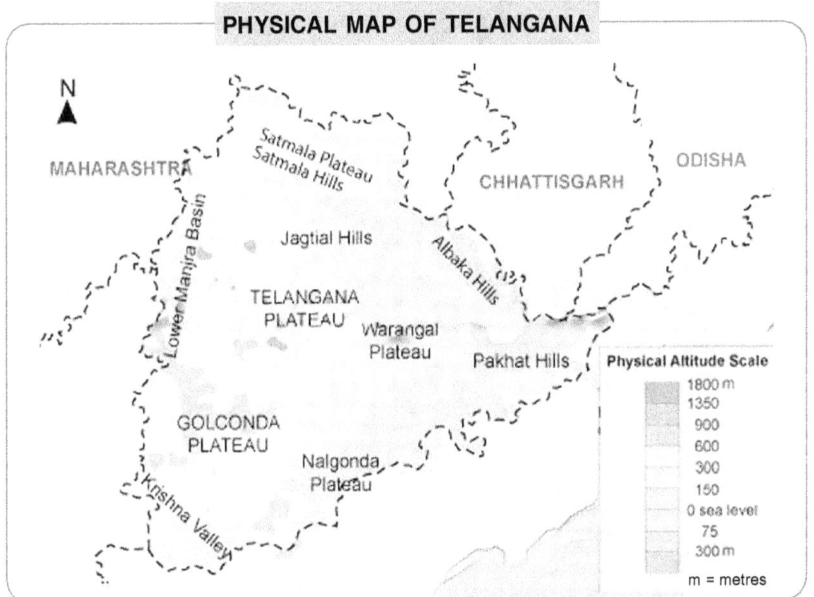

in the south along a narrow strip which broadens in the middle to about 80 Kms where the Krishna and Godavari rivers have breached the Eastern Ghats and built their deltas. Between the two deltas is a depression called the Kolleru lake. The coastal plain is a peneplain in the western part and a depositional plain in the eastern part. The altitude of this region ranges from sea level at the coast to about 150-200 m on the west.

2. **Eastern Ghats :** The eastern Ghats are chain of broken hills and locally high relief covered with forests, extends between the coastal plains and western plateau from Odisha in the north to Tamil Nadu in the south, these ghats are assemblage of hills of different heights. In the northern section the hills stretch over a width of 60-70 Kms and in Srikakulam and Visakhapatnam districts. These ghats reach elevations up to 1500 m. They are composed of charnokites and kondalite rocks and formed as home place to number of small rivers and streams.

The ghats are less massive to the south of the Krishna river. They occur in two series of ridges, the outer ridge composed of Nallamalais and Velikonda ranges and inner ridge composed of Erramlais, Lankamalais, Seshachalam and Palakonda ranges. These hills have their heights ranging from 700 to 900 m. The Velikonda range south of the Pennar reaches a height of 1,105 m. Ratnagiri hills, Seshachalam hills with Tirumala temple, Nagari Nose, and Horsely Hills are the ghats' famous landmarks, these ghats have profound influence on the climate of the State.

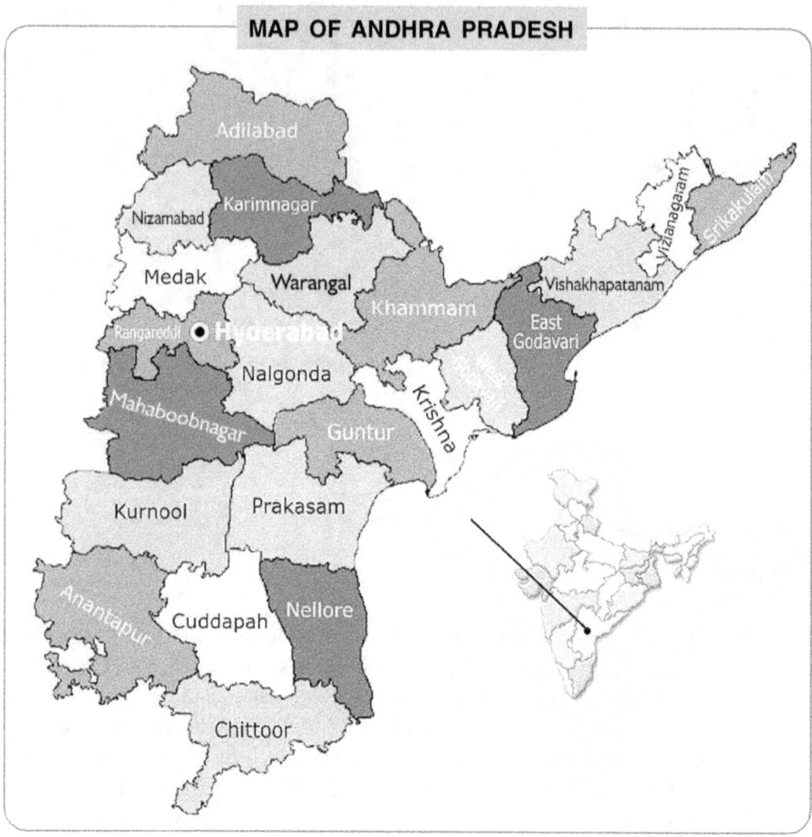

3. **Western Peneplains :** This is an old peneplain made of the Archaean gneisses and granites. This is a plateau like area formed by continuous loss of top layer of soils due to soil erosion from centuries. The peneplains are the savannah of the State with scattered, little open barred hillocks with small valleys in between, widely spaced scrubs and bushes, small rivers and tanks with minor water streams and red soils cover Kurnool and Anantapur districts and whole of Telangana region. The peneplain has a rolling topography with flat or gently undulating tracts. This plateau in the interior of Andhra Pradesh extends largely between 150-160 m contours, except at places where it is over-lain by basaltic lava, the elevation of which ranges from 600 to 900 m. the capital city of Hyderabad is located in the central part of the plateau at an elevation of about 600 m.

❖ ❖ ❖

Drainage System

RIVERS of Telangana are playing the most important role in the economical and social aspects of Telangana. These rivers are Godavari River, Krishana River, Bhima River, Manjira River, Musi River and Paleru River.

RIVERS OF TELANGANA

1. **Godavari :** The Godavari River is the second longest river in India after the river Ganga. It starts in Maharashtra and flows for 1,465 kilometres into the Bay of Bengal via the states of Telangana and Andhra Pradesh. It forms one of the largest river basins in India, only Ganges, Yamuna river have more catchment area than it, and its catchment area is largest of peninsular India. Major tributaries of the river include the Purna (South), Pravara, Indravati, Manjira River, Bindusara River, Sabari River, Wainganga, and Wardha River. The Coringa mangrove forests in the Godavari delta are the second largest mangrove formation in the country. The Krishna-Godavari Basin is one of the main nesting sites of the endangered Olive Ridley sea turtle.

2. **Krishna :** The Krishna River is the fourth longest river which flows entirely in India, after the Ganges, Godavari and Narmada. The river is almost 1,300 kilometres long. The river is also called Krishnaveni. It is a major source of irrigation for Maharashtra, Karnataka, Telangana and Andhra Pradesh. The delta of this river is one of the most fertile regions in India and was the home to ancient Satavahana and Ikshvaku Sun Dynasty kings. Amaravathi, Capital of Andhra Pradesh (Vijayawada) is the largest city on the River Krishna. The principal tributaries joining Krishna are the Ghataprabha, the Malaprabha, the Bhima, the Tungabhadra and the Musi. Paleru is a tributary of the Krishna river which joins the main river near Mukteswarapuram in Jaggayyapeta mandal of Krishna district in Andhra Pradesh. Hundreds of

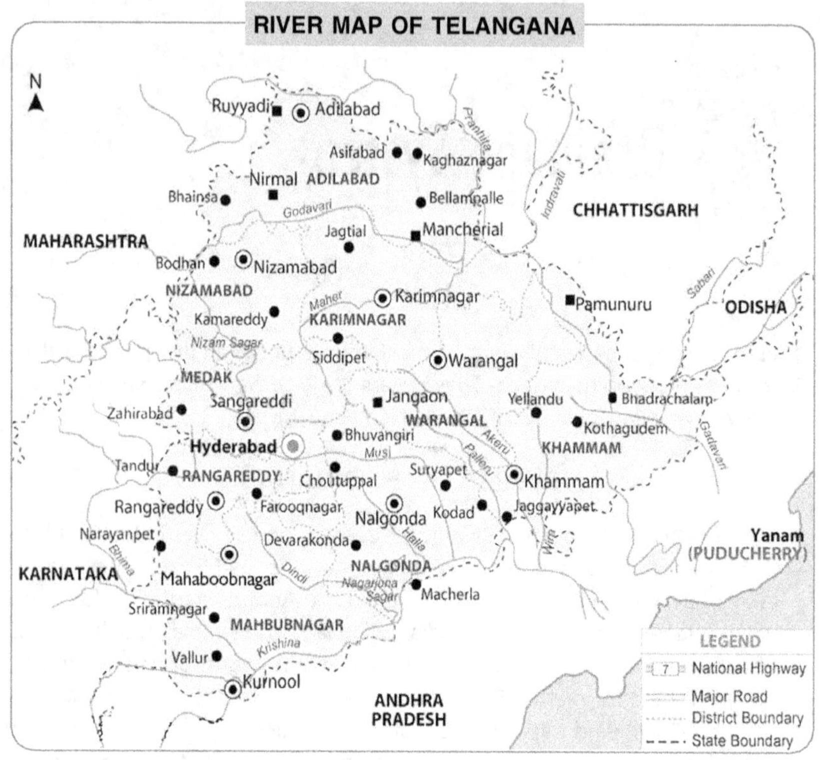

acres are irrigated with the help of this reservoir. Paleru reservoir acts as a balancing reservoir to the Nagarjunasagar left canal.

3. **Tungabhadra :** The Tungabhadra River is a river in southern India that starts and flows through the state of Karnataka during most of its course. The Tungabhadra River is formed by the confluence of the Tunga River and the Bhadra River which flow down the eastern slope of the Western Ghats in the state of Karnataka.

4. **Musi :** Musi River is a tributary of the Krishna River in the Deccan Plateau flowing through Telangana state. Hyderabad stands on the banks of Musi river, which divides the historic old city with the new city. Himayat Sagar and Osman Sagar are dams built on it which used to act as source of water for Hyderabad. The river originates in Anantagiri Hills near Vikarabad, Rangareddy district, 90 kilometers to the west of Hyderabad and flows due east for almost all of its course. It joins the Krishna River at Vadapally in Nalgonda district after covering a distance of about 240 km.

5. **Maner :** The Maner River or Manair or Maneru is a tributary to the Godavari River in India. The Lower Maner Dam built across this river provides drinking water to Karimnagar, Telangana and also to the NTPC power plant at Ramagundam.

6. **Manjra :** The Manjra also spelled Manjira is a tributary of the river Godavari. It passes through the states of Maharashtra, Karnataka and Telangana. It originates in the Balaghat range of hills at an altitude of 823 metres (2,700 ft) and empties into the Godavari River.

7. **Pennar :** Also called as Pinakini, it originates in Nandidurga hills near Kolar district of Karnataka and after flowing up to 40 Kms in Karnataka it enters Andhra Pradesh near Hindupur taluk in Anantapur district and flows through Anantapur, Cuddapah and Nellore and enters Bay of Bengal near Utukoor, 23 Km away from Nellore town. Its total length in Andhra Pradesh is almost 568 Kms. Chitravati, Jayamangala, Kunderu, Sagileru, Papagni, Kumudvati, Cheyyuru etc. are its chief tributaries.

8. **Vamshadhara :** It starts from Jeypur hills of Odisha. After flowing up to 96 Kms in Odisha it enters Andhra Pradesh near Pathaptnam in Srikakulam district, it flows up to 128 Km in Srikakulam district and enters Bay of Bengal near Kalingapatnam in Srikakulam district. With its 224 Km length of flow and 11,400 sq.Km. catchment area this is the longest among rivers of Eastern ghats with their origin in Eastern Ghats and merging in Bay of Bengal.

9. **Pranahita :** It forms by the union of two small rivers Weinganga, Peinganga in Satpura hills of Madhya Pradesh and flows through Adilabad district. It joins with Godavari river near Chinnur.

10. **Nagavali :** Also called as the Langulya, it originates in Kalaha river estate in Rayaghad taluk in Odisha. After flowing in Odisha up to 96 Km. long it enters Andhra Pradesh in Srikakulam district and flows up to 110 Km length in Andhra Pradesh before falling into Bay of Bengal near Mofaz Bandar in Srikakulam district. Zamjumvati, Swarnamukhi, Vedavati are the three tributaries to Nagavali.

LAKES OF TELANGANA

Lakes of Telangana deals with the natural water lakes and the artificial lakes like Hussain Sagar Lake, Himayat Sagar, Pakhal Lake, Palair Lake, Pocharam Lake, Durgam Cheruvu, Fox Sagar Lake and Shamirpet Lake. The artificial water bodies were built during the medieval times for irrigation purpose. Most of the artificial water bodies are constructed during the rule of Nizams. Himayat Sagar and

Hussain Sagar are built during the time of Nizam rule in Andhra Pradesh during the later half of medieval period and the Qutub Shahi rule.

1. **Himayat Sagar :** Himayat Sagar is an artificial lake, located about 20 km from Hyderabad in Telangana, It lies just parallel to a larger artificial lake Osman Sagar Lake. The storage capacity of Himayat Sagar is about 3.0 TMC. This artificial lake plays the most important role in irrigation system and also maintains the ecological balance.

2. **Hussain Sagar :** Hussain Sagar is a medieval artificial lake, situated in Hyderabad, the capital of both Telangana and Andhra Pradesh. It was built by Hazrat Hussain Shah Wali in the year 1562, during the rule of Ibrahim Quli Qutub Shah. Hussain Sagar is spread across an area of 5.7 square kilometres and is fed by Musi River, a tributary of Krishna River.

3. **Pakhal Lake :** Pakhal Lake is a man-made lake, located in the vicinity of Pakhal Wildlife Sanctuary in Warangal district of Telangana. Pakhal Lake is situated amidst undulating forest land hills and dales. Pakhal Lake is a well-liked retreat for the tourists. Pakhal Lake was constructed around 1213 A.D. by the ruler of Kakatiya Dynasty of Warangal, Ganapathideva. It provides a beautiful eco-tourism site. It is a dense forest shelter for a variety of flora and fauna.

4. **Palair Lake :** Palair Lake is an artificial lake in Telangana. This lake is a major source of freshwater in the Khammam district of Telangana. It is located at the Palair village in Kusumanchi mandal of the district of Khammam. Pakhal Lake stretches about 30 kilometres away from the district headquarters of Khammam. It is covering an area of 1748 hectares of land. Pakhal Lake has a storage capacity of 2.5 TMC of water. The lake is a significant traveller attraction in the district of Khammam.

5. **Pocharam Lake :** Pocharam Lake is located in Nizamabad district of Telangana, a newly formed state with Hyderabad as its capital for 10 years. It is adjacent to Pocharam Forest and Wildlife Sanctuary.

Himayat Sagar

Hussain Sagar

Pakhal Lake

Palair Lake

Pocharam Lake

Durgam Cheruvu

Fox Sagar Lake

Shamirpet Lake

6. **Durgam Cheruvu :** Durgam Cheruvu is a freshwater natural lake located in Rangareddy district of Telangana. This lake is spread over 83 acres of land and is located near the city of Hyderabad. The lake is also known as Secret Lake because it is hidden between the localities of Jubilee Hills and Madhapur region.

7. **Fox Sagar Lake :** Fox Sagar Lake, which is also known as Jeedimetla Cheruvu or Kolla Cheruvu is the fifth largest lake in Telangana. It spread over a square kilometres in Hyderabad. It is located in Jeedimetla near Kompally, Hyderabad. The lake is popular for fishing and a popular spot for picnic goers.

8. **Shamirpet Lake :** Shamirpet Lake in Telangana is an artificial lake near Hyderabad. It is located about 24 kilometres north of Secunderabad. It was built during the rule of Nizam. The lake attracts many birds, making it a good bird watching spot.

5 Climate

ACCORDING to its location Andhra Pradesh comes under tropical region. There are not many areas of higher altitudes in Andhra Pradesh. Based on climate there are three seasons in Andhra Pradesh. They are :

Summer : March to June   Rainy : July to October   Winter : November to February

Ranges of Temperature is highest in May and below minimum in January. There is fluctuation of temperature between 37°C to 44°C in summer. Highest degree of temperature (i.e. 50°C) is recorded in Rentachintala of Guntur, Bhadrachalam in Khammam, Ramagundam of Karimnagar, Vijayawada in Krishna district and in winter lowest recorded tenperature throughout the state is l2°C-19°C. Andhra Pradesh is characterized in having summer with temperatures and pleasant winters, on the whole State enjoys warm climate. The districts of Anantapur, and Chittoor which are adjacent to the plateau of Mysore are comparatively cooler even in summer. Horsely hills in Chittoor district and Araku valley in Visakhapatnam district, with minimum temperatures, are recognised as pleasing centres in summer.

Rainfall

Rains start in Andhra Pradesh in tne second week of June along with the onset of south-west monsoon. State receives its rainfall both from the south-west as well as north-east monsoon. The south-west monsoon occurs from June to September and covers most of the State and northeast monsoon from October-December. Rains of south-west monsoon and north-east monsoons are also called as western rains and eastern rains respectively. The onset of southwest monsoon in June - September months is the starting period to spring season itself.

Annual average rainfall in Andhra Pradesh is about 896 mm including 693.4 mm by south-west monsoon and 204.1 mm by north-east monsoon.

Note: This chapter also includes Climate of Andhra Pradesh.
Without analysing the whole region it will be difficult to understand only Telangana region.

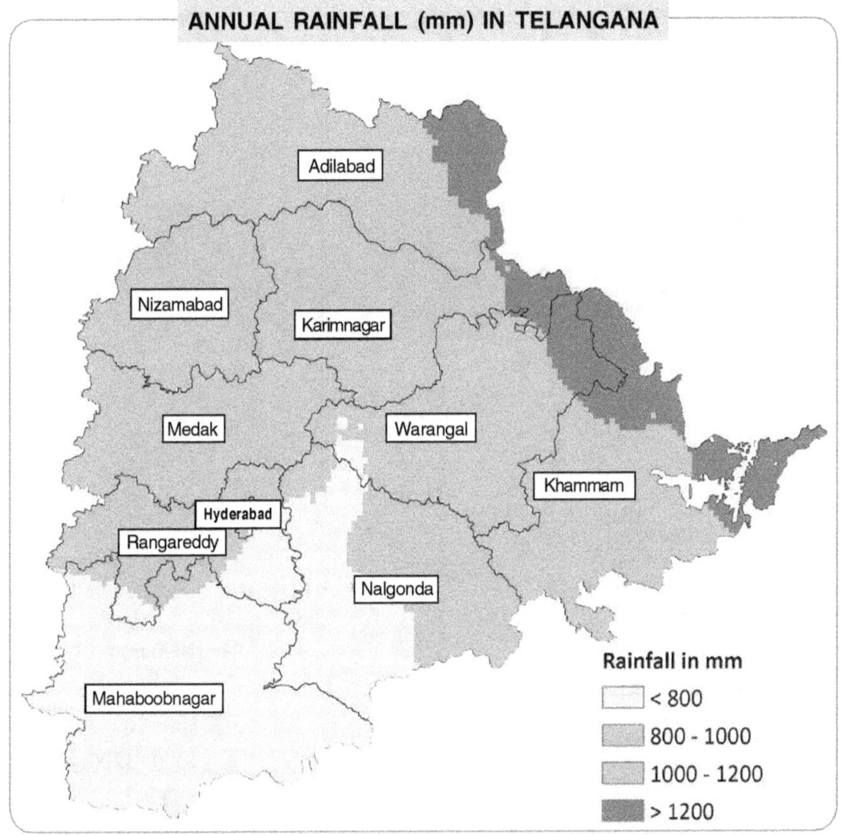

Andhra Pradesh receives 56% of rains by south-west, 32% of rains by north-east monsoon and 9% of rains in summer also. Rayalaseema area receives an average rainfall of about 670.4 mm, Telangana area 893.2 mm and northern coastal Andhra 130 mm. North Andhra Pradesh receives about 80 cms of rains during south-west monsoon as against 40 cms in south Andhra Pradesh. Telangana receives 80% of rains, coastal region 51% and Rayalaseema 54% of rains during south-west monsoons.

The rainfall in Andhra Pradesh is not uniform or normal year to year. Rayalaseema region with less amount of rainfall is noted as drought area. The rainfall in Andhra Pradesh is irregular, sometimes it gets in soon and sometimes it is delayed.

In Andhra Pradesh the total number of rainy days vary from lowest of 35 days in Anantapur district to the highest of 58 days in West Godavari district.

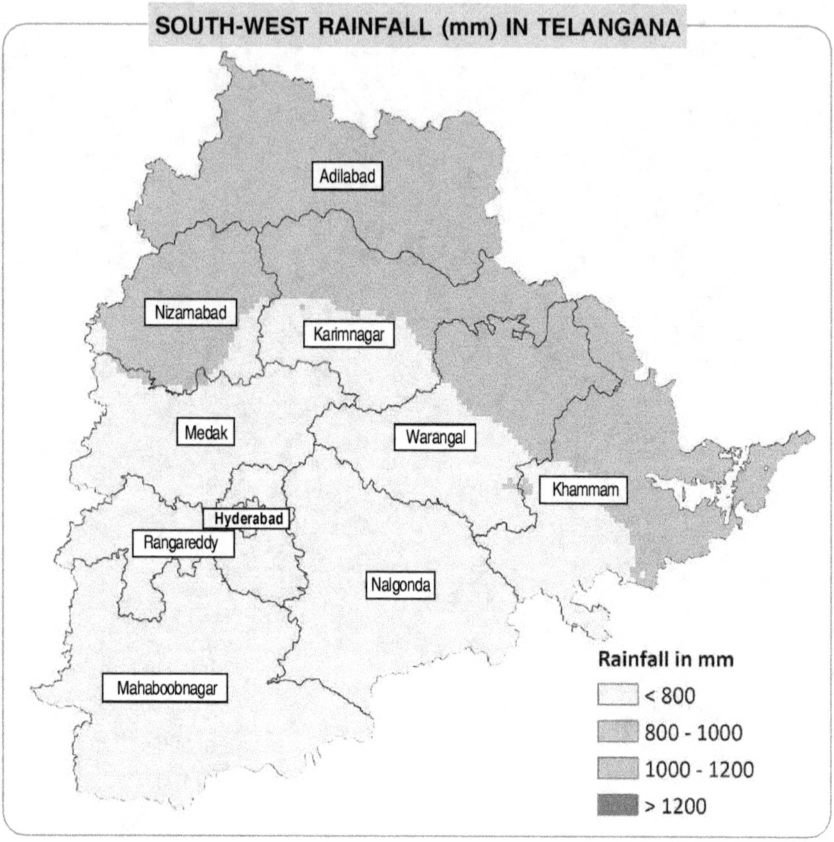

SOUTH-WEST RAINFALL (mm) IN TELANGANA

Temperature

During the rainy season the maximum temperature ranges from 29°-32°C while the minimum temperature varies from 20°C-25°C. The atmospheric humidity is maximum during this period. The winter season in Deccan plateau is characterized by cool and dry weather. The night temperatures are fairly low and associated with clear skies and low atmospheric humidity. The coastal districts however are more humid. The maximum temperature during this period varies from 24°C to 29°C and the minimum temperature from 12°C to 19°C. Low temperature below 12°C is recorded in Nizamabad, Hyderabad and Sangareddy. In the Coast, as also in Rayalaseema, the temperature does not go below 16°C.

The summer season is usually hot with high day temperatures up to 44°C in the months of May and June.

6 Soils

DUE to different changes in climate soils are formed from rocks. There are two types of soil formation in Andhra Pradesh.

1. Soils formed from rocks and they are stable in one place and not changing. Ex.: Black, Red laterite and sandy soils.

2. Soils, of this type are formed in one place and brought to another place by means of rains and river water flow. Ex.: Alluvial soils which can form as deltas.

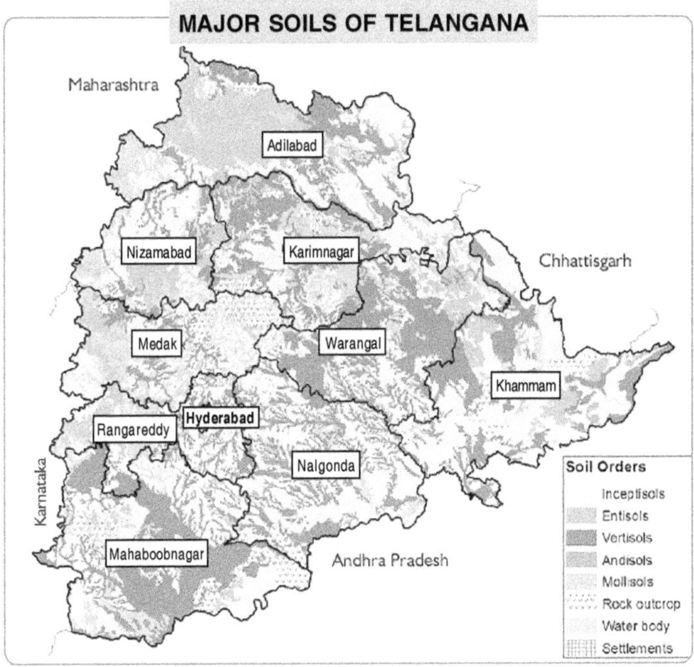

Note: This chapter also includes Soils of Andhra Pradesh.
Without analysing the whole region it will be difficult to understand only Telangana region.

TYPES OF SOILS

1. **Deltaic Alluvial Soils :** These soils are most fertile and suitable for agriculture. This type of soils are restricted to Krishna and Godavari delta areas only. Due to easterly flow of riverine waters such type of deltaic soils are seen towards eastern side of the state only.

2. **Coastal Alluvial Soils :** This type of soils are distributed as a narrow belt all along the coast. In composition, these soils are made up of sandy loam and not rich in plant nutrients and organic matter. Large portion of these soils are covered by swamps or mangroves. Casuarina, cashewnut plantations are raised extensively on this belt.

3. **Black Cotton Soils :** This type of soils are distributed extensively in Adilabad, Khammam districts Adoni, Alur areas in Kurnool district, western side of Mahaboobnagar, Hyderabad, Krishna, Guntur, Prakasam, Cuddapah, Tadapatri area in Anantapur district, west Godavari and Medak districts.

4. **Red Soils :** Red soils cover about 70% of the total area of the State. These soils are characterized in having phosphorous in excess and nutrients in least amounts. These soils are derived from the weathering of gneisses and granite. Major portion of Telangana, Rayalaseema, some parts of Srikakulam, Visakhapatnam, East and West Godavari, Nuziveedu in Krishna district, Palnadu in Guntur and parts of Nellore and Ongole districts are occupied by the red soils only.

5. **Sandy Soils :** Crops can not be grown well in these soils. These soils are not fertile, sand content is more in these soils. These soils are distributed in Narayankhed, Jaheerabad taluks in Medak district, Peddapuram, Yellavaram taluks in East Godavari district, Gudur, Kovur taluks in Nellore district Puttur area in Chittoor district.

7 Forest & Wildlife

FORESTS cover is critical for living environment, as it influences the quality and quantity of air and water and plays a major role in supporting livelihood activities of rural poor, contributing to the economy of the State, mitigating the threat of Global warming besides conserving the fertile soil and vulnerable Wildlife. Forestry and logging contribution to state GSDP at current prices is 0.4% in 2016-17. The core objective of forest sector is to enhance green cover by integrating it with livelihood.

NATIONAL PARKS & WILDLIFE SANCTUARIES

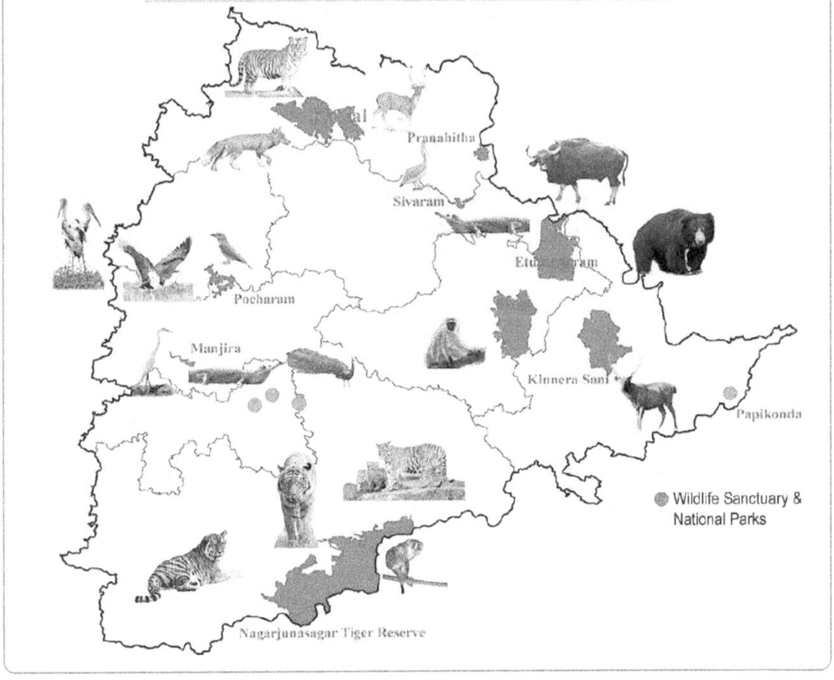

The Geographical area of the Telangana State is 1,14,865 sq. kms and stood at 12th position in India, having 20,419 sq. kms which amounts to 18.22% including social forestry.

The State of Telangana is endowed with rich diversity of flora and fauna with over 2939 plant species, 365 bird species, 103 mammal species, 28 reptile species and 21 amphibian species in addition to large number of Invertebrate species. Important endangered species found in the state are Tiger, Panther, Indian Gaur, Four Horned Antelope, Black Buck, Marsh Crocodile etc. The state is also bestowed with dense Teak forest along the banks of river Godavari right from Nizamabad through Adilabad, Karimnagar, Warangal up to Khammam district. These forests are home for several deciduous species like Nallamaddi, Yegisa, Rose wood, Narepa, Bamboo in addition to Teak.

FOREST AREA BY DISTRICTS, 2017*

(Area in Km²)

District	Geographical Area	Very Dense Forest	Modest Dense Forest	Open Forest	Total	Percent of GA
Adilabad	16,105	147	3,281	2,260	5,688	35.32
Hyderabad	217	0	5	12	17	7.83
Rangareddy	7,493	0	134	626	760	10.14
Karimnagar	11,823	71	752	1,139	1,962	16.59
Khammam	13,266	717	2,260	1,456	4,433	33.42
Mahboobnagar	18,432	338	582	1,378	2,298	12.47
Medak	9,699	0	117	629	746	7.69
Nalgonda	14,240	0	18	392	410	2.88
Nizamabad	7,956	0	240	947	1,187	14.92
Warangal	12,846	323	1,349	1,246	2,918	22.72
Grand Total	**1,12,077**	**1,596**	**8,738**	**10,085**	**20,419**	**18.22**

As per Revised 2002 State Forest Policy, Vision 2020, Forest Department implements various development schemes to protect and develop existing forests, to improve its productivity and economic value. The main objectives of programmes are Community Forest Management, National Afforestation Programme (NAP) (Centrally Sponsored), RIDF Projects, Soil & Moisture Conservation, Social Forestry, Wildlife Management and Human Resource Development are enriching existing low density forests and alleviating rural poverty. Contour Trenches, Rock fill dams,

---

* The details of new districts are not available.

Percolation tanks etc., in forest areas help in recharging of ground water in turn improve forest vegetation besides stabilizing the status of agriculture in adjoining fields.

Keeping in view the recent trends, the department has laid special emphasis on Forest Research to conduct experiments, improve nursery and plantation techniques, vegetative propagation, seed production and in various silvicultural practices.

Monitoring of vegetation (Forest) Canopy Cover Density, Forest Fire Risk Zonisation Mapping, Mapping all forest areas with site suitability, Re-locating & demarcating forest boundaries and inventory of forest resources are some of the major and important activities taken up by the department using latest information technology which includes GIS.

Almost all programmes/schemes of the Forest Department are being implemented through participation of local people, Vana Samrakshna Samithis (VSS) and Eco-Development Committees (EDCs) in Protected Areas and Watershed Development Committees in River Valley Project. Forest Development Agencies are federations of all VSS within a Territorial / Wildlife Forest Divisions under the Societies Registration Act. It operates in a 3-Tier system with the State Forest Development Agency (SFDA) at the State Level, Forest Development Agency (FDA) at Divisional Level and Vana Samrakshana Samithi (VSS) at Village Level.

NATIONAL PARKS & WILDLIFE SANCTUARIES OF TELANGANA

* **Kasu Brahmananda Reddy National Park :** Kasu Brahmananda Reddy National Park is a national park located in Jubilee Hills in Hyderabad, Telangana. The park has an approximate area of 390 acres. The park also houses the famous Chiran Palace, a 24-acres palace complex. The park has over 600 species of plant life, 140 species of birds and 30 different varieties of butterflies and reptiles. Some of the animals making their home in the park include: pangolin, small Indian civet, peacock, jungle cat and porcupines.

* **Mahavir Harina Vanasthali National Park :** It is a national deer park located in Vanasthalipuram, Hyderabad. It is spread over 3,758 acres. It is the largest green lung space in the city of Hyderabad. The place where the park is located was once a private hunting ground for the Nizam, rulers of Hyderabad. Animals living in this national park include a few hundred blackbucks (the state animal of Andhra Pradesh), porcupines, water monitors, short-toed eagles, Indian pond herons, egrets, kingfishers, cormorants and several other bird species along with fan-throated lizard, sitana ponticeriana,

orange blister beetle, mylabris pustulata, white-naped woodpecker, chrysocolaptes festivus, panther, cheetal deer, wild boar, civet, and peacock. There are 30 species of reptiles and over 120 species of birds.

* **Mrugavani National Park :** It is a national park located in Hyderabad, Telangana State. It is situated at Chilkur in Moinabad mandal and covers an area of 3.6 square kilometres or about 850 acres. It is home to a 600 different types of plant life. The animals include: Indian hare, forest cat, civet, Indian rat snake, Russell's viper, cheetal and the flower pecker.

* **Eturnagaram Wildlife Sanctuary :** It is a wildlife sanctuary located in Eturnagaram village in Warangal district in Telangana. It is located 250 km away from Hyderabad. The sanctuary is located near the Maharashtra, Chhattisgarh and Telangana border. It is one of the oldest sanctuaries of Telangana. Godavari river passes through the sanctuary. The sanctuary has southern tropical dry deciduous type of teak and its associates like thiruman, maddi, and bamboo, madhuca, terminalia, pterocarpus. It is home to Tiger, Leopard, Wolf, Dholes, Golden jackals, Sloth bear, Chousingha, Blackbuck, Nilgai, Sambar, Spotted deer, Chinkara, Indian giant squirrels and many kinds of birds, reptiles like Mugger crocodile, Python, Cobra, Kraite, Star.

* **Kawal Wildlife Sanctuary :** It is located at Jannaram mandal of Adilabad district in Telangana state. Govt. of India declared Kawal wildlife sanctuary as Tiger Reserve in 2012. It is spread over an area of 893 sq. km. The River Kadam flows through this area. Dry Deciduous Teak Forests mixed with Bamboo, Terminalia, Pterocarpus, Anogeisus and Cassias. Mammal species that have been sighted include tiger, leopard, gaur, cheetal, sambar, nilgai, barking deer, chowsingha, sloth bear. Several species of birds and reptiles are also found in the sanctuary.

* **Manjira Wildlife Sanctuary :** It is a wildlife sanctuary and a reservoir located in Medak district of Telangana State. Originally a crocodile sanctuary, today more than 70 species of birds are spotted here and is home for the vulnerable species mugger crocodile. The reservoir, located in the santuary, provides drinking water to Hyderabad and Secundarabad. The reservoir has nine small islands Puttigadda, Bapangadda, Sangamadda, Karnamgadda. Around 73 species of birds are present in the sanctuary. A large flock of common teal and cotton pygmy goose is found. The sanctuary has an Environmental Education Centre which consists of a museum, a library, and an auditorium.

* **Kinnerasani Wildlife Sanctuary :** It is located in Khammam district in Telangana. The wildlife sanctuary is spread over an area of 635.40 sq. km. with the picturesque Kinnerasani Lake with densely forested islands in the middle of the sanctuary.

NATIONAL PARKS & WILDLIFE SANCTUARIES

Mahavir Harina Vanasthali National Park

Nagarjunasagar-Srisailam Wildlife Sanctuary

Pocharam Wildlife Sanctuary

Kinnerasani Wildlife Sanctuary

* **Nagarjunsagar-Srisailam Wildlife Sanctuary :** It spreads over five districts, Nalgonda District, Mahaboobnagar District, Kurnool District, Prakasam District and Guntur District. The total area of the tiger reserve is 3,568 sq. km. The core area of this reserve is 1,200 sq. km. The area consists mostly of the Nallamala Hills but varies from plains to precipitous cliffs. More than 80 per cent of the area is gently rolling to hilly. The Krishna river cuts its basin almost 200 m (660 ft) deep over a distance of 130 km through the reserve. There are several waterfalls in the reserve such as the Ethipothala Falls, Pedda Dukudu, Gundam and Chaleswaram. The main types of forest biomes in the reserve are : southern tropical dry mixed deciduous forest, Hardwickia forest and Deccan thorn scrub forests with much Euphorbia scrub. The main mammals in the reserve are: Bengal tiger, Indian leopard, sloth Bear, dhol, Indian Pangolin, Chital, Sambar deer, Chevrotain, Blackbuck, Chinkara and Chowsingha. There are also Mugger crocodile, Indian python, King Cobra and Indian Peafowl.

* **Papikonda Wildlife Sanctuary :** Papikonda is located in East Godavari and West Godavari districts of Andhra Pradesh and Khammam district of

Telangana, with an area of 1,012.86 sq.km. Wildlife includes mammals like tiger, leopard, sambar and spotted deer, bison, wild water buffalo.

* **Pocharam Wildlife Sanctuary :** It is a forest and wildlife sanctuary located 15 km from Medak and 115 km from Hyderabad. Spanning over 130 square kilometres, in the districts of Nizamabad and Medak, it was a former hunting ground of the Nizam that was declared a wildlife sanctuary in the early 20th century. It is named after the Pocharam lake, formed from the bunding of the Allair from 1916-1922. The sanctuary has an eco-tourism centre for visitors. It is home to many species of birds and mammals.

* **Pranahita Wildlife Sanctuary:** Pranahita wildlife sanctuary is a protected area located in Adilabad district of Telangana. This sanctuary is on the bank of Pranahita River, 35 km away from Mancherial town. It is famous for Blackbuck and over 20 species of reptiles, over 50 species of birds, over 40 species of mammals.

* **Shivaram Wildlife Sanctuary:** It is a wildlife reserve in India located 10 km from Manthani, 80 km from Karimnagar and 50 km from Mancherial. This 37 sq.km. riverrine forest mixed with teak and terminalia is home to marsh crocodiles of the river Godavari. It harbours Leopards, Sloth bears, Nilgiri, Black buck, Cheetals, Pythons and Langurs. The undulating natural terrain adds to the beauty of the sanctuary.

Project Tiger

The state has two tiger reserves namely Amrabad Tiger Reserve in the Nallamala hill tracts spreading over Mahaboobnagar and Nalgonda districts and the other Kawal Tiger Reserve has forest areas which are contiguous to Tadoba Andheri Tiger Reserve in Maharashtra and Indravathi Tiger Reserve in Chattisgarh. Tigers are known to migrate between Kawal and the other two Tiger Reserves. Hence, development of corridors linking the three Tiger Reserves through Mancherial, Bellampalli and Kagaznagar Divisions are vital for the conservation of the endangered Tiger species.

Bio-Diversity Conservation in Telangana

The state of Telangana is endowed with rich Flora, Fauna and Eco-Systems. The state has 2939 plant species, 365 bird species, 103 mammal species and 28 reptile species in addition to large number of Invertebrate species. With the objective of preserving the biodiversity the Government has declared 12 Protected Areas which includes 9 Wildlife Sanctuaries and 3 National Parks covering an area of 5692.48 sq. kms which is 19.73% of the forest area of Telangana State. The network of Protected Areas include important wetlands like Manjeera Wildlife Sanctuary and

Siwaram Wildlife Sanctuary which are home for the endangered Marsh Crocodile also called Mugger.

Telangana Bio-Diversity Board

The Telangana Biodiversity Board (TSBDB) constituted with the objective of conservation and sustainable utilization of biological diversity and fair and equitable sharing of biological resources among all stakeholders. Biodiversity Board conducts International day of Biodiversity on 22nd May every year. 170 Bio-Diversity Management Committees have been constituted in Telangana by covering 31 Districts, 66 Mandals and 1 Municipal Corporation in Hyderabad. The Biodiversity Board proposed to establish Biodiversity parks in each district for creating awareness among the people about biodiversity and its implications.

Social Forestry

The Government has launched a massive people's movement involving general public and farmers in a big way to increase tree cover outside reserve Forests to improve and protect the Environment and to provide gainful employment. The main components of Social Forestry are distribution of seedlings, raising of Plantations in community lands, Institutions and Road side Avenues. The main species raised for free distribution and planting in public lands are Neem, Pongamia, Ficus species like Raavi & Marri, Gangaraavi, Usiri (Amla), Seethaphal, Badam, Mango, Teak, Casuraina, Eucalyptus and others. Forestry operations have been converged with MGNREGS in Reserved Forest areas and outside the Forest.

Telangana Ku Haritha Haram

"Telangana Ku Haritha Haram" (TKHH), a flagship programme of the State Government envisages increasing the tree cover of the State from present 23.88% to 33% of the total geographical area of the state. This objective is sought to be achieved by a multi-pronged approach of rejuvenating degraded forests, ensuring more effective protection of forests against smuggling, encroachment, fire, grazing and intensive soil and moisture conservation measures both inside and outside forest following the watershed approach. Apart from the above major fillip is sought to be given to Social Forestry by taking of massive plantation activities outside Forest areas which include Multi-row road side Avenues, River and Canal bank, Barren hill, Tank bunds and Foreshore areas, Institutional premises, Religious places, Housing colonies, Community abandoned lands etc.

❖ ❖ ❖

8 Agriculture

AGRICULTURE sector is mainly rainfed and depends to a significant extent on the depleting ground water. As nearly 55.49 per cent of the State's population is dependent on some form of farm activity for livelihoods, it is imperative to increase the farm incomes and ensuring sustainable growth in Telangana to reduce poverty. Highest priority is accorded to the Agriculture Sector in the State with the objective of shifting the excess labour force from this sector to other non-farm rural sectors such as rural industry through skill development.

Ensuring food security and provision of gainful employment continues to be the essential premise of the socio-economic development and employment guarantee schemes like MGNREGS and Rural livelihoods programmes. The share of agriculture to state GSDP in 2016-17 was 15.3 per cent.

The share of livestock sector is about one-third of total agriculture and allied sectors of GSDP during 2016-17. The growth of this sector is stable as compared to that of crop sector during the last decade. However, there has been a slow down in its growth during the last two years. The growth of livestock sector gains significance in the light of the decline in the share of agriculture and allied activities share in GSDP.

State's Agriculture Vision

It is important to improve the agricultural situation in the state, duly harnessing the available agricultural potential and integrating it with technology and resources. Keeping in view the future requirements of agricultural production, a vision for Telangana is framed as put forth here under: Empowering the farmers in seed management, enabling them to acquiring good quality seed at the right time and at affordable cost

- ✦ Making farming a commercially viable endeavour.
- ✦ Providing easy access to inputs, finance, technology and IT.
- ✦ Increasing irrigated area by utilizing the available surface and groundwater potential.

+ Providing means for land development for efficient soil and water management.
+ Motivating the farmers to adopt Integrated Nutrient Management (INM) and balanced fertilization with necessary demonstration and training support.
+ Promoting farm mechanization through access to farm machinery and equipment at affordable cost.
+ Improving water use efficiency through drip and sprinkler irrigation.
+ Empowering the farmers for eco-friendly agriculture through INM and IPM.
+ New Initiatives for Sustainable Agriculture Development.

Land Holding

As per the Agricultural Census, 2010-11, the number of holdings in the State amounted to 55.54 lakh and the area held by these holding was 61.97 lakh hectares. The average size of the holdings in the State is 1.11 hectares, which is highly uneconomical to operate. In the State, 62 per cent of the holdings are marginal (less than 1 hectare) and the percentage of small holdings (1 to 2 hectares) is 23.9 per cent. Thus, marginal and small holdings constitute about 85.9 per cent of total agricultural holdings in the State, making agriculture a subsistence source of livelihood for the majority of the population.

More than 60% holdings are marginal in Nizamabad, Karimnagar, Medak, Khammam and Warangal districts. However, percentage of area held by semi-medium and small holdings is higher than marginal holdings. Average size of land holding is highest (1.40 ha.) for Adilabad District and lowest (0.92 ha.) for Nizamabad District.

Cropping Intensity

The cropping intensity (the ratio of gross cropped area to net cropped area) is one of the indicators for assessing efficiency of agriculture sector. The cropping intensity for the year 2013-14 increased to 1.27 from 1.22 in 2012-13. The cropping intensity is highest in Nizamabad District (1.67) and lowest in Adilabad district (1.09).

FOOD CROPS

* **Paddy :** Paddy is a very important crop among all food grains in the State. It is grown both in kharif as well as in rabi season. High temperatures and high rainfall or water for irrigation are required for paddy. It is grown in all types of soils.
* **Jowar :** Jowar is another important food crop after paddy. It is grown in all Telangana districts except Nizamabad. It is grown both in kharif as well as in rabi season.

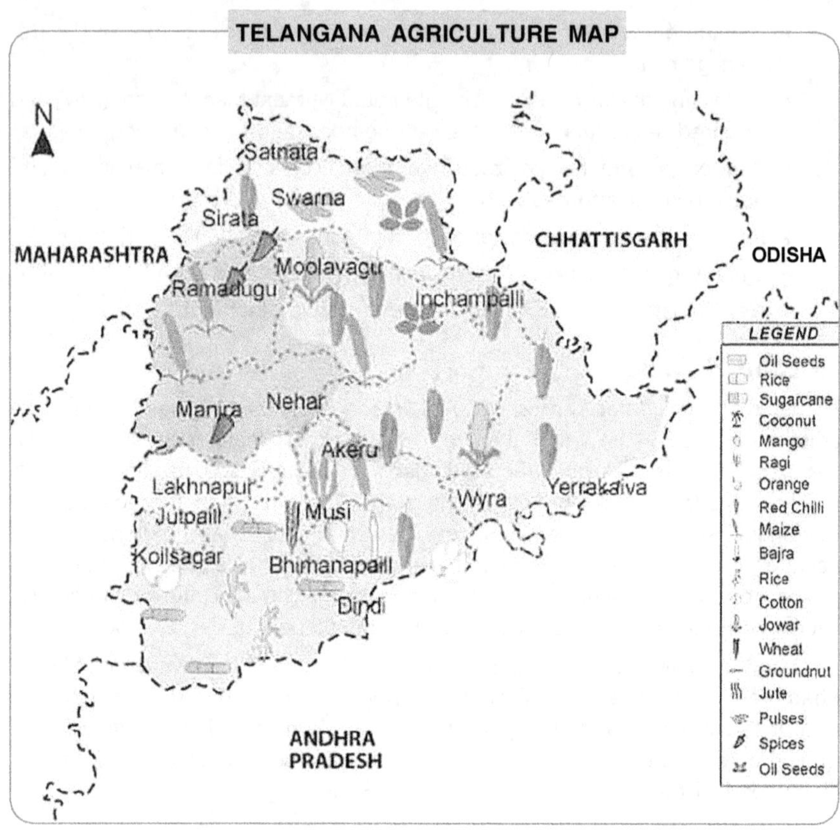

* **Bajra :** Bajra is a rain-fed crop. It grows in Nalgonda and Mahaboobnagar. It is grown both in kharif as well as in rabi seasons.

* **Ragi :** This crop is mostly grown in Rangareddy, Medak and Mahaboobnagar districts. Ragi is grown in both the seasons in the state.

* **Wheat :** Wheat is grown in small quantities in Rangareddy, Nizamabad, Medak and Adilabad districts.

* **Pulses :** Redgram, Greengram, Blackgram, Bengal gram and Horsegram are important pulses that are grown in Telangana.

* **Redgram :** It is grown in both kharif as well as in rabi seasons and in all the district of Telangana. It is mostly grown in Adilabad, Mahaboobnagar and Rangareddy districts.

* **Green Gram :** It is grown in both the seasons of kharif and rabi. It grows in Medak, Nalgonda, Warangal, Khammam, Karimnagar and Adilabad districts.

CASH CROPS

* **Tobacco :** It is grown mainly in rabi season. Khammam and Warangal districts are famous for tobacco crop.

* **Cotton :** Cotton is grown in Adilabad and Mahaboobnagar districts. Short staple cotton grows in rain-fed areas and long staple cotton grows in irrigated areas.

* **Sugar-cane :** It is grown in Nizamabad and Medak districts and in the areas where irrigation facilities are available.

* **Chillies :** Though chillies are grown in all districts, these are grown mostly in Warangal, Khammam, Karimnagar and Nalgonda districts.

* **Onion :** Onions are grown mostly in Rangareddy district.

* **Turmeric :** It is grown in Nizamabad and Karimnagar district.

* **Oil Seeds :** Groundnut, castor seed, seasmum and sunflower are important oil seeds grown in Telangana state.

* **Groundnuts :** It is grown both in kharif and rabi seasons. It grows mainly in Mahaboobnagar and Nalgonda districts.

* **Sun flower :** It is a rain-fed crop.

* **Sesamum :** The sesamum producing districts are Adilabad, Karimnagar. Sesamum grows in kharif as well as in rabi seasons.

* **Coconuts :** Lemon, orange, grape, sa pota, cashew, guava and custard apples are grown sufficiently in the state.

* **Vine Yeards :** Vine yards are found in plenty in Rangareddy district. Mahaboobnagar district is famous for custard apples.

Agro Climatic Zones

Based on rainfall, types of soils and cropping pattern, etc., the State is divided into four agro-climatic zones:

AGRO CLIMATIC ZONES

Sl.No.	Name of the Zone	Districts	Headquarters
1.	Northern Telangana Zone	Karimnagar, Nizamabad, Adilabad	Jagtial
2.	Central Telangana Zone	Warangal, Khammam, Medak	Warangal
3.	Southern Telangana Zone	Mahaboobnagar, Nalgonda, Rangareddy	Palem
4.	High Altitude & Tribal Area Zone	High Altitude & Tribal Areas of Khammam and Adilabad districts	Chintapalli

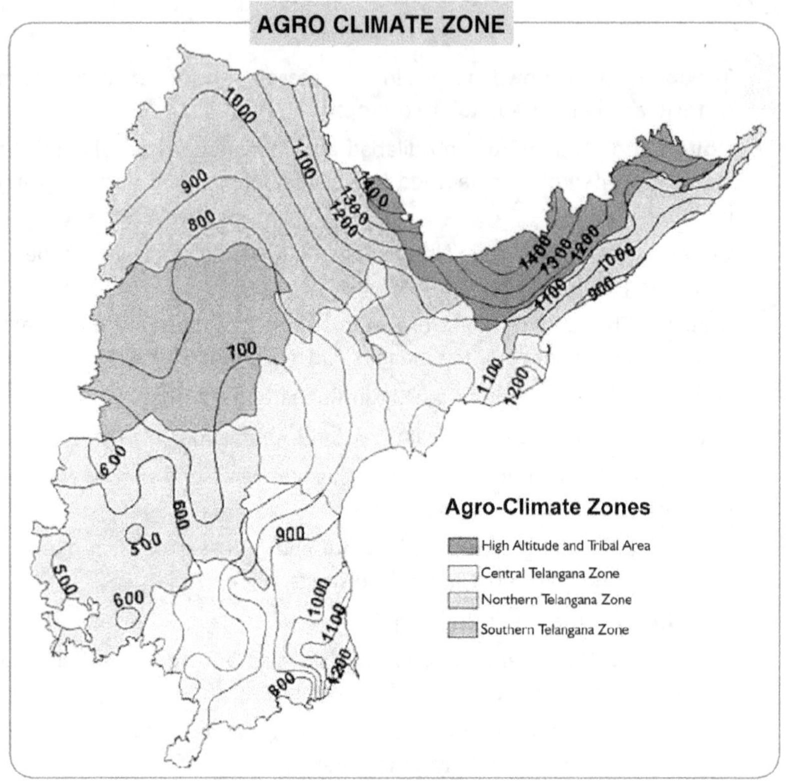

HORTICULTURE

Horticulture is a significant contributor to the Telangana State GSDP. Total area under Horticulture crops covers 10.86 lakh hectares with a total production of 112.56 lakh MTs. Major fruit crops in the state are Mango, Citrus, Banana, Guava and Papaya while vegetables like Tomato, Brinjal, Bhendi and various varieties of Gourds are predominant. Chillies, Turmeric and Coriander are important spices. Coconut, Cashew and Oil palm constitute major plantation crops.

The targeted area under Horticulture for the next five years Action Plan is 14.48 lakh Ha, with estimated production of 152.31 lakh MTs. In India, under cultivated area Telangana ranks 3rd in fruits and 1st in Turmeric.

State Horticulture Mission

The State Horticulture Mission(SHM), a centrally sponsored scheme launched in November 2005 covers establishing of new gardens, rejuvenation, Integrated Pest

Management (IPM)/Integrated Nutrient Management (INM), Post Harvest Management (PHM) etc., and training of farmers to substantially enhance their incomes.

Though, the production is being increased multi-fold in Horticulture crops, the post-harvest losses are around 30%-35% due to poor handling and storage. This need to be increased by utilizing available surplus produces. Processing and marketing through Agricultural Export Zones and private participation is to be encouraged in the potential regions.

Protected Cultivation

Government intends to take up a construction of Green Houses in 7.9 Ha, to promote cultivation of High Value vegetables and flowers to ensure that better quality of produce and also higher returns to the farmers. Assistance was provided to promote Mulching in 812 Ha.

Mana Vooru-Mana Kurgayalu Programme

It is a vegetable scheme for strengthening of vegetable value chain and creating marketing linkages in 3 districts i.e. Mahaboobnagar, Medak & Rangareddy which are main feeders of Hyderabad Market.

FLORICULTURE

Floriculture is one of the focus areas of Horticulture and has significant potential for exports. Government provides incentives for encouraging the farmers to take up the floriculture activity. Bathukamma festival declared as State festival is basically a festival of flowers decorating the Goddess in which people of Telangana repose their faith and is expected to provide impetus to the coming years.

ANIMAL HUSBANDRY

Telangana is blessed with rich livestock resources especially Cattle and Sheep population accounting to 5.52% of Country's population.

About 29 Lakh families in Telanagana State are engaged in livestock sector for their livelihood. The value of livestock produce is estimated to be ₹ 30584 crores at current prices and Livestock contributes 6.4% to the Gross State Domestic Product and formed 39.69% of the Agriculture sector in 2016-17.

Size and Composition of Bovine Population (No. in Lakh)

Category	As per 2007 Census	As per 2012 Census
Cattle	57.50	44.8
Buffaloes	50.42	41.6
Sheep	133.57	128.35
Goat	48.01	45.77
Pigs	2.32	2.37
Poultry	494.47	807.51

With an annual output of 1177 crore eggs, Telangana stands 3rd in egg production in the country. Every eighth egg in the country comes from Telangana with annual meat production of 5.86 Lakh MTs Telangana stands 6th in the country and with annual production of 46.65 lakh MTs of milk, Telangana occupies 13th position in the country in milk production.

The State has 96.4 lakh bovines according to Livestock Census of 2012. Cattle account for 44.8 lakhs and buffaloes 41.6 lakhs. The State had a total ovine population of 174.12 lakh, of which 128.35 lakh are sheep and 45.77 lakh are goats.

Milk Production and Productivity

The State has produced 46.65 lakh MTs of milk during 2016-17. The per capita availability of milk is 234 gm/day in the state and has to catch up with the national average of 263 gm/day. The State Government has sanctioned a cash incentive of ₹ 4.00 per litre of milk to the Telangana Dairy farmers supplying milk to the State Dairy Federation, with a view to encourage the farmers, to increase their profits in area of dairy and to sustain their livelihood in the villages. The Government of Telangana, to encourage the farmers, to increase their profits and to sustain their livelihood, launched a new scheme in November 2014 by providing a cash incentive of ₹ 4.00 per litre of milk to the Telangana Dairy farmers for supplying milk to the State Dairy Federation.

FISHERIES

Fisheries sector is one of the fast growing sectors contributing to GSDP of the State as well as generating income and employment. Fisheries sector contributes 3.47 per cent of GSDP from agriculture and 0.4 per cent to the GSDP during 2016-17 at current prices. The sector aims at exploitation of all the possible resources under capture and culture fishery base for increasing fish production and productivity through sustainable development. The sector is contributing considerably for food security, nutrition and health, livelihood security to rural population and welfare of fishers.

The culture fishery of Telangana is not developed as compared to tank and reservoir fishery. A major proportion of aquaculture farms are concentrated in Khammam district. Farmers from Mahaboobnagar, Nalgonda, Karimnagar and Adilabad districts are engaged in prawn culture.

SERICULTURE

The state has an advantage of having a number of silk weaving pockets like Pochampalli, Kothakota, Narayanpet Gadwal where the silk yarn can be consumed and there is a high potentiality and scope to introduce further increase in production of not only mulberry silk but also Tassar silk.

Tassar Culture

Telangana ranks fourth in Tassar cocoon production in the country. The State is bestowed with 8200 acres of forest flora of T. tomentosa and T. arjuna for production of Tassar cocoons by the tribal's in the districts of Adilabad, Karimnagar, Khammam and Warangal.

FLAGSHIP SCHEMES

Seed Bowl

Seed is a critical determinant in increasing the agricultural productivity. The performance and efficiency of other inputs depends on the quality of seed produced and supplied.

Telangana Government is developing a strategy to make the State, as the "Seed Bowl" of the country, endowed as it is with congenial climatic conditions and soils suitable for quality seed production of various crops viz., Paddy, Maize, Soybean Castor & Cotton.

In view of the above, a five year plan has been prepared for production of breeder and certified seed by involving the technical expertise of Prof. Jayashankar Telangana State Agriculture University (PJTSAU). The seed production programme is planned to be taken up through Seed Village Programme and Seed Production in State Seed Farms and Government Agencies like Telanagana State Seed Development Corporation (TSSDC), Oil fed, MARKFED and HACA.

The state produces 37.42 lakh quintals of seeds of various crops with an area of 3.22 lakh acres, mainly Hybrid paddy, Maize, Cotton and Bengal gram etc. which are supplied to farmers. Thus, the Telangana is the seed capital of the country. There are 10 seed farms in the state with an area of 536 ha of cultivable area. The main objective is to produce foundation seed and supply under the Seed Village Scheme. It is proposed to strengthen these farms by supplying Breeder seed for multiplication while providing assured irrigation and infrastructure support like seed processing and storage.

Development of Crop Colonies

Telangana State is having large areas under Paddy, Maize, Pulses and oilseeds like Soybean Castor and Groundnut with suitable soils and climatic conditions. It has been proposed to establish crop colonies under these crops with a view to expand area, increase production and productivity and to achieve self-sufficiency.

There is a great potential for seed production in Telangana. Hybrid cotton seed production is primarily taken up in the districts of Mahaboobnagar, Hybrid maize seed production is taken up in Karimnagar, Nizamabad, and Medak districts. The Hybrid paddy seed is produced in Karimnagar and Warangal districts.

Similarly, there are large areas under seed production of varieties of various crops like Paddy, Castor, Pulses, Groundnut, Soybean and vegetables in Karimnagar, Warangal, Nalgonda, Nizamabad, Mahaboobnagar and Adilabad. Hence, it is proposed to establish crop colonies under these crops with a view to expanding area, increasing production and productivity to achieve self-sufficiency in seeds.

Farm Mechanization

Most of the farming is carried out on small holdings. Mechanization possibility is strongly influenced by the farm size, cost of farm labour, availability and suitability of machines and energy. The farming system continues to utilize manual power, animal power and tractor power. In order to bring more land under cultivation and to improve productivity per unit area, the Government is promoting farm mechanization by encouraging machinery to be used from sowing to harvest, like power tractors, power tillers, including through the use of renewable energy.

Objectives of the Scheme

+ Reduction of physical drudgery associated with various farm operations.
+ Making available the presence of mechanization in every village.
+ Rise in Productivity level/Net income per hectare.
+ Helps in the protection of the produce and byproducts from qualitative and quantitative damages.
+ Product quality improvement through use of Post-harvest machinery/ improved processing methods.

Rashtriya Krishi Vikas Yojana

It is one of the flagship programmes of Government of India with 100% Central Aid being implemented with an objective to achieve annual growth rate in excess of 4% in Agriculture sector. Rashtriya Krishi Vikas Yojana (RKVY) an Additional Central Assistance scheme (100% GOI grant) intended to develop Agriculture and Allied Sectors in holistic manner to achieve the targeted annual growth.

More mechanized farm equipment to the farmers are being provided so that they can undertake timely agriculture activities. As per the requirement of the farmers, equipment such as Tractors, Tillers, Custom Hiring Centers for High Cost Machinery like Multi Crop Threshers, Maize Sheller, Rotovators and combined harvesters etc., will be made available with the subsidy up to 50%, not exceeding ₹ 50,000/-. The allocations under RKVY to Telangana state is ₹ 195.27 crores during the year 2014-15.

Sub-mission on Agriculture Mechanisation

In Sub-mission on Agricultural Mechanisation (SMAM), an amount of ₹ 23.54 crores is proposed for supply of Mini Tractors, Power Tillers, Self-Propelled machinery, Animal drawn implements, Tractor drawn implements, Plant protection equipment, establishment of Farm Machinery Banks for Custom Hiring Center up to ₹ 10 lakh to ₹ 25 lakh and for organizing trainings & demonstrations to farmers.

Out of the total amount proposed, ₹ 7.54 crores was already allocated to the districts for utilization towards above components. The subsidy pattern varies with the component and category (SC/ST/Women/SF/MF and other farmer) of farmer as per the SMAM guidelines communicated by Government of India.

National Food Security Mission

In National Food Security Mission (NFSM), an amount of ₹ 9.11 crores was allocated to districts towards supply of Cono weeder, Sprayer, Power weeder, Drum seeder, Seed drill, Paddy thresher, multi-crop thresher, Self-Propelled Paddy Transplanter, Pumpsets, manual Winnowers, Assistance for Custom Hiring Centers i.e. Puddling with Rotavator, Ridge Furrow Planters at 50% subsidy and towards labour charges for spraying with Taiwan Sprayers, Combine Harvester under NFSM Rice.

Crop Loan Waiver Scheme 2014-15

Farmers in the Telangana state have faced severe financial crisis due to frequent crop failures, lack of adequate support price, steep hike in input costs etc. To mitigate the plight of the farmers, the Telangana Government has decided to waive crop loans taken by the farmers up to ₹ 1.00 Lakh per farmer. Agricultural loans on gold mortgage have also been included along with the interest. Government of Telangana released an amount of ₹ 4250.00 crores as first installment under Loan waiver scheme and the amount was credited into the bank accounts of over 34 lakh farmers.

CROP INSURANCE

Three Crop Insurance schemes have been implemented in Telangana State during Kharif & Rabi 2014-15 viz.

   (a) National Agriculture Insurance Scheme (NAIS)
   (b) Weather Based Crop Insurance Scheme (WBCIS)
   (c) Modified National Agriculture Insurance Scheme (MNAIS)

National Agriculture Insurance Scheme (NAIS)

It was introduced from Kharif 2000 season onwards with involvement of Agriculture Department, Agriculture Insurance Co. (Implementing Agency) and Directorate of Economics and Statistics. Under the scheme, 19 crops were covered in Kharif and 10 crops in Rabi. 10% of premium subsidy is allowed to small and marginal farmers only under National Agriculture Insurance Scheme (NAIS).

Weather Based Crop Insurance Scheme (WBCIS)

For the benefit of farming community, apart from the "National Agriculture Insurance Scheme" (NAIS) for the first time in the State, the Government have implemented the "Weather Based Crop Insurance Scheme" during Kharif 2009 season. The Scheme aims to mitigate the hardship of the insured farmers due to crop losses resulting from incidence of adverse deviations of weather parameters like rainfall, temperature, relative humidity etc.

Modified National Agriculture Insurance Scheme

The Government of India introduced Modified National Agriculture Insurance Scheme (MNAIS) during Rabi 2010-11 on pilot basis in Warangal District which has many more farmer friendly features such as covering for localized calamities (hail storm), prevented sowings, coverage for major crops in the district, coverage on individual farmer basis with 40 to 75% subsidy in premium etc. Rice being a major crop, has been selected for implementation under the scheme, with village being the unit of implementation. The scheme is successfully under implementation and has been extended to all the districts in the State from Rabi 2014-15 season.

National Crop Insurance Programme

For the benefit of the farming community, the Government of India have issued orders to implement National Crop Insurance Programme (NCIP) for Kharif 2014 onwards by merging MNAIS & WBCIS in the state which has many more farmer friendly features.

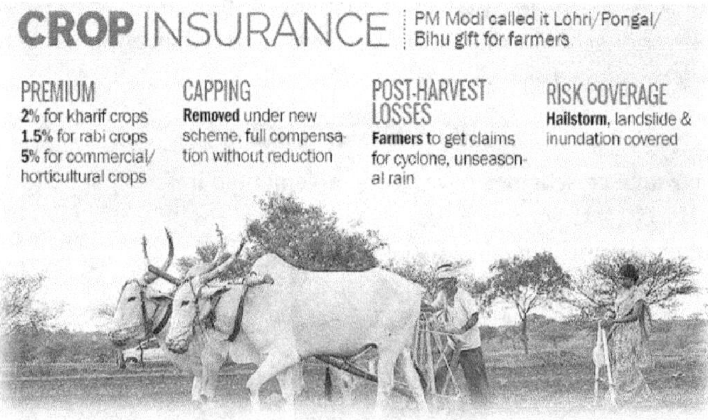

CO-OPERATIVES

Telangana State Co-operative Marketing Societies Federation Limited, Hyderabad (T.S. MARKFED) reconstituted on June 2, 2014, after the State is bifurcated, it covers nine district Co-operative Marketing Societies that undertaking the procurement and marketing of agricultural produce enabling the farmers to get remunerative prices. It has only one feed mixing plant in Karimnagar and one cotton ginning plant in Adilabad.

 Rythu Bandhu Pathakam

The Rythu Bandhu Pathakam is being implemented since 1990. But the scheme was not popular among the farmers as the upper limit of the loan amount under the scheme was ₹ 1 lakh only and after having consultations with farmers, the Govt. of Telangana have issued revised guidelines by enhancing the ceiling limit of the loan amount to ₹ 2 lakhs without any interest upto 180 days to avoid distress sales. The renewal period of Rythu Bandhu Pathakam card is also extended to 5 years as against the 3 years existing earlier, the department spent ₹ 1.74 crores during 2014-15 for providing pledge loan to farmers to help them avoid distress sale of their produce. 1111 farmers in 2013-14 benefited as against 953 farmers in 2012-13 under Rythu Bandhu Pathakam.

Rythu Bazars

There is network of 30 Rythu Bazars in the State. On an average about 3115 farmers sell over 8,000 to 10,000 lakh quintals of vegetables, every week through these Rythu Bazars directly to the consumers. Mobile Rythu Bazars are operating in Hyderabad and Secunderabad cities for selling graded vegetables. This has proved to be successful.

❖ ❖ ❖

9 Irrigation

IRRIGATION contributes immensely to the Agriculture sector and thereby to the Socio-economic development of the State. Irrigation in Telangana is mostly dependent on the utilization of water from Godavari and Krishna rivers and tributaries, tanks and ponds. There are about 46,000 water conservation structures varying from very large tanks to small ponds including percolation tanks. These water conservation structures together are the leading source for meeting irrigation, commercial and other domestic needs. The State Government realises the importance of irrigation and is striving hard to harness the water of both the rivers for development of the State in a sustainable way. Towards this endeavour, efforts are afoot to expedite the ongoing and proposed major and medium irrigation projects. This will allow rightful utilization of total allocation of water to Telangana. The planned utilization in Godavari & Krishna River is 933.70 TMC and 298 TMC respectively including floodwaters in Krishna Basin.

AREA IRRIGATED BY DISTRICTS, 2015-16 (IN HECTARES)

Sl. No.	District	Gross Area Irrigated
1.	Adilabad	1,19,974
2.	Nizamabad	1,99,078
3.	Karimnagar	3,56,478
4.	Medak	1,71,220
5.	Hyderabad	–
6.	Rangareddy	66,117
7.	Mahaboobnagar	2,43,238
8.	Nalgonda	2,73,526
9.	Warangal	4,10,932
10.	Khammam	1,87,100
	Total	**20,27,663**

GROSS AREA IRRIGATED BY DIFFERENT SOURCES, 2015-16 (IN HECTARES)

Sl. No.	Source	2015-16
1.	Tanks	1,21,465
2.	Canals	61,183
3.	Wells (Tube & Dug)	18,05,503
4.	Other Sources	39,512
	Total	**20,27,663**

LIST OF DAMS

Sl.No.	Name & Place	Constructed in	Main Purpose
1.	Nizam Sagar, Nizamabad	1923	Drinking water for Hyderabad, Hydroelectric and Irrigation
2.	Nagarjuna Sagar Dam, Nalgonda & Guntur	1967	Drinking water, Hydroelectric and Irrigation
3.	Singur Dam, Medak	1989	Drinking water for Hyderabad, Hydroelectric and Irrigation
4.	Sriram Sagar, Nizamabad	1977	Drinking water, Hydroelectric and Irrigation
5.	Lower Manair Dam, Karimnagar	1985	Drinking Water for Karimnagar, Warangal and Irrigation
6.	Upper Manair Dam, Karimnagar	1985	Drinking Water and Irrigation
7.	Kadam Reservoir, Adilabad	1958	Water for Irrigation
8.	Yellampalli, Karimnagar	U/C	Drinking Water and Irrigation
9.	Srisailam Dam, Kurnool & Mahaboobnagar	1984	Drinking water, Hydroelectric and Irrigation
10.	Jurala Project, Mahaboobnagar	1995	Hydroelectric and Irrigation
11.	Pulichinthala Project, Guntur & Nalgonda	U/C	Hydroelectric and Irrigation
12.	Sri Komaram Bheem Project, Adilabad	2011	Water for Drinking and Irrigation
13.	Ramagundam Dam, Karimnagar	NA	Water for NTPC
14.	Lower Jurala HEP, Mahaboobnagar	U/C	Hydroelectric Power
15.	Rajolibanda Dam	1956	Water for Irrigation
16.	Dummugudem Lift Irrigation Scheme, Khammam		Water for Irrigation

MAJOR IRRIGATION PROJECTS

❉ Sriram Sagar Project

There is a multipurpose project on the Godavari River named Sriram Sagar Project on the borders of Adilabad and Nizamabad District. It is in the town of Pochampad, 60 km away from Nizamabad. It irrigates 4 districts of Telangana and supplies power.

Sriram Sagar

❉ The Jayakwadi Dam

The Jayakwadi dam is one of the largest earthen dams in India. This dam was built to address the problem of drought in Marathwada region and the problem of flooding along the bank of river.

Jayakwadi

❉ Nizam Sagar

It was constructed across the Manjra River between Achampeta and Banjapalle villages of the Nizamabad district in Telangana. The most outstanding feature of the project is the gigantic masonry dam sprawling across the river for 3 kilometers with a motorable road of 14 feet width. The Singur Reservoir on Manjra River in Medak District is the main drinking water source for the Medak and Nizamabad districts as well as the adjoining twin cities of Hyderabad and Secunderabad.

Nizam Sagar

❉ Tungabhadra Dam

It is across the river Tungabhadra a tributary of River Krishna. The dam is near the town of Hosapete in Karnataka. It is considered as a multipurpose dam. Its storage capacity is 135 Tmcft. Owing to siltation, the capacity has been reduced by about 30 Tmcft. If there are seasonal and late rains, the dam distributes the estimated quantity of 235 Tmcft.

Tungabhadra

It is filled when water is let into the canals during the rainy season.

Few miles upstream the Tungabhadra river from Mantralayam town, Interstate Rajolibanda barrage is located which supplies water for irrigation in Karnataka and Andhra Pradesh on the right bank of river. At Sunkesula, about 25 km upstream from Kurnool, a barrage was constructed around 1860 by the British engineer, hailed as Bhagiratha for Andhras, Arthur Cotton. Originally it was intended to be used for navigation also.

IRRIGATION PROJECTS MAP OF TELANGANA

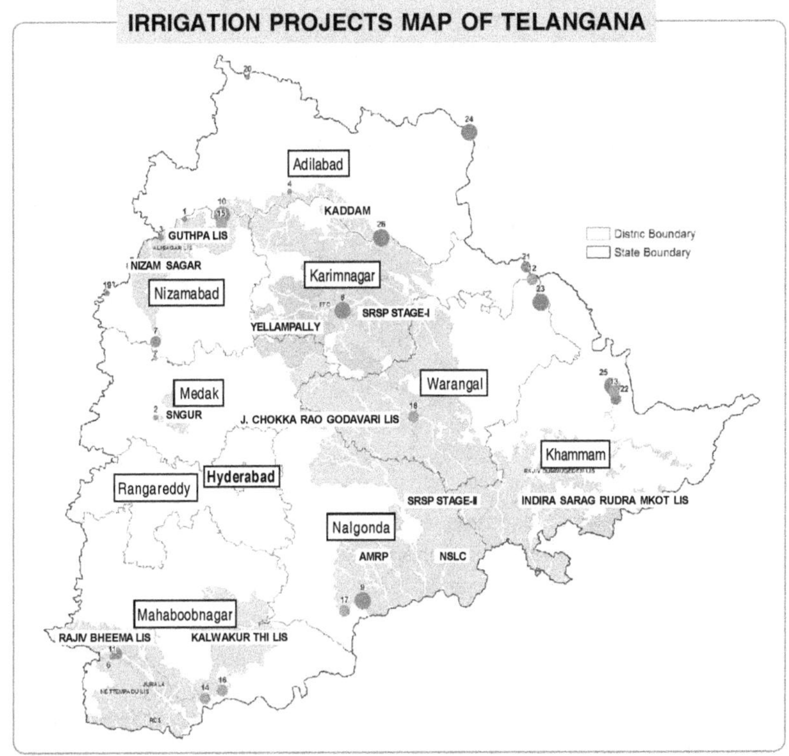

DETAILS OF NEW MAJOR IRRIGATION SCHEMES AND PROJECTS

Name of the Project	Details
Palamuru-Rangareddy Lift Irrigation Scheme	• Project aims to provide drinking water to Hyderabad. • Irrigate 7 lakh acres in Mahaboobnagar, 2.7 lakh acres in Rangareddy and 0.3 lakh acres in Nalgonda districts.
Nakkalagandi Project	• Planned to irrigate 3.41 lakh acres of chronically fluoride and drought affected areas of Nalgonda district and a part of Mahaboobnagar district. • Estimated cost of ₹ 6,000 crores utilizing 30 TMC of flood water to be drawn from the SLBC Tunnel being constructed from Srisailam Project.
Jurala-Pakhala Flood Flow Canal	• Has a silt level at +311.000 (at Jurala) to Pakhala Reservoir in Warangal district. • Potential to feed approximately 700 tanks situated in drought prone areas of Mahaboobnagar, Nalgonda and Warangal districts during flood season in 35 days by diverting 24,000 cusecs for total 70 TMC.

Kotla Vijayabhaskara Reddy Project

It impounds about 15,000,000,000 cubic feet (0.42 cubic km) of water and irrigates about 300,000 acres (1,200 sq.km.) of land in Kurnool and Kadapa districts.

New Major Irrigation Schemes and Projects

Telangana Government has an overall strategy to create facilities for irrigating one lakh acres in each constituency excluding urban areas in the coming 5 years. Thus, the government has proposed to take up 2 Major projects and One Flood Flow Canal, benefiting the districts of Mahaboobnagar, Rangareddy, Nalgonda and Warangal by irrigating 13.41 lakhs acres and check on floods in monsoon season.

MINOR IRRIGATION

There are 35,974 tanks serving an ayacut of 18.75 lakh acres including 31,196 Panchayat Raj department tanks serving an ayacut of 6.68 lakh acres. The tank irrigation is concentrated mostly in the districts of Warangal, Khammam and Karimnagar. Under minor irrigation, an area of 37,300 acres of irrigation potential is created and 19,700 acres of irrigation potential is utilised with an expenditure of ₹ 488.46 crores during the year 2013-14.

Since 1990, well irrigation in the State has increased substantially while there is steady decline in tank irrigation, causing serious concern on source sustainability and energy demand for pumping groundwater. A comprehensive programme for restoration of tanks and revitalization of irrigation potential is critical for developing an integrated approach towards surface and groundwater management, and filling the prevailing 63% gap in realizing the potential of tank irrigation in the state benefiting about 11.5 lakh farmers in the nine drought prone districts of Telangana state.

Tank irrigation has huge bearing on generation of rural employment, poverty reduction and agricultural growth. The sheer size of command area under tank irrigation makes it a large centre of agricultural production and provides a critical opportunity for commercial agriculture through market linkages.

Mission Kakatiya

Tanks were the main source of irrigation in Telangana for centuries. Over a period of time, due to lack of proper maintenance and siltation, most of these tanks have either shrunk or become defunct. Reduced availability of surface water has resulted in over stress on the available ground water resources. Monsoon rains have been unevenly distributed and 85% of cultivated area in the state is rain-fed. The topography and rainfall pattern in Telangana has made tank irrigation an ideal type of irrigation, storing and regulating water flow for agricultural use.

Considering the aforementioned issues related to the tank irrigation, the Government of Telangana State has taken up the massive programme of restoring all the 46,531 minor irrigation sources under the name "Mission Kakatiya" (ManaVooru-ManaCheruvu) in a decentralized manner through community involvement. The Government is aiming to complete the restoration of all the tanks in the next five years at an estimated cost of ₹ 20,000 crores.

Command Area Development

Irrigation department takes up studies under three major project commands viz., Nagarjunasagar Left Canal Command, Sriramsagar Project Command, Jurala Project Command area to :

+ Delineate areas already water logged and prone to water logging.
+ Recommend conjunctive use of both surface and ground water.
+ Suggest other suitable remedial measures to improve productivity.

Telangana Community Based Tank Management Project

Participatory Ground Water Management aims at empowering the ground water users in the tank influence zone to wisely manage the dynamic groundwater resources replenished through rainfall, surface water sources and returns circulation from irrigated areas. Under this project a total of 172 tanks have been selected for Participatory Ground Water Management activities, falling in 7 districts and covering 78 Mandals.

Telangana Water Sector Improvement Project

Considering limitations of present groundwater management system, there is a need to develop a new groundwater management model that recognizes limitations of existing management system by individual and recommends an aquifer level groundwater management by the community. The project is scheduled for 2010 to 2018 at an estimated cost of ₹ 14.93 crores. Two pilot projects are being undertaken by the department.

+ User Centred Aquifer Level Groundwater Management Pilot in Nalgonda.
+ Conjunctive use of surface and groundwater pilots in NSLCCN in Khammam.

❖ ❖ ❖

10 Mineral Resources

TELANGANA region has rich natural resources. About 20 per cent of the country's coal deposits are found here. The Singareni Collieries Company Limited excavates coal from these mines for industrial needs and to cater thermal power stations. Telangana is also rich in Limestone deposits that cater to cement factories. Telangana has other mineral resources like Bauxite and Mica.

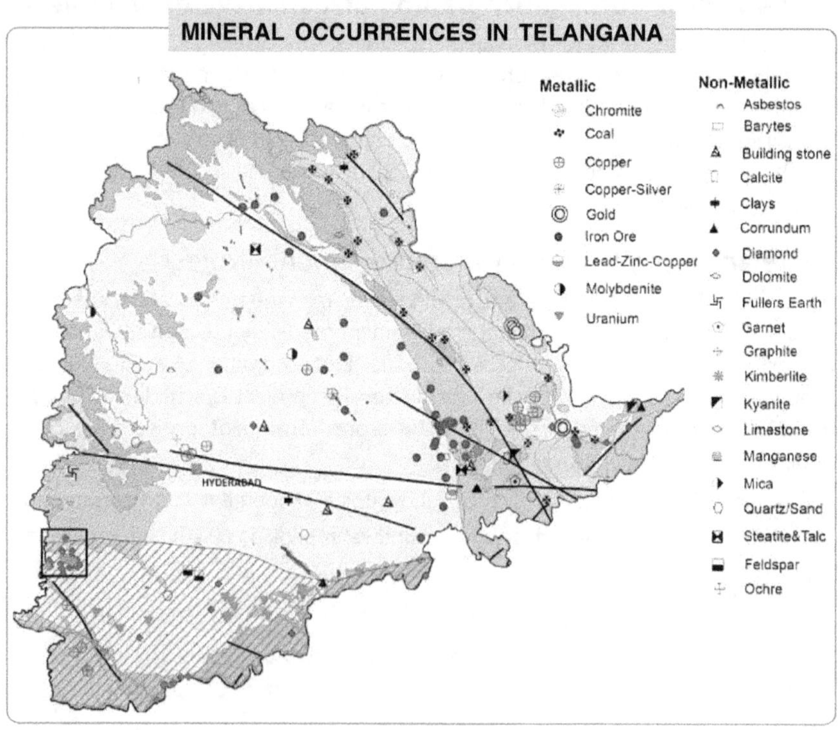

Mining Sector is identified as one of the growth engines and certain minerals have been identified as focus minerals viz., Limestone, Coal, Iron Ore, Diamond, Dolomite, Uranium, Garnet, Granite for establishment of Cement, Thermal Plants, Granite Cutting & Faceting, Steel & Sponge Iron as focus industry for over all growth and development of the mining sector in the State.

MINERAL PRODUCTION

The Mineral consumption has been increasing due to the promotion of various industries and manufacture of mineral based products. Exclusive mining zones in Rangareddy, Mahaboobnagar, Nalgonda, Medak districts have been identified for declaration as mining zones for sustainable development.

Metallic Minerals

* **Iron-ore :** Isolated patches of banded magnetite quartzites occur near Chityal, Kallada, Dasturabad and Robanpalli, Lakshettipet and Utnoor in the Adilabad district mostly as NW-SE trending BIF bands. In the Khammam district, iron-ore deposits exist between Cheruvupuram, Bayyaram and Navapadu and Kothagudem.

* **Manganese :** In the Adilabad district Manganese ore with very low phosphorous content occurs as thin lenses admixed with chert and jasper within Penganga Limestones at Gowlighat, Goatkur, Jamdapur and Chanda. Low grade Manganese ore occurs as encrustations near Ratampet and Kandali in the Nizamabad district.

* **Gold :** Alluvial gold is said to have been worked from near the confluence of Kinnerasani river with the Godavari in the Khammam district and also near Mangampet in the Warangal district.

* **Copper :** Copper mineralisation is observed in the Mailaram area of Khammam district in Dharwar quartz-chlorite schist's.

* **Chromite :** In the Khammam district, the mineral occurs mostly as float ore.

Non-metallic Minerals

* **Coal :** The Pranhita-Godavari valley is known for its coal reserves for more than a century. Coal bearing Gondwana rocks occupy parts of the Adilabad, Karimnagar, Khammam, Nizamabad and Warangal districts. The coalfields of the State have been divided into separate units and they are North Wardha, Asifabad, Tandur, Kanala, North Godavari and Sarangapalli, Chinnur, South Godavari, Kamawaram, Allapalli, Singareni, Kothagudem, Polancha and Sivapuram and being mined by Singareni Colleries Company Ltd. (SCCL).

* **Mica :** Occurences of Mica are observed in pegmatites traversing the quartz-muscovite schist near Gosavidu, Kannaru, Vavilala and Kallur in Khammam district.

* **Quartz :** Large deposits of vein quartz occur cutting across the granites near Kukatpalli, Ghamsabad and Timmapur close to Hyderabad city.

* **Graphite :** Numerous isolated occurences of graphite are present in the Khammam district between Ipalapadu and Sigurumamidi and the important occurrences are in the vicinity of Gopannagudem, Kantlum, Kavarigundla.

* **Diamond :** Diamonds have been worked in the past in the Krishna river gravel around Bollaram, Amargiri, Somasil and Maddimadugu in Kollapur and Achampet taluks respectively of Mahaboobnagar district. Although Golconda has been the main trading center for diamonds in Nizam's reign but no occurrences of diamondiferous pipes have been reported except few famous alluvial diamond occurrences to date.

* **Dolomite :** The good quality flux grade dolomite is reported between Raghunathapalem, Madharam and Vemulanarava in Khammam district. Currently Madharam mines cater to the needs of Vizag Steel Plant.

* **Feldspar :** Pegmatites around the village Nidmanur, Damarcherla and Charkonda of Nalgonda district contain good quality feldspar.

* **Garnet :** A garnet-kyanite-mica schist constitutes an entire hill at Garibpet, in the Khammam district. The reserve is estimated to be 31 million tonnes. In the localities south-west of Yellandlapad in the Khammam district, garnet is found in abundance in garnet-staurolite schist.

* **Kyanite :** Kyanite is noticed at Garibpet and Rudrampur in Khammam district. The reserves are estimated to be 48 million tonnes.

* **Limestone :** Deposits of limestone of cement and flux grade are wide spread in the State. Cement grade limestone occurs at Bhavipur, Toyaguda, Maktapur, Kamta, Badi, Ramai, Makora, Gamarkhurd, Metguda, Kanpa, Narala, Chanda, Bhimsari, Rampur and Korta of Adilabad district.

* **Corrundum :** Corrundum occurs in nepheline synites at Rangapur and in ultrabasic rocks at Gobbuguriti, Near Tadakalapudi. In the Nalgonda district corrundum occurs around Pedagudem, Timmapur, Lingampalle and Anvalgudem villages of Miryalguda taluk.

* **Barytes :** In the Khammam district occurrences of barytes are confined to a narrow belt of the Pakhals about 6.5 km east of Khammam town. The important occurrences are at Rudramkota, Venkatayapalem, Gopalpur, Ballapet, Kodamur and Cheruvupuram. Barytes is reported from near Bollaram, and 1.6 km. NE of Virabhadradurgam in the Mahaboobnagar district.

* **Building Stones :** A variety of rocks like granite, dolerite, amphibolite, sandstone, marble which can be used as ornamental building stones are available in Warangal, Khammam, Karimnagar, Rangareddy districts. There are numerous polishing units in operation especially in Khammam, Rangareddy and Warangal districts.

* **Clay :** White clay suitable for making low grade potteries occur within the Kampthis and upper Gondwana sediments at Panchagoan and Ralapet and Katterala villages of Adilabad district. A reserve of 5 metric tons of clay is estimated here. Sizeable deposits of clay suitable for the manufacture of porcelain-ware occur near Hyderabad city, about 3.2 km. west of Golconda fort and south of the Kutubshahi tombs.

* **Steatite and Talc :** In Karimnagar district minor steatite occurrences occur near Israjpalli, Lachimidevipalle, Potaram and Kondapuram. Poor quality steatite occurs in Khammam district.
At Wanaparti, Mahaboobnagar district, uranium minerals occur as fine dissemination in granite.

GEOGRAPHICAL DISTRIBUTION OF MINERALS

Minerals	Geographical Distribution
* Iron Ore	Warangal, Khammam, Adilabad, Karimnagar
* Limestone	Rangareddy, Mahaboobnagar, Nalgonda, Khammam, Adilabad, Karimnagar
* Manganese	Adilabad
* Quartz	Rangareddy, Mahaboobnagar, Khammam, Nizamabad
* Steatite	Khammam
* Stowing Sand	Khammam
* Amethyst	Mahaboobnagar, Rangareddy, Medak, Warangal
* Barytes	Khammam
* Fire Clay	Adilabad
* Coal	Khammam, Warangal, Adilabad, Karimnagar
* Corrundum	Khammam
* Dolomite	Khammam
* Feldspar	Mahaboobnagar, Rangareddy, Khammam
* Fullers Earth	Rangareddy
* Marble	Khammam
* Granite	Warangal, Khammam, Karimnagar, Rangareddy, Nalgonda, Medak, Nizamabad
* Building Stones	All districts in Telangana

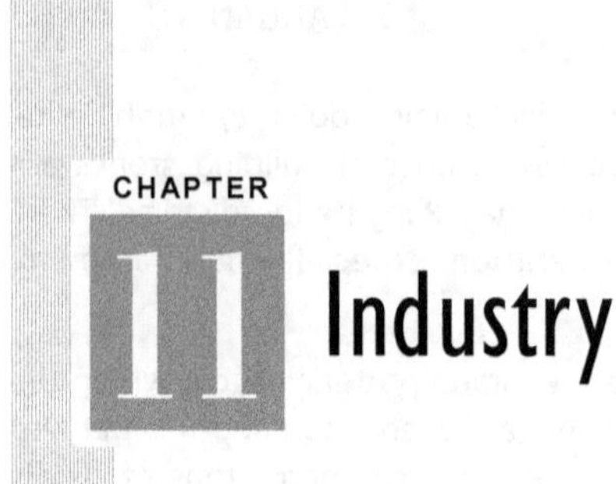

CHAPTER

11 Industry

THE State is one among the major industrial states in the country ranked 6th in terms of industries and ranked 8th in terms of Gross Value Added from industries.The Government is promoting industrial incentive policy to create quality infrastructure coupled with congenial industrial environment to make Telangana an attractive investment destination for both foreign and domestic investors, with special emphasis on creating an enabling eco-system for women entrepreneurs and for those from the Scheduled Castes (SC) and Scheduled Tribes (ST).

INDUSTRIAL ESTATES IN TELANGANA

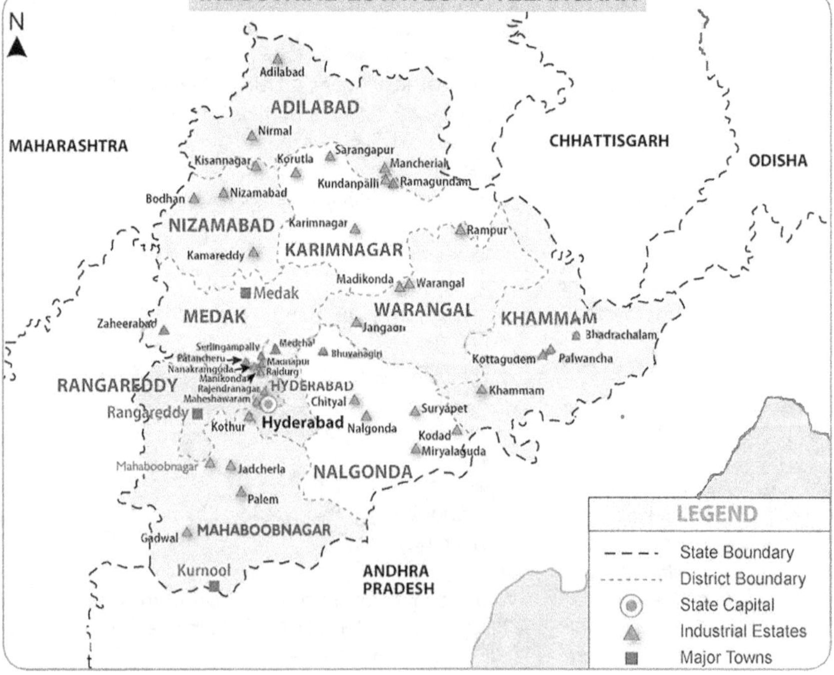

The industrial sector is contributing around 22.1% to 30% to the Gross State Domestic Product with a direction of positive growth in the state. The long-term average annual growth of industries comprising mining & quarrying; manufacturing, electricity, gas and water supply and construction, during the period between 2005-06 and 2016-17, averaged at 7.8% as against GSDP growth of 9.4% in the state. The contribution of industry sector is showing almost the same trend in respect of share and growth as that of all India.

SHARE OF INDUSTRY & SUB-SECTORS (%) IN GSDP AT CURRENT PRICES

	Sub-Sector	2004-05	2016-17
1.	Mining & Quarrying	4.8	3.1
2.	Manufacturing	–	12.2
	(a) Registered	10.0	–
	(b) Unregistered	3.2	–
3.	Electricity, Gas & Water supply	2.8	1.1
4.	Construction	7.5	5.7
	Industrial Sector contribution to GSDP	**28.3**	**22.1**

New Industrial Policy

Industrialization will be the key strategy followed for economic growth and development of Telangana. People of the new state have very high expectations from the State Government for creating jobs for the youth; promoting development of backward areas; maximizing growth opportunities by optimum utilization of the available resources; harnessing the talents and skills of the people and ushering in prosperity in every household. Industrialization holds the potential for fulfilling these aspirations of the people of Telangana. In this direction, the Government have unveiled the new 'Industrial Policy Framework, 2014'. The Government's vision for industrialization of Telangana is "Research to Innovation; Innovation to Industry; Industry to Prosperity". The industrial policy framework will be driven by the slogan of "In Telangana—Innovate, Incubate, Incorporate". The policy framework intends to provide a business regulatory environment where doing business would be as easy as shaking hands. Innovation and technology will drive the industries of the Telangana State.

Objectives

The objectives of the new policy are:
+ Make existing industries more competitive.
+ Attract new international and national investments in the industrial sector.

+ Focus on the core manufacturing sectors, for creation of employment for urban and rural youth.
+ Production of high quality goods at the most competitive prices.
+ Establish "Made in Telangana—Made in India" as a brand with high global reorganization.
+ Adopt transparent decision-making.
+ Minimize inspection and maximize facilitation.

KEY INDUSTRIES IN TELANGANA

Knowledge based industries such as Information Technology enabled services (ITES), pharma and engineering components have a strong presence in Telangana. They are largely located in Hyderabad and Rangareddy districts which have strong infrastructure and support systems such as Special Economic Zones (SEZ), availability of skilled manpower and research institutions. The districts of Nizamabad, Karimnagar and Warangal are largely dependent on agriculture and are in need of industrial development.

Heavy and medium industries are mostly found in the districts of Medak, Rangareddy, Nalgonda. Hyderabad stands first in small scale industries. Next in importance are Rangareddy and Nalgonda districts respectively.

Telangana is a large producer of long staple cotton. It is also one of the largest producers of raw hide. However, value added production is not there within the State and raw material is exported from the State. The State has a strong base of paper industry. There is tremendous potential for paper and paper products industry in the state due to the growing demand for such products.

* **Paper Industry :** Big mills are located in Sirpur-Kagajnagar and Bhadrachalam.

Important Paper Industries are :

1. Sirpur Paper Mills—Kagaj Nagar (Adilabad)
2. Bhadrachalam Paper Mills—Bhadrachalam (Khammam)
3. Telangana Paper Mills—Nachagudem (Khammam)
4. Charminar paper Mills—Mathangi (Medak)
5. Nagarjuna Paper Mills—Patancheruvu (Medak)
6. Adivasi Paper Mills—Khammam

* **Sugar Industry :** Sugar mills are found almost in every district. Khandasari mills are mainly found in Nizamabad and Medak districts. The Nizam Sugar Factory at Bhodan is the biggest sugar factory in the state. There are six more sugar mills at different places in the state under control of Nizam Sugar Factory.

* **Textile Industry :** Textile mills are located in Warangal, Hyderabad, Nalgonda and Adilabad Districts.

* **Cigarette Industry :** At present there are five cigarette factories in the state. These all are located in Hyderabad.

* **Cement Industries :**
  1. Manchiryala (Adilabad)
  2. Kesoram Cements–Basanth Nagar (Karimnagar)
  3. Cement Corporation of India (Adilabad)
  4. Tandore (Rangareddy)
  5. Rasi Cements–Wadapalli (Nalgonda)
  6. Deccan Cements–Huzur Nagar (Nalgonda)
  7. Nagarjuna Cements–Kettipalli (Nalgonda)

* **Fertilizers Industries :**
  1. Fertilizers Corporation of India Ramgundam, (Karimnagar)
  2. Hyderabad Chemical & Moulali Fertilizers (Hyderabad).

* **Software Industry :** Telangana has a significant amount of Software export in India. While the majority of the Industry is concentrated in Hyderabad, other cities are also becoming significant IT destinations in the state. In Hyderabad, the central region of the business happens in HITEC City, in the Madhapur suburb.

  Development of HITEC City prompted several IT and ITES companies to set up operations in the city, and has led civic boosters to call their city "Cyberabad".

* **Aviation, Aerospace, Defence :** Hyderabad is home to a large number of defence aero-space and defence research laboratories like DRDO, DRDL, RCI, BDL, MDN, Ordnance Factory, DMRL etc. In addition to the 5 large Tata investments in aero-space, there is also the GMR MRO. A group of innovative aero-space SMEs also exist in Hyderabad which has supplied components to the Chandrayan and Mangalyan initiatives. GOI has also announced 49% FDI in defence sector creating huge investment opportunities.

* **Food Processing :** Telangana is a large producer of agro-products like cereals, pulses, oilseeds, fruits and spices. It is also the market leader in the poultry and seed business. There is potential expand into greenhouse and exotic vegetable cultivation.

* **Automobiles :** The automobile industry is an important sector for any State. The M & M tractor plant in Telangana and the auto-component SMEs will be

the anchor around which the future growth and investments in the automobile sector will emerge.

* **Gems and Jewellery :** Hyderabadi pearls and lacquer bangles made by local artisans are known all over the world. Value-addition to these traditional products and diversification into other gems and jewellery items will provide the much needed relief to local artisans and craftsmen.

District Industries Centres

District Industries Centres (DIC), the nodal agencies to provide all required approvals/ clearances for setting up industries under the Single Window System, implement the Micro, Small and Medium Enterprises (MSME) Development Act, 2006 and issue Entrepreneur Memorandum (EM) for MSME besides maintaining effective liaison with various financial institutions in facilitating the required credit.

Micro, Small and Medium Enterprises

Investment limits were enhanced with the enactment of Micro, Small and Medium Enterprises Development (MSMED) Act, 2006. Government of India has unveiled a policy best suited for Micro and Small enterprises with the objectives of achieving 15% annual growth rate; increasing employment generation; creating congenial and hassle-free environment; helping the Small Scale Industries (SSI) sector to acquire new technologies and skills; improving export performance; promoting linkage between large and small sectors; and promoting appropriate institutional mechanisms to revive sick industries.

Incentives for Micro and Small Enterprises

* 100% reimbursement of stamp duty and transfer duty paid by the industry on purchase of land meant for industrial use.
* 100% reimbursement of stamp duty for lease of land/shed/ buildings and also mortgages and hypothecations.
* 25% rebate in land cost limited to ₹ 10.00 Lakhs in industrial estates/ industrial parks.
* 25% land conversion charges for industrial use.
* Fixed power cost reimbursement at ₹ 1.00 per unit for 5 years from the date of commencement of commercial production.
* 15% investment subsidy on fixed capital investment subject to a maximum of ₹ 20.00 lakhs.
* Reimbursement of 100% net VAT/CST or State Goods and Services Tax (SGST) for a period of 5 years from the date of commencement of commercial production.

+ 50% reimbursement of cost involved in skill up gradation and training the local manpower limited to ₹ 2,000/- per person.
+ 50% subsidy on the expenses incurred for quality certification/patent registration limited to ₹ 2.00 Lakhs.
+ 25% subsidy on specific cleaner production measures limited to ₹ 5.00 Lakhs.

Industrial Land Bank

+ About 2.50 lakh acres of barren land has been identified for industrial use. An industrial land bank will be developed with the assistance of Telangana State Industrial Infrastructure Corporation (TSIIC).
+ TSIIC shall set up core sector specific Industrial Parks.
+ Exclusive industrial parks in safe zones shall be created for setting up of red category industries.
+ Some of the industrial parks will also permit multi-sectoral activities and general manufacturing units.

Common Facility Centres and Utility Centers

The Government will also encourage setting up of Utility Centers with the involvement of the private sector. These utility centers will provide dedicated power, water, steam, waste management facilities and other industrial inputs to designated specific or a group of industrial parks.

Industrial Development on Private Lands

Industry will be encouraged in private lands designated for industrial use in spatial planning of HMDA and other urban development authorities in Telangana. Private industrial park developers will be encouraged to pool their lands so that good quality infrastructure can be developed in the TSIIC standards.

Industrial Townships

As part of the master plan for the sector specific industrial parks to be developed by TSIIC, provision for mini-industrial townships will be made. The townships will contain executive housing workers housing, social infrastructure and other amenities. This township development can be initiated by the TSIIC in partnership with established industry groups who have the competence in this field and also other reputed real estate companies.

Industrial Area Local Authority

As a part of providing a hassle-free environment for the industrial units, the concept of Industrial Area Local Authority (IALA) will be strengthened. All new industrial parks that will be set up by the TSIIC will be covered under the IALA system. All existing TSIIC Industrial Parks which do not have an IALA will adopt the IALA system. This will enable industries to get faster clearances required for starting of construction since the IALA will take advance clearances.

Industrial Corridors

The presence of important national and state highways, coupled with the availability of resources and opportunities, provides a great potential for development of industrial corridors in the state along these roadways.

The Industrial Corridors that will be developed initially will be:

1. Hyderabad-Bengaluru Industrial Corridor
2. Hyderabad-Nagpur Industrial Corridor
3. Hyderabad-Warangal Industrial Corridor

In the second phase, the following industrial corridors will be developed :

1. Hyderabad-Khammam Industrial Corridor
2. Hyderabad-Nalgonda Industrial Corridor
3. Hyderabad-Mancherial Industrial Corridor.

Skill Development

The skill development programmes targeted at generation of industrial sector jobs will be supported by the Government under the ambit of the Telangana State's Skill Development Mission.

The State shall :

+ Train the youth in getting entry level jobs and make available, skilled manpower for the industry's requirements.
+ Develop the programmes for upgradation of Skills of the existing employees in consultation with the industry to suit their requirements.
+ Encourage the Mega industries to start their own skill development centres within the same industrial park.

Specific Initiatives for 2014-15

In addition to the other mandates of the Policy Framework, the following specific initiatives are envisaged :

+ New Pharma City and Chemical City with well-developed infrastructure, including waste management.
+ Development of the Hyderabad-Warangal Industrial Corridor.
+ Development of Warangal as the textile hub of Telangana.
+ Food Processing and Seed Production Initiatives.

+ Mini industrial townships along with industrial parks.
+ Direct loan facilitation to Dalit entrepreneurs.
+ Creation of a Venture Capital/Angel Fund.
+ Inter state VAT rationalization on industrial inputs and outputs.
+ Review and reform of all age old industry sector regulations, including labour laws.

National Investment and Manufacturing Zones

Government of India has accorded approval for setting up of National Investment and Manufacturing Zone (NIMZ) at Medak District in an extent of 5,000 to 6,000 hectares. The concept of NIMZ is part of the National Manufacturing Policy which aims to increase the share of the manufacturing sector in the GDP from 16% to 25%.

The NIMZ will be developed as integrated industrial townships with state of the art infrastructure, with land use based on zoning, using clean and energy efficient technology, having necessary social infrastructure and skill development facilities.

The estimated investment flow to each NIMZ is expected to be around ₹ 30,000 crore and employment potential would be 3 lakh in each NIMZ. The land acquisition in Medak District is under process for setting up of National Investment and Manufacturing Zone.

Industrial Infrastructure

Special Economic Zones : Seven SEZs in the fields of IT/ITES, Aerospace, Biotech, Formulations have been developed in the State of Telangana. As a part of Government initiative of developing IT Park in tier-2 cities, the State IIC has developed SEZ at Madikonda (village) in Warangal District.

Development of Women Industrial Park : The TSIIC has earmarked an extent of 50 acres in Green Industrial Park Jadcherla of Mahaboobnagar District and Sultanpur of Medak District for establishment of Women Industrial Parks. Further, the Corporation has taken decision for development of Women Industrial Park for green line of activities in each district in Telangana.

❖ ❖ ❖

12 Sources of Energy

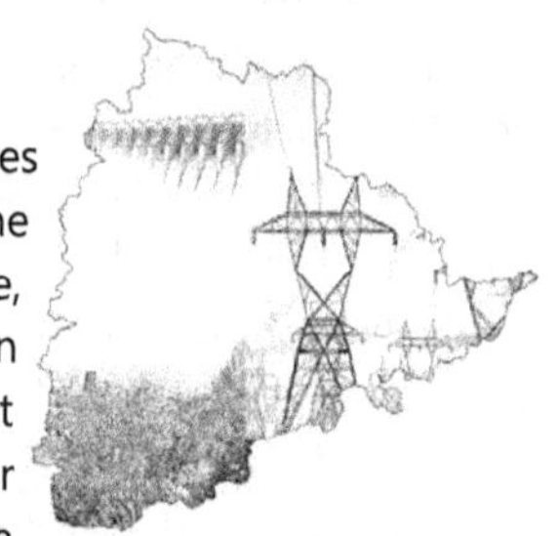

TELANGANA is the one of the top IT exporting states of India and about one-third of the bulk drugs in the country are manufactured in the state. Besides these, the economy of Telangana is also dependent upon agriculture. Thereby Telangana is amongst the highest power intensive states in India, with a per capita power consumption of over 985 units as against an all India average of 917 units. Going forward, energy requirement is expected to see exponential growth owing to various factors such as buoyant growth in capital city and other urban centers, high domestic and agricultural consumption and upcoming major projects such as Hyderabad Metro Rail and Hyderabad-Nagpur industrial corridor.

Telangana plans to meet the demand by a number of capacity additions in pipeline and enhancing the energy availability from the existing sources. The gaps and challenges across the power value chain of Fuel-Generation- Transmission-Distribution must be addressed to meet the energy requirement.

INSTALLED CAPACITY AND GENERATION OF ELECTRICITY, 2015-16

Sl.No.	Name of the Power Station	Installed Capacity MW 2016	Generation MU 2015-16
	THERMAL		
1.	Singareni TPP Stage- I & II (2 × 600)	1200.00	1.10
2.	KTPS-ABC	720.00	3,953.81
3.	KTPS-V	500.00	3,225.87
4.	KTPS-VI	500.00	2879.88
5.	RTS-B	62.50	353.60

Sl.No.	Name of the Power Station	Installed Capacity MW 2016	Generation MU 2015-16
6.	KTPP Stage-I	500.00	2,992.84
7.	KTPP Stage-II	600.00	82.94
	Total Thermal	**4,082.50**	**13,490.04**

HYDEL AND SOLAR POWER

Sl.No.	Name of the Power Station	Installed Capacity MW 2016	Generation MU 2015-16
1.	Srisailam LB	900.00	147.00
2.	Nagarjuna Sagar PH	815.60	88.04
3.	Nagarjuna Sagar Left Cana PH	60.00	–
4.	Pochampad Stage-I	27.00	27.00
5.	Pochampad Stage-II	9.00	–
6.	Priyadarshini Jurala HES	234.00	29.17
7.	Singru	15.00	–
8.	Nizam Sagar	10.00	–
9.	Mini Hydel	11.16	0.01
10.	Lower Jurala	80.00	3.23
11.	Solar PV at Jurala	1.00	1.59
	Total Hydel Power (inlucding Solar)	**2,162.76**	**269.04**
	Grand Total (Thermal+Hydel+Solar)	**6,245.26**	**13,759.08**

CATEGORY WISE POWER CONSUMPTION FROM 2013-14 TO 2015-16 *(Million Unit)*

Sl. No.	Category	2013-14	2014-15	2015-16
1	2	3	4	5
1	Domestic Supply	16,652	8,596	9,840.46
2	Non-Domestic Supply	4,171	2,476	2,841.02
3	Industrial	2,683	1,099	1,117.27
4	Cottage Industries	77	15	15.45
5	Agriculture, including RESCOSs	20,759	11,671	11,189.61
6	Public Lighting	1,612	973	987.17
7	General Purpose	190	88	100.25
8	Temporary	3	1	1.36
	Total Low Tension	**46,147**	**24,919**	**26,092.59**
	Total High Tension	**26,370**	**14,593**	**14,952.08**
	Total	**72,517**	**39,512**	**41,044.67**

Distribution Companies

There are two distribution companies namely—TSSPDCL and TSNPDCL that supply electricity to consumers in Telangana. The distribution companies cater to 1.12 crores customers. The split of customers is shown in the table:

CONSUMER CATEGORIES	
Category	Consumption
Domestic	73%
Agriculture	17%
Industrial (LT & HT)	1%
Commercial (LT & HT)	8%
Others	1%

The transmission and distribution losses and employees per sales are less in Telangana DISCOMS while compared with select states—Tamil Nadu, Gujarat and Maharashtra.

Integrating Non-conventional Energy

Telangana is keen on increasing the power generation from Non-conventional Energy. As Telangana is a landlocked state, the potential to exploit wind energy is limited. The state is looking forward for avenues to improve the energy mix and is looking forward to integrate solar power and other non-conventional energy.

Solar Energy Programme

The estimated solar power potential in Telangana State is 20.41 GW. Government is keen to promote renewable energy power in the State particularly solar power plants at selected locations. Government is also planning to bring comprehensive solar policy for promotion of solar energy in the State. Government is encouraging solar roof top net metering systems in the State to reduce the pressure on grid supply with subsidy by GOI.

Mega Solar Parks

Telangana plans to set-up mega solar parks and generate about 5000 MW of solar power in the state. For ensuring a more sustainable fuel mix, the Non-conventional Energy (NCE) installed capacity would be increased by adapting the key measures of setting up of single window clearance mechanism, allowing unrestricted banking during ToD hours, providing cross subsidy surcharge exemption, providing policy support for solar roof tops and net metering, promoting decentralized distributed generation model for solar power generation and preparing an exclusive dedicated solar policy.

❖ ❖ ❖

13 Population and Health

POPULATION

The new State of Telangana, with a geographical area of 1,14,865 sq. kilometers and having a population of 3,51,93,978 (2011 census), is the twelfth largest State in terms of both area and the size of population in the country. The State is bordered by Maharashtra and Chhattisgarh in the north, Karnataka in the west and Andhra Pradesh in the south and the east. The State is strategically located in the Deccan plateau in a semi-arid region. The climate is predominantly hot and dry.

POPULATION OF TELANGANA

Sl. No.	Name	Area Sq. Km.	Population Lakhs 2011
1.	Hyderabad	217	39.43
2.	Adilabad	4,153	7.09
3.	Bhadradri Kothagudem	7,483	10.69
4.	Jagtial	2,419	9.85
5.	Jangaon	2,188	5.66
6.	Jayashankar	6,175	7.11
7.	Jogulamba Gadwal	2,928	6.10
8.	Kamareddy	3,652	9.73
9.	Karimnagar	2,128	10.06
10.	Khammam	4,361	14.02
11.	Kumuram Bheem	4,878	5.16
12.	Mahabubabad	2,877	7.75
13	Mahabubnagar	5,285	14.87
14.	Mancherial	4,016	8.07
15.	Medak	2,786	7.67
16.	Medchal	1,084	24.40

Sl. No.	Name	Area Sq. Km.	Population Lakhs 2011
17.	Nagarkurnool	6,924	8.62
18.	Nalgonda	7,122	16.18
19.	Nirmal	3,845	7.09
20.	Nizamabad	4,288	15.71
21.	Peddapalli	2,236	7.95
22.	Rajanna Sircilla	2,019	5.52
23.	Rangareddy	5,031	24.46
24.	Sangareddy	4,403	15.28
25.	Siddipet	3,632	10.12
26.	Suryapet	3,607	11.00
27.	Vikarabad	3,386	9.27
28.	Wanaparthy	2,152	5.78
29.	Warangal Rural	2,175	7.19
30.	Warangal Urban	1,309	10.81
31.	Yadadri Bhuvanagiri	3,092	7.39

While the growth of total population in the State has moderated to 13.58% in the decade 2001 to 2011 from 18.77% in the preceding decade, the growth of the urban population has been witnessing a significant increase. Urban population in the State grew by 38.12% in the decade 2011 to 2011 as compared with 25.13% in the preceding decade.

Sex Ratio

The sex ratio of the State, defined as the number of females per 1,000 males at 988 is higher than the national average of 943 in 2011. One distinguishing feature is that the sex ratio in the districts of Nizamabad, Adilabad, Karimnagar and Khammam is over 950. The sex ratio in the State has been witnessing an improvement from 967 in 1991 to 971 in 2001 and further to 988 in 2011. Despite a favourable sex ratio of the total population, the sex ratio of children in the age group of 0-6 years is a matter of concern. The sex ratio of children declined from 957 in 2001 to 933 in 2011.

Literacy

The literacy rate in the State at 66.46% is lower than the national average of 73.00%. It is a matter of concern that the literacy rate is lower than those in some of the lower income States like Odisha, Chhattisgarh and Madhya Pradesh. The literacy rate in the State varies from 49.9% in Jogulamba Gadwal to 83.3% in Hyderabad. There are also huge differences in the literacy rates of males and females. While the male literacy rate is 74.95%, the female literacy rate is much lower at 57.92%.

DISTRICT-WISE LITERACY RATE

Sl. No.	Name	Literacy Rate	Sl. No.	Name	Literacy Rate
1.	Hyderabad	83.3	17.	Siddipet	61.6
2.	Medchal	82.5	18.	Jangaon	61.4
3.	Warangal (U)	76.2	19.	Warangal (R)	61.3
4.	Rangareddy	72.0	20.	Jayashankar	60.3
5.	Karimnagar	69.2	21.	Jagtial	60.3
6.	Bhadradri	66.4	22.	Vikarabad	57.9
7.	Khammam	66.0	23.	Nirmal	57.8
8.	Yadadri	65.5	24.	Mahabubabad	57.1
9.	Peddapalli	65.5	25.	Mahabubnagar	56.8
10.	Mancherial	64.4	26.	K. Bheem	56.7
11.	Nizamabad	64.3	27.	Kamareddy	56.5
12.	Suryapet	64.1	28.	Medak	56.1
13.	Sangareddy	64.1	29.	Wanaparthy	55.7
14.	Nalgonda	63.8	30.	Nagarkurnool	54.4
15.	Adilabad	63.5	31.	Jogulamba	49.9
16.	Rajanna	62.7		**Telangana**	**66.46**

Social Composition

The population of the State consists predominantly of backward classes and people belonging to the lower rung of the social ladder. Of the total population of the State, scheduled castes constitute 15.44% and the scheduled tribes 9.34%. The per centage of scheduled tribes population is higher than the national average of 8.60%.

There has been a significant increase in the percentage of tribal population in total population from 2.81% in 1961 to 8.19% in 1981 and further to 9.34% in 2011. The increase is mainly on account of the inclusion of certain castes under the category of scheduled tribes. Nearly 80% of the State's population consists of backward classes including SCs, STs, minorities and other backward classes.

The higher percentage of backward classes in total population casts a greater responsibility on the State Government in terms of empowering and assisting them to come up to the level of other castes.

Density

The density of population in the State ranges from the lowest of 106 per sq. kilometer in Komaram Bheem district to the highest of 8,172 per sq. kilometers in Hyderabad district.

POPULATION DENSITY ACROSS THE DISTRICTS

Sl. No.	Name	Density	Sl. No.	Name	Density
1.	Hyderabad	8,172	17.	Rajanna	273
2.	Medchal	2251	18.	Mahabubabad	269
3.	Warangal (U)	826	19.	Wanaparthy	268
4.	Rangareddy	486	20.	Kamareddy	266
5.	Karimnagar	473	21.	Jangaon	259
6.	Jagtial	407	22.	Yadadri	239
7.	Nizamabad	366	23.	Nalgonda	227
8.	Peddapalli	356	24.	Jogulamba	208
9.	Sangareddy	347	26.	Mancherial	201
10.	Warangal (R)	330	26.	Nirmal	185
11.	Khammam	321	27.	Adilabad	171
12.	Suryapet	305	28.	Bhadradri	143
13.	Mahabubnagar	281	29.	Nagarkurnool	124
14.	Siddipet	279	30.	Jayashankar	115
15.	Medak	275	31.	Komaram Bheem	106
16.	Vikarabad	274		**Telangana**	**306**

Urbanization

Urban population, according to 2011 census, is 136.09 lakhs, whereas it was 98.53 lakhs in 2001, increased by 36% over the decade in the State. Hyderabad is a hundred per cent urban district but the city of Hyderabad spreads much beyond the district boundary into the neighbouring Rangareddy district. This has made Rangareddy, which surrounds Hyderabad, as the next highly urbanized district with 70.22% urban population.

HEALTH

Availability of health care services are found to be inadequate both quantitatively and qualitatively. The State of Telangana lags behind the National Averages in respect of number of health indicators. For providing basic health facilities to all citizens, Government has introduced and implemented various health schemes and programmes.

Accredited Social Health Activist (ASHA)

ASHA Programme is the key component of Community Process. ASHA will take steps to the Community on Maternal & Child Health activities. ASHA also creates awareness to the community on nutrition, basic sanitation and hygienic practices, healthy living and working condition, information on existing health services and need for timely use of health services.

Village Health and Nutrition Day Centres

Village Health & Nutrition Days are regularly conducted in 32,143 villages in the State to increase community awareness on age at marriage, registration of all pregnant women at 12 weeks, 3 times check up by MPHA (F), one time by Medical Officer, birth planning at 7th month of pregnancy, promotion of institutional deliveries, post-natal care services to be delivered women & new born child, breast feeding practices, immunization services, promotion of spacing methods, sterilizations, vasectomies and treatment of minor ailments.

Janani Suraksha Yojana (JSY) Scheme

JSY scheme is a cash incentive to pregnant woman under BPL Category to promote deliveries in public institutions including Home Deliveries in rural and urban areas.

Janani Sishu Suraksha Karyakram (JSSK)

This GOI scheme was aimed at providing free cashless deliveries and care to sick new born till one year after birth at all public health institutions.

Aarogyasri Scheme

The scheme is the flagship of all health initiatives of the State Government with a mission to provide quality healthcare to the poor as defined by Civil Supplies Department of Government of the State. The aim of the Government is to achieve "Health for All". The scheme is a unique PPP model in the field of Health Insurance, tailor made to the health needs of poor patients and providing end to end cashless medical services for 938 Medical Procedures through a network of service providers from Government and private sector.

Rashtriya Kishor Swasthya Karyakram (RKSK)

The Government of India have launched Rashtriya Kishor Swasthya Karyakram (RKSK) in the State during the year 2014-15 to provide exclusive health care and counselling services for adolescent boys and girls of 10-19 years of age. A total number of 185 Adolescent Friendly Health Clinics/Yuva Clinics have been established in the State during 2014-15.

❖ ❖ ❖

14 Education

THE literacy rate of the State is 66.46 per cent in 2011 as against 58 per cent in 2001 which is lower than that of all India literacy rate of 73%. A slow growth in literacy rate was identified during the last decade at State and National levels. The general literacy rates (7 years & above) in the State are not very high and with one-third non-literate, the rank of the State is 25 among the States in 2011. The adult literacy rate for the State of Telangana is 73.7 per cent and stands at 21st position among the States in 2011-12.

The State of Telangana with a literacy rate of 66.46% has 207.84 lakh literates, of which 117.49 lakh are males and 90.35 lakhs females. In terms of proportions the literacy rate stands at 74.95% for males and 57.92% for females.

SCHOOL EDUCATION

One of the primary goals for human development as identified by the UNDP Millennium Development Goals (MDG's) is 'Education for All' which is enshrined in Article 21A of the Constitution of India. Education is a fundamental right post the 86th Constitutional Amendment in 2002. In order to achieve this goal, need exists for ensuring access to education, gender parity in school enrolment, overall enrolment and retention and the quality of education being imparted. To effectively implement this constitutional mandate, elementary education in India is brought under the 'Sarva Shiksha Abhiyaan' (SSA) which seeks to universalize elementary education. Similarly, secondary education has been brought under the flagship programme 'Rashtriya Madhyamik Shiksha Abhiyaan' (RMSA). These two schemes along with the implementation of the Right to Education Act, via a distinct set of State rules, strengthen the provision of education in the State.

With the objective of universalization of elementary education several initiatives have been undertaken like strengthening of existing schools, opening of new primary schools, establishment of alternative schools and other type of educational facilities in remote and un-served habitations. The interventions undertaken to bring out-of-school children into the formal education system have been particularly successful in improving the enrolment of children in schools.

Mid-day Meal Scheme

The Government of India is supporting the scheme for supply of mid-day meal to students of Classes I-VIII, and the State Government extended the scheme with their own funds for classes IX and X. The State Government is also providing Egg/Banana twice a week to improve the nutritional standards of the students. Mid-day Meal is being served with superfine rice to all the students in the state.

Sarva Shiksha Abhiyan

Sarva Shiksha Abhiyan (SSA) aims at providing useful and relevant Elementary Education for all children in the age group of 6 to 14. SSA intends to bridge social, regional and gender gaps, with the active participation of the community in the management of schools.

Objectives

+ Enrolment of all children in the age group of 6-14 years in regular schools.
+ Retaining the enrolled children till the completion of 8 years of elementary education.
+ Focus on elementary education of satisfactory quality with emphasis on education for life.
+ Bridging gender and social category gaps at elementary education level.

Kasturba Gandhi Balika Vidyalaya

The Government of India launched the "Kasturba Gandhi Balika Vidyalayas (KGBV)" with boarding facilities at elementary level for girls belonging predominantly to SC, ST, BC and Minorities in Educationally Backward Blocks in the State. 398 KGBVs are sanctioned in Educationally Backward Mandals and all these schools are operationalized.

◾ Development of Schools for Holistic Development of Child

It is felt that the School Education Department has been focusing on teachers' strength and building infrastructure. However, other aspects of education like stress on morals and discipline needs to be increased. Games and sports also need to be promoted more vigorously through provision of better facilities and equipment in both schools and colleges.

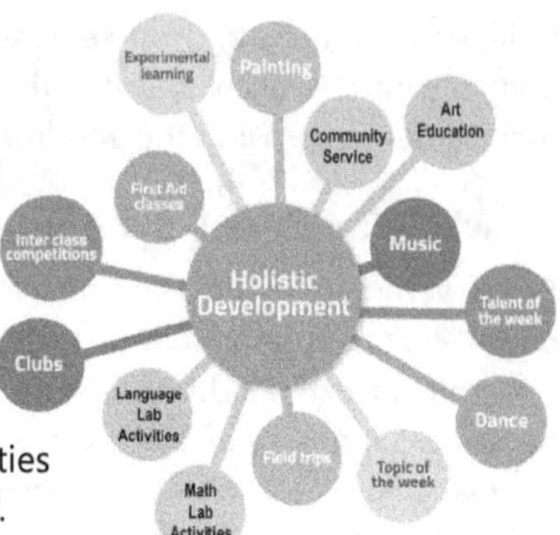

INTERMEDIATE EDUCATION

There are 404 Government Junior Colleges and 4 Government Vocational Junior colleges under the administrative control of the Director of Intermediate Education. The functioning of 41 Private Aided Junior Colleges with regard to the Grant-in-aid, service conditions and academic matters for all practical purposes are being looked after by the Director of Intermediate Education. After completing Intermediate Studies (Class 12th) conventional courses in Science, Arts and Commerce and Vocational Courses are offered. 29 Vocational courses are also offered in 588 Junior colleges in the field of Engineering & Technology, Agriculture, Home Science, Para-medical, Business & Commerce and Humanities.

◾ Short-term Vocational Courses

There are 24 selected short-term Vocational Courses belonging to Engineering, IT, Retail, Home Science, Animal Husbandry and other sectors. The State Institute of Vocational Education is conducting 3 months and 1-year duration certificate courses for the benefit of drop outs and others, like SSC failed/passed, Inter failed/passed candidates throughout the State.

◾ Collegiate Education

The Department of collegiate education ensures quality, equity and access to higher education for the students. The department monitors academic quality in 130 Government degree colleges and 69 aided colleges existing in the State. The department also looks after the development needs of all Government Colleges. There are 199 degree colleges (130 Government and 69 aided) with 1,43,406 students (84,068 in Government colleges and 59,338 in aided colleges).

MANA TV: The department of Collegiate Education telecasts educational pro-grammes through MANA TV in tune with the needs of the students' academic needs and demands of the job market. The objective is to enhance the knowledge base of students and provide right skills and help students achieve their long-term career goals.

Model Degree Colleges

Government of India introduced the concept of Model Degree Colleges covering 374 districts in the country through XI Five Year Plan based on low Gross Enrolment Ratio in Higher Education. The assistance from MHRD, Govt. of India under RUSA is 65% and 35% has to borne by Govt. of Telangana. The proposals for establishment of 3 Model Degree colleges *i.e.,* GDC, Kalwakurthy, Mahaboobnagar Dist, GDC, Yellareddy, Nizamabad Dist., GDC, Narayankhed, Medak Dist. were approved.

HIGHER EDUCATION

Telangana faces several challenges in higher education and one of these relate to student's access to Higher Education in the new State. With majority of higher education institutions concentrated in the urban locations of Hyderabad, Rangareddy, and Warangal districts, access to these institutions of higher education for the more populous rural youth, remains a pipe dream.

EDUCATIONAL INSTITUTIONS IN TELANGANA

University	Location	Type	Established
University of Hyderabad	Hyderabad	Central	1974
Jawaharlal Nehru Technological University	Hyderabad	State	1972
Professor Jayashankar Telangana State Agricultural University	Hyderabad	State	1964
English and Foreign Languages University	Hyderabad	Central	1958 (2007)
Central Institute of Tool Design	Hyderabad	Autonomous	1968
Maulana Azad National Urdu University	Hyderabad	Central	1998
Potti Sreeramulu Telugu University	Hyderabad	State	1985
Satavahana University	Hyderabad	Autonomous	1980
Satavahana University	Karimnagar	State	2006
Palamuru University	Mahaboobnagar	State	2008
Osmania University	Hyderabad	State	1918
Telangana University	Nizamabad	State	2006
Nalsar University of Law	Hyderabad	State	1998
Mahatma Gandhi University	Nalgonda	State	2007
Kakatiya University	Warangal	State	1976
National Institute of Technology	Warangal	Autonomous	1959

University	Location	Type	Established
Indian Institute of Technology	Hyderabad	Autonomous	2008
International Institute of Information Technology	Hyderabad	Deemed	1998
Institute of Chartered Financial Analysts of India	Hyderabad	Deemed	1984
International Institute of Information Technology	Basar	Autonomous	2008
Dr. B. R. Ambedkar Open University	Hyderabad	Open	1982

MAJOR EDUCATIONAL AND RESEARCH INSTITUTES IN HYDERABAD

- Birla Institute of Technology and Science (BITS)
- Central Research Institute for Dryland Agriculture (CRIDA), ICAR
- Centre for Cellular and Molecular Biology (CCMB)
- Centre for DNA Fingerprinting and Diagnostics (CDFD)
- Defence Metallurgical Research Laboratory (DMRL)
- Defence Research Development Organization (DRDO)
- Directorate of Poultry Research (DPR), ICAR
- Directorate of Rice Research (DRR), ICAR
- Electronics Corporation of India Limited (ECIL)
- Indian Institute of Chemical Technology (IICT)
- Indian Institute of Millets Research (IIMR), ICAR
- Indian Institute of Oilseeds Research (IIOR), ICAR
- International Crops Research Institute for the Semi-Arid Tropics (ICRISAT)
- National Academy of Agricultural Research Management (NAARM), ICAR
- National Bureau of Plant Genetic Resources (NBPGR), ICAR
- National Geophysical Research Institute (NGRI)
- National Institute of Agricultural Extension Management (MANAGE)
- National Institute of Fashion Technology
- National Institute of Nutrition (NIN), Tarnaka
- NIPER, Hyderabad
- National Institute of Plant Health Management (NIPHM)
- National Institute of Rural Development
- National Research Centre on Meat (NRCM), ICAR

+ Nuclear Fuel Complex (NFC)
+ Tata Institute of Fundamental Research, Hyderabad
+ Tata Institute of Fundamental Research

Medical Colleges and Research Institutes

+ Deccan College of Medical Sciences, Hyderabad
+ Gandhi Medical College, Musheerabad, Hyderabad
+ Government Medical College, Nizamabad
+ Kakatiya Medical College, Warangal
+ Kamineni Institute of Medical Sciences, Nalgonda
+ Osmania Medical College, Koti, Hyderabad
+ Rajiv Gandhi Institute of Medical Sciences, Adilabad
+ Shadan Institute of Medical Sciences, Hyderabad

Engineering Colleges

Engineering colleges are primarily established to produce engineers and technicians with technical knowledge and adequate skills with an objective to meet the technical skills requirements as per the needs of the industry. There are about 350 engineering colleges in the State with a total intake of 1,71,679 students. Apart from engineering, there are 195 polytechnic colleges functioning with strength of 45,250 students.

Skill Development Centers

To improve the quality in technical education, 27 Skill Development Centers (SDC) have been established in Polytechnics with a cost of ₹ 30.00 lakh for each SDC to provide add-on skills for employability of Polytechnic Students.

❖ ❖ ❖

15 Art and Culture

TELANGANA State has long been a meeting place for diverse languages and cultures. It is easily the best example for India's composite culture, pluralism and inclusiveness. Located on the uplands of Deccan plateau, Telangana is the link between the North and South of India. It is thus no surprise that the region on the whole came to be known for its Ganga-Jamuna Tehzeeb and the capital Hyderabad as a 'miniature India!'.

Geography, Polity and Economy of the region determined the culture of Telangana. Satavahanas, the earliest known rulers of the region sowed the seeds of independent and self-sufficient village economy, the relics of which can be felt even today. In the medieval times, the Kakatiya dynasty's rule, between the 11th and 14th centuries with Warangal as their capital, and subsequently the Qutub Shahis and Asafjahis, who ruled the Hyderabad state defined the culture of the region.

Art Forms

Some classical art forms received the royal patronage and attained finesse. However, the art forms of the innumerable communities spread across the length and breadth of the State give Telangana its distinct identity. While the Kakatiya rule led to evolution of dance forms such as Perini Sivatandavam, also known as 'dance of warriors', the commoners, faced with the challenges of daily life developed traditions of story-telling coupled with solutions to tide over them through Golla Suddulu, Oggu Kathalu and Gotralu etc. Several art forms like above mingled and new forms emerged. The ubiquitous 'Dhoom Dham' is one such evolved and composite art form. They generally were about the struggle and exploitation. People adopted the old sensibilities of theatre and art changing the content as per the case and place.

A variant of Yakshagana, Chindu Bhagavatham is performed widely across Telangana. It is a theater art form that combines dance, music, dialogue, costume, make-up, and stage techniques with a unique style and form. The word 'Chindu' in Telugu means 'jump'. As their presentation is interspersed with leaps and jumps, it gained the name of Chindu Bhagavatam. Most of the stories narrated are from 'Bhagavatam'. Qawali, Ghazals and Mushairas evolved under the patronage of Qutub Shahi and the Asafjahi rulers in and around the capital city of Hyderabad.

Yakshagana

Famous Dances

Tribal Dhimsa dance, Gusadi dance, Lambadi dance, Kuchipudi dance etc. are famous in Telangana. Deepavali is the biggest festival for the Raj Gonds residing in Adilabad district. As soon as harvest season is over, the Gonds dress in colourful costumes and beautiful ornaments and travel to neighbouring villages in troupes singing and dancing. These troupes are called Dandari dance troupes which comprise of 20 to 40 members. Small troupes with 2-5 members are called Gusadi which dance to the beats of gumela starting from the full moon day till fourteenth day of Deepawali. Lambadi is a semi-nomadic tribe (also known as Banjaras or Sugalis) which perform this dance in which movements are associated with harvesting, sowing and planting.

Perini Sivatandavam or Perini Thandavam is an ancient dance form from Telangana which has been revived in recent times. It originated and prospered in Telangana during the Kakatiya dynasty. The Perini Thandavam is a dance form usually performed by males. It is called 'Dance of Warriors'. Warriors before leaving to the battlefield enact this dance before the idol of Lord Siva.

Lambadi dance

Kuchipudi

Gausadi dance

Music

Telangana has a diverse variation of Music from Carnatic Music to Folk music. Kancherla Gopanna, popularly known as Bhakta Ramadasu or Bhadrachala Ramadasu was a 17th-century Indian devotee of Rama and a composer of Carnatic music. He is one among the famous vaggeyakaras (a person who not only composes the lyrics but also sets them to music.) The folk songs of Telangana had left a profound impact on the Statehood movement as it played a significant role in the success of the Dhoom-Dham, a cultural event that was a vital part of the agitations.

Oggu Katha : Oggu Katha or Oggukatha is a traditional folklore singing praising and narrating the stories of Hindu gods Mallana, Beerappa and Yellamma. It originated among the Yadav and Kuruma Golla communities, who devoted themselves to the singing of ballads in praise of Lord Shiva (also called Mallikarjuna). These tradition-loving and ritual-performing community moves from place to place, narrating the stories of their caste gods. Oggus are the traditional priests of the Yadavas and perform the marriage of Mallanna with Bhramaramba.

Cinema

Telugu cinema, also known by its sobriquet as Tollywood, is a part of Indian cinema producing films in the Telugu language, and is centered in the Hyderabad, neighbourhood of Film Nagar. The industry holds the Guinness World Record for the largest film production facility in the world, Ramoji Film City. The Prasads IMAX located in Hyderabad is one of the largest 3D IMAX screen, and the most attended cinema screen in the world.

VISUAL ARTS

Architecture

* **The Thousand Pillar Temple:** It is one of the very old temples of South India that was built by the Kakatiyas. It was destroyed by the Tughlaq dynasty during their invasion of South India. It consists one temple and other building. There are one thousand pillars in the building and the temple, but no pillar obstructs a person at any point of the temple to see the god in the other temple.

Thousand Pillar Temple

* **Alampur Temples:** There are a total of nine temples in Alampur. All of them are dedicated to Shiva. These temples date back to the 7th century A.D. and were built by the Badami Chalukyas rulers.

Alampur Temple

The temples are emblematic of the Northern and Western Indian styles of architecture. They do not reflect the Dravidian style of architecture as is generally common with the temples in this region. The Shikharas of all these temples have a curvilinear form and are adorned with the miniature architectural devices.

Sculpture

* **Ramappa Temple:** It lies in a valley at Palampet village of Venkatapur Mandal, in erstwhile Mulug Taluq of Warangal district, a tiny village long past its days of glory in the 13th and 14th centuries. This medieval temple is a Shivalaya (where Shiva is worshipped) and named after the sculptor Ramappa. It is

Ramappa Temple

the only temple in the world named after its sculptor/architect. Planned and sculpted by Ramappa, the temple was built on the classical pattern of being lifted above the world on a high star-shaped platform. Intricate carvings line the walls and cover the pillars and ceilings. The roof (garbhalayam) of the temple is built with bricks, which are so light that they can float on water.

Paintings

Developed during the 16th century, the Golconda style is a native style blending foreign techniques and bears some similarity to the Vijayanagara paintings of neighbouring Mysore. A significant use of luminous gold and white colours is generally found in the Golconda style.

The Hyderabad style originated in the 17th century under the Nizams. Highly influenced by Mughal painting, this style makes use of bright colours and mostly depicts regional landscape, culture, costumes and jewellery.

Nirmal Paintings are a popular form of paintings done in Nirmal in Adilabad District. The paintings have golden hues.

CRAFTS

Telangana is a great place for arts and crafts with many astounding handicrafts.

* **Banjara Needle Crafts:** Banjara Needle Crafts are the traditional handmade fabrics made by Banjaras (the tribal Gypsies) in Telangana. It is a form of embroidery and mirror work on fabrics employing the needlecraft.

* **Bidri Craft:** The unique art of silver engraved on metal. Black, gold and silver coatings are applied on this. It involves various stages like casting, engraving, inlaying and oxidizing. The name of this art form is derived from a town called Bidar (currently part of Karnataka) of the erstwhile Hyderabad state.

Banjara Needle Crafts

Bidri Crafts

Dokra Metal Crafts

Bronze Castings

* **Dokra Metal Crafts:** Dhokra or Dokra is also known as bell metal craft and is widely seen in Jainoor Mandal, Ushegaon and Chittalbori in Adilabad district. The tribal craft produces objects like figurines, tribal gods, etc. The work consists of folk motifs, peacocks, elephants, horses, measuring bowl, lamp caskets and other simple art forms and traditional designs.

* **Bronze Castings:** Telangana is world-wide famous for its amazing Bronze castings. While using solid casting of icons, the mould is created using several coatings of different clays on a finished wax model. This process then imparts fine curves to the cast image.

FESTIVALS

The Hindu festivals like Ugadi, Srirama Navami, Bonalu, Vinayaka Chaturthi, Dussera, Deepavali, Sankranti, Holi, Mahashivaratri are celebrated with pomp, gaiety and devotion.

1. **Dussera :** It is the main festival with the epithet 'pedda panduga.' Bathukamma, a part of Dussera festivities, is unique to Telangana. This colourful festival has historic, ecological, societal and religious significance. Women clad in glittering costumes and jewellery carry beautifully stacked Bathukammas with flowers like Tangedu, Gunugu, Chamanti and others to the village or street's meeting point. Making circles around the assembled Bathukammas, womenfolk recite songs in a group.
   The songs have their roots in Puranas, History and even in the recent political and social developments of the particular region. The fete culminates in Saddula Bathukamma where the villagers immerse the flower stacks in the nearby tanks and lakes.

2. **Bonalu :** It is a Hindu Festival, celebrated during the Telugu month of Ashadam (June/July of Gregorian calendar) wherein Goddess Mahakali is worshipped. The festival is also considered as a thanksgiving to the Goddess for fulfilling the desires of devotees. As part of the festival, Bojanam or Meal is offered to the presiding Mother Goddess. Women prepare rice cooked

with Milk, Jaggery in a Brass or Earthen Pot adorned with Neem Leaves, Turmeric, Vermilion putting a Lighted Diya on top of the Ghatam. An important part of the festival is Rangam (prophecy). Women standing atop of an earthen pot 'invokes' goddess Mahakali onto her and turns an Oracle.

Bonalu Festival

3. **Ghattam :** A copper pot is decorated in the form of Mother Goddess. The Ghattam is carried by a priest and is taken in procession accompanied by 'Pothurajus' and musical instruments like trumpets and drums for the immersion. Pothurajus are considered the brother of Mother Goddess and are represented by well-built, bare-bodied men, wearing a small tightly draped red dhoti and bells on ankles with turmeric on bodies and vermilion on the foreheads.

4. **Sadar Festival :** It is celebrated every year on the second day after Diwali. In the villages, the festival is also known as Dunnapothula panduga. During this festival, innumerable buffaloes are decorated by their owners with turmeric paste, bells, kumkum bindhi on the forehead and horns are painted in lovely colours.

5. **Ramzan :** It is the main festival of Muslims, Moharram too is celebrated on a large scale in Telangana. It is famously known as 'peerla panduga.' Many Hindus also take part in the festival.

6. **Christmas :** Christians, mainly in and around Hyderabad celebrate Christmas and Good Friday with great fervor and religiosity.

7. **Ayak or Bhimanna Festival :** It is celebrated by Kolam tribal inhabiting Laindiguda (Utmur Taluq) of Adilabad district. The festival falls in the Kolam month of satti.

Ayak or Bhimanna Festival

CLOTHING

Traditional Women wear sari in the most parts of the state. Langa Voni, Shalwar Kameez and Churidaar is popular among the Unmarried Women. Some of the famous sarees made in Telangana are Pochampally Saree and Gadwal Saree. Pochampally sarees have been popular since early 1800s. In 19th century these were popular with traders in the silk route which symbolised luxury and power.

Pochampally saree received Intellectual Property Rights Protection or Geographical Indication (GI) status in 2005. Male Clothing includes the traditional

Dhoti also known as Pancha. The Hyderabadi Sherwani was the dress of choice of the Nizam of Hyderabad and Hyderabadi nobles. The Hyderabadi Sherwani is longer than normal sherwani reaching below the knees. Sherwani is usually worn during the wedding ceremonies by the groom. A scarf called a dupatta is sometimes added to the sherwani.

CUISINE

Telangana has two types of cuisines, the Telugu cuisine and Hyderabadi cuisine. Telugu cuisine is the part of South Indian cuisine characterized by their highly spicy food. The Telangana state lies on the Deccan plateau and its topography dictates more millet and roti (leavened bread) based dishes. Jowar and Bajra features more prominently in their cuisine. Due to its proximity with Maharashtra, Chhattisgarh and north-west Karnataka, it shares some similarities of the Deccan plateau cuisine.

The region has the spiciest food amongst all other Telugu and Indian cuisines.

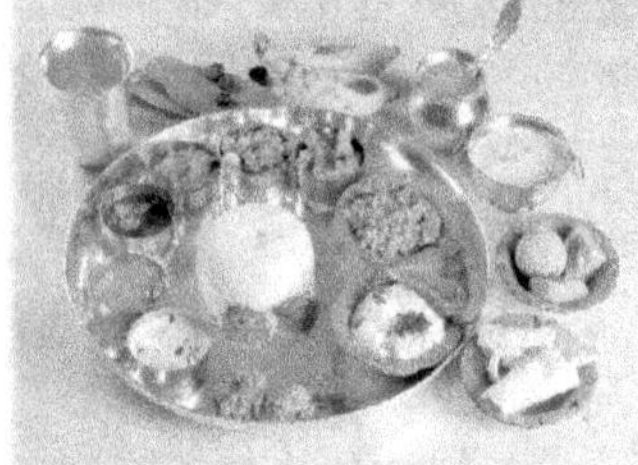

Telangana has some unique dishes in its cuisine, such as Jonna Rotte (sorghum), Sajja Rotte (penisetum), or Uppudi Pindi (broken rice). In Telangana gravy or curry is called Koora and Pulusu (Sour), and is based on Tamarind. A deep fry reduction of the same is called Vepudu. Kodi pulusu and Mamsam (meat) vepudu are popular dishes in meat.

Vankaya Brinjal Pulusu or Vepudu, Arintikaya Banana pulusu or Vepudu are one of the many varieties of vegetable dishes. Telangana palakoora is a spinach dish cooked with lentils and eaten with steamed rice and rotis. Peanuts are added as special attraction and in Karimnagar District, cashew nuts are also added.

Sakinalu also called as Chakinalu, is one of the most popular savoury in Telangana, is often cooked during Makara Sankranti festival season. This is a deep-fried snack made of rice flour, sesame seeds and flavoured with ajwain (carom seeds or vaamu in Telugu). These savouries are harder and spicier than the Andhra varieties. Garijelu is a dumpling dish similar to the Maharashtrian karanji, which in Telangana is cooked with sweet stuffing or a savoury stuffing with mutton or chicken keema.

Hyderabadi cuisine, an amalgamation of Persian cuisine, Mughlai Telugu, Turkish cuisines, developed by the Qutb Shahi dynasty and the Nizams of Hyderabad. It comprises a broad repertoire of rice, wheat and meat dishes and various spices and herbs. Hyderabadi cuisine is an integral part of the cuisines of the former Hyderabad State that includes the state of Telangana and the regions of Marathwada (now in Maharashtra) and Hyderabad-Karnataka (now in Karnataka).

The Hyderabadi cuisine contains city specific specialities like Hyderabad (Hyderabadi biryani and Hyderabadi Haleem) and Aurangabad (Naan Qalia), Gulbarga (Tahari), Bidar (Kalyani Biryani) and others. The use of dry coconut, tamarind, and red chillies along with other spices are the main ingredients that make Hyderabadi cuisine different from the North Indian cuisine.

RELIGION

The major religions of the people are Hinduism and Islam, though Buddhism was the dominant religion up to the 6th century. It is the home of Mahayana Buddhism as revealed by the monuments of Nagarjunakonda. Acharaya Nagarjuna presided over the World University at Sri Parvata. Hinduism was revived in the time of the Chalukyas and the Kakatiyas in the 12th century. The Vijayanagar rule saw the glorious days of Hinduism when the famed emperors, Krishnadeva Raya in particular, built new temples and beautified the old ones. Shiva, Vishnu, Hanuman and Ganapati have been the popular Hindu Gods.

In terms of influence, Islam occupies the second place. It started spreading from the 14th century onwards. Mosques began to come up in many parts of the region during the Muslim rule. Christianity began to spread from 1701, especially among the socially disabled people.

PILGRIMAGES IN TELANGANA

* **Bhadrachalam Temple:** Bhadrachalam Temple is a Lord Sree Sita Ramachandra Swamy Temple in Bhadrachalam, Khammam District. Bhadrachalam—the name derived from Bhadragiri (Mountain of Bhadra—a boon child of Meru and Menaka). According to a historian, the significance of this shrine dates back to the Ramayana Era.

Bhadrachalam Temple

* **Sri Raja Rajeshwara Temple:** Vemulawada is a site of pilgrimage for both Hindu (particularly devotees of Vishnu and Shiva) and Muslim worshippers. It houses several temples dedicated to other deities including Sri Rama, Lakshmana, Lakshmi, Ganapathy, Lord Padmanabha Swamy and Lord Bhimeshwara. This Shrine is popularly known as 'Dakshina Kasi' [Southern Banaras] and also as "Harihara Kshetram" for their being two Vaisnava Temples in main Temple complex.

Sri Raja Rajeshwara Temple

* **Gnana Saraswati Temple** (Goddess of Knowledge) is located on the banks of the river Godavari in Adilabad District.

* **Mecca Masjid** is one of the oldest mosques in Hyderabad, Telangana and it is one of the largest Mosques in India. Makkah Masjid is a listed heritage building in the old city of Hyderabad, close to the historic landmarks of Chowmahalla Palace, Laad Bazaar and Charminar. Muhammad Quli Qutub Shah, the fifth ruler of the Qutub Shahi dynasty, commissioned bricks to be made from the soil brought from Mecca, the holiest site of Islam and used them in the construction of the central arch of the mosque, thus giving the mosque its name.

* **Medak Church** at Medak is the largest church in Telangana and has been the cathedral church of the Diocese of Medak of the Church of South India since 1947. Originally built by British Wesleyan Methodists, it was consecrated on 25 December, 1924. The Medak Diocese is the single largest Diocese in Asia and the second in the world after the Vatican.

Gnana Saraswati Temple

Mecca Masjid

Medak Church

LANGUAGES

About 76% of the population of Telangana speak Telugu, 12% speak Urdu, and 12% speak other languages. Before 1948, Urdu was the official language of Hyderabad State, and due to a lack of Telugu-language educational institutions, Urdu was the language of the educated elite of Telangana. After 1948, once Hyderabad State joined the new Republic of India, Telugu became the language of government, and as Telugu was introduced as the medium of instruction in schools and colleges, the use of Urdu among non-Muslims decreased.

The Telugu language spoken here has evolved into a new dialect with a liberal mixture of words from Urdu. Telugu is the major language spoken while Urdu is spoken by Muslims. Hindi is spoken by people from other states of North India and Central India like Gujarat and Maharashtra. Telugu, Urdu and English are the official languages of the region.

LITERATURE

Muhammad Quli Qutub Shah was the first Saheb-e-dewan Urdu. Other poets of Telangana from the early era include Kancherla Gopanna or Bhakta Ramadasu, Gona Budda Reddy, Palkuriki Somanatha, Mallinatha Suri and Hulukki Bhaskara. In the modern era poets include such figures as Padma Vibhushan Kaloji Narayana Rao, Sahitya Akademi Award recipient Daasarathi Krishnamacharyulu, Vachaspathi  Puraskar award recipient Sribhashyam Vijayasarathi, and Jnanpith Award recipient C. Narayana Reddy, as well as P.V. Narasimha Rao, ninth prime minister of India.

MUSEUMS

Salar Jung Museum, Hyderabad, established in 1951 is the largest collection of antiques of an individual in the world. The Salar Jung Museum is an art museum located at, on the southern bank of the Musi river in the city of Hyderabad. It is one of the three National Museums of India. It is well-known throughout India for its prized collections belonging to different civilizations dating back to the 1st century. The other prominent Museums are  Nizam Museum, City Museum, Hyderabad and Birla Science Museum.

Salar Jung Museum

❖ ❖ ❖

16 Transport & Communication

TRANSPORT

States that provide greater mobility are often those with better opportunities to develop. Direct benefits of better and well-connected transport facilities include greater economic activity and employment opportunities. There are many indirect benefits in terms of the multiplier effects. A better transport facility is a catalyst for both economic and social development. Among the different modes of domestic transport systems, road transport carries more than 80 per cent of the goods and passenger traffic. The network of roads, particularly from rural to urban facilitates speedy movement of goods and services and ensures higher growth trends, social integrity and well-being of the society. The productivity and efficiency of Road transport is directly linked with the availability and quality of Road network.

ROADS

Roads are one of the basic modes of transport system and also an important priority sector of infrastructure. Systematic development of Road is one of the important pre-requisites for development and acceleration of economic growth. The importance is much more in a State like Telangana whose economy is from service sector and has chosen manufacturing as its future, where the rail connectivity is poor and where the rural areas are hardly covered by the rail network. Where the transport systems are efficient, there are better economic opportunities for people and greater mobility. In view of the high potential in agricultural activity, there has been huge increase in Road network. The Roads and Buildings Department is maintaining total Road Network in the State that stands at 26,837 Kms (in 2015).

STATUS OF ROAD NETWORK

Roads	Distance
National Highways	2,592 kms
State Highways	3,152 kms
Major District Roads	12,079 kms
Rural Roads	9,014 kms
Total Road length in kms	**26,837 kms**

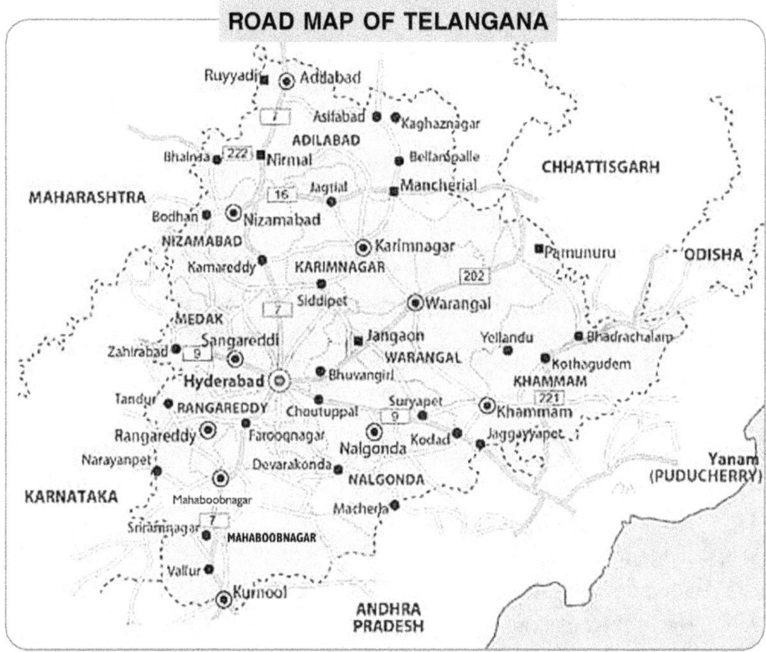

National Highways

As on January, 2017, there are 18 National Highways in the State of Telangana covering a length of 3340 km crisscrossing the State. In addition, GOI have declared 3 new National Highways (around 285 kms). The density of National Highways in Telangana is 2.25 kms/100 sq. km. of area against National average of 2.82 km./100 sq. km. of area.

NHDP IV

Under National Highways Development programme (Phase IV), 8 works (Two lane with Paved Shoulders) are taken up covering a length of 473 km costing ₹ 1732 crores, out of which, 6 works are in progress.

EPC-corridor Approach

About 4 works are taken up under Corridor Approach for a length of 174.9 km costing ₹ 373 crores.

Left Wing Extremism Scheme

Some 29 works are taken up under LWE (Phase-I) and (Phase-II) scheme, out of which 23 works are completed covering a total length of 508.94 kms with a cost of ₹ 683.69 crores. The balance 6 works covering a length of 89.13 km for a cost of ₹ 396.54 crores are in progress.

Public-Private Partnership

* **Hyderabad-Karimnagar-Ramagundam (HKR) Road:** Commercial operations started in June 2014 for a length of 190.19 km out of total length of 206.85 km.

* **Narketpally-Addanki-Medarmetla (NAM) Road:** Commercial operations started in March 2014 for a length of 190.38 km out of total length of 212.50 km. Further feasibility studies are in progress for the following seven roads proposed to be taken up under PPP-BOT mode.

DETAILS OF ROADS PROPOSED UNDER PPP-BOT MODE

Sl. No.	Name of the Road	Length in km
1.	Sangareddy-Narsapur-Toopran-Gajwel-Bhongir-Chityal Road	164.00
2.	Mahaboobnagar-Nalgonda Road	163.20
3.	Hyderabad-Narsapur Road	28.00
4.	Jangaon-Cherial-Duddeda Road	46.40
5.	Jangaon-Suryapet Road	84.40
6.	Suryapet-Mothey-Khammam Road	58.30
7.	Hyderabad-Bijapur Road	36.40

Nehru Outer Ring Road

In order to improve the road connectivity and decongest the traffic flow in Hyderabad, a 158-km-long Nehru Outer Ring Road (ORR) was constructed in the outer suburbs of Greater Hyderabad. The ORR passes through Patancheru (on NH-65 towards Mumbai) – Kandlakoi near Medchal (on NH-44 towards Nagpur) –Shamirpet (on Rajiv Rahadari) – Ghatkesar (on NH-163 towards Warangal) –PeddaAmberpet (on NH-65 towards Vijayawada) – Shamshabad (on NH-44 towards Srisailam) – Patancheru (on NH-65 towards Mumbai), providing connectivity to various national highways, state highways and major district roads. The Outer Ring Road will provide the following benefits: (i) connectivity to peripheral areas of the city, (ii) acts as a bypass to the Hyderabad city, reducing congestion and pollution in the core city, (iii) linkage to the radial arterial roads, (v) connects the new urban nodes outside the city like Hi-tech City, Games Village, Hardware Park, Singapore Township, Biotech Park, Apparel Park, Finance District, etc., (vi) High-speed connectivity to 22 forthcoming satellite townships, and (vii) linkage to the MRTS and bus systems.

Panchayati Raj Roads

The Panchayati Raj Engineering Department does planning, designing, execution and maintenance needed for infrastructure facilities in rural areas and assist the local bodies in construction and maintenance of rural roads, development of village internal roads and construction of buildings such as ZPP, MPP, GP and community halls etc. under various programmes. The total length of the rural roads under Panchayati Raj Engineering Department as in April 2014 is 64046 kms in the State.

LIST OF NATIONAL HIGHWAYS IN TELANGANA

Sl.No.	New NH No.	Old NH No.	Route
1.	44	7	Maharashtra Border – Adilabad – Nirmal –Ramayampet – Chegunta – Hyderabad – Mahaboobnagar – AP Border
2.	65	9	Karnataka Border – Zahirabad – Hyderabad – Suryapet – AP Border
3.	63	16	Nizamabad – Armur – Jagtial – Lakshetti-pet – Chinnur – Maharashtra Border
4.	167	-	Karnataka border – Mahaboobnagar – Jadcherla (NH-44)
5.	163	202	Hyderabad – Bhongir – Warangal – Venkatapuram – Chhattisgarh Border
6.	30	221	AP Border – Penuballi – Kottagudam – Paloncha – Bhadrachalam – Chinturu – Chhattisgarh border
7.	61	222	Maharashtra Border – Narsapur-Nirmal
8.	161 New	-	Sangareddy on NH-65 – Maharastra Border
9.	363 New	-	Maharastra Border – Mahadevpur – Parkal – Atmakur on NH-163
10.	365 New	-	Nakrekal on NH-65 – Thungathurthy – Mahaboobnagar – Narsampet – Mallampalli on NH-163
	565 New	-	Nakrekal on NH-65 – AP Border
11.	563 New	-	Jagityal on NH-63 – Karimnagar – Warangal on NH-163
12.	365A New	-	Kodad on NH-65 – Khammam – Mahaboobnagar on NH-365
13.	765 New	-	Hyderabad (NH-44 & 40) – Amangal – Veldanda – Kalvakurti – Vangoor – Achampeta – AP Border.
14.	365A	-	Suryapet – Khammam – Aswaraopeta – AP border.

Telangana State Road Transport Corporation

The Telangana State Road Transport Corporation consists of 3 zones, 10 regions and 94 depots with a total fleet strength of 10,342 buses and 0.58 lakh employees on rolls as at the end of the year 2013-14. The fuel efficiency is 5.18 per liter during 2013-14. It operates about 34.17 lakhs kms and transports about 83.15 lakh passengers daily.

RAILWAYS

Indian Railways have a history and rich heritage spanning over 165 years. Indian Railways is a state owned public utility of Government of India under the Ministry of Railways. As a national common carrier transporting passenger and goods over vast network of 67,312 kms., route lengths and it has been playing a key role in country as well as states in social and economic development. It is a cheap and affordable means of transportation for millions of passengers. As a carrier of bulk freight namely ores and minerals, iron and steel, Cement, mineral oils, food grains, fertilizers etc., and the importance of Indian Railways for development of Agriculture, Industry and for the benefit of common men is well recognized.

Rail Network: As on 31 March 2014, the Indian railways are rendering its services by establishing 228 railway stations with a route kilometerage of 1753 in the state.

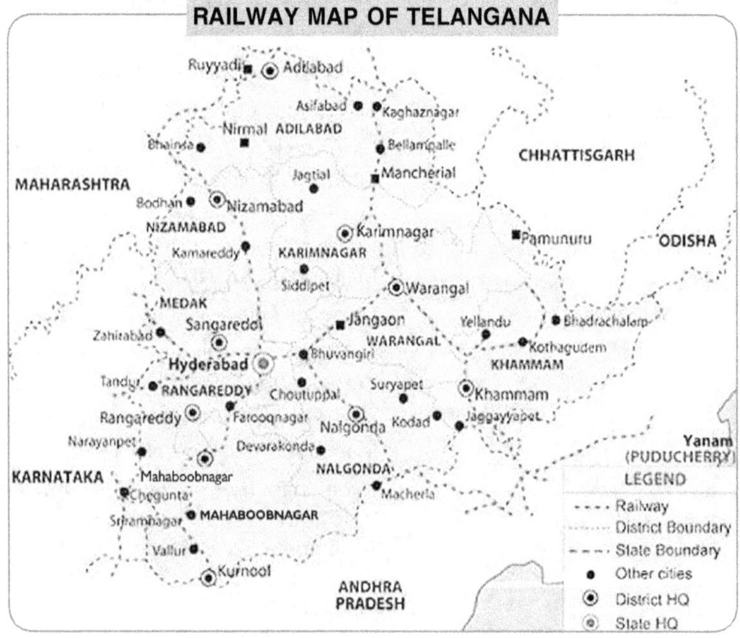

Hyderabad Metro Rail Project

The 72 km Hyderabad Metro Rail project is the world's largest mass transit project being built in Public Private Partnership (PPP) mode. The Hyderabad Metro Rail project has been designed in an innovative way to make it financially viable as very few urban transit projects are financially successful. Property development and commercial exploitation of air space over parking & circulation areas at Metro stations and in the Metro depots are expected to make the Project financially viable. The financial model envisages generation of about 55% of the revenue from passenger fares, 40% from property development and 5% from advertisements and other miscellaneous sources. The Concession period of the Project is 35 years (including a 5 year construction period) which can be extended by another 25 years. The Project is designed as an elevated transit system to be financially viable and to reduce carbon foot print in the city. Inter-modal integration with main rail, bus depots, feeder buses in traffic catchment areas, skywalks below elevated via duct with landings into nearby residential/ commercial complexes, bicycle tracks and other modes of Non-Motorized Transport (NMT), pedestrian facilities, street furniture etc. are part of the Project. The Project is thus not just a simple mass transit system, but is being used as an opportunity to redesign Hyderabad as a people friendly green city. The elevated stations are being designed as green building stations with emphasis on aesthetics.

AIRPORTS

* **Hyderabad International Airport:** Hyderabad International Airport Limited owns and operates the Rajiv Gandhi International Airport (RGIA). This is a PPP project and the total investment for the airport construction in the first phase is ₹ 2920 crore. RGHIAL is a joint venture company promoted by GMR Group (63%) with Malaysia Airports 

Rajiv Gandhi International Airport

Holding Berhad (MAHB) (11%), State Government (13%) and the Airports Authority of India (13%) as the other consortium partners.

* **Warangal Airport:** This is an existing airport in an area of 748.02 acres. The AAI has requested for an additional land of 438 acres.

* **Regional Airports:** Government proposed to formulate 'Aviation Policy' for development of Regional Airports. The consultant i.e. Administrative Staff College of India (ASCI), Hyderabad has submitted a draft on Aviation Policy.

Airports in Telangana

1.	Rajeev Gandhi International Airport	:	Shamshabad, Hyderabad
2.	Dundigul Air Force Academy	:	Dundigul
3.	Hakimpet Air Force Station	:	Hakimpet
4.	Begumpet Air Port	:	Begumpet (Closed)
5.	Warangal Air Port	:	Warangal (Closed)
6.	Ramagundum Air Port	:	Ramagundum (Closed)

COMMUNICATION

E-Governance Projects

The National e-Governance Plan (NeGP) of Indian Government seeks to lay the foundation and provides the impetus for long-term growth of e-Governance within the county. This provides information on creatnjayion of the right Governance and Institutional Mechanisms, setting up the core infrastructure and polices and implementation of a number of Mission Mode Projects at the Centre, State and Integrated Service levels. Suitable arrangements for monitoring and coordinating the implementation of NeGP under the direction of the competent authorities have also been substantially put in place. The programme also involves evolving/laying down standards and policy guidelines, providing technical support, undertaking capacity building, R&D.

Mee-Seva

"Mee-Seva" in Telugu means, 'At your service', i.e., service to citizens. It is a good governance initiative that incorporates the vision of National e-Governance Plan "Public Services Closer to Home" and facilitates single entry portal for entire range of G2C & G2B services. Mee-Seva is a service portal to deliver Government services to citizens using digital signatures on secured stationery. It has been the  endeavour of Mee-Seva in bringing the dividend to the citizens across the State and to bring all the citizen-centric services under the ambit of Mee-Seva. Mee-Seva is currently offering 311 Citizen Centric Services pertaining to 34 departments through more than 3715 Common Service Centers (CSCs) spread across the State.

State Data Centre

Government built a State Data Centre in Manikonda village to cater to the needs of all the Departments of the State Government, by providing rack space and the latest servers on dedicated basis. This Data Centre is expected to culminate in managed Data Center Services including Application Management.

State Wide Area Network (SWAN)

G2G SWAN connecting State Headquarters(SHQ) with District Headquarters (DHQ) and Mandal Headquarters (MHQ) is implemented in place of Broadband Network with DIT, Government of India funding. DIT has approved the project at an estimated cost of ₹ 249.76 crores. M/s. Tata Consultancy Services was selected through a tender process as service provider. The project implementation with 10 DHQs connected with SHQ and 464 MHQs are connected to respective DHQs and Partial Acceptance Testing (PAT) is completed.

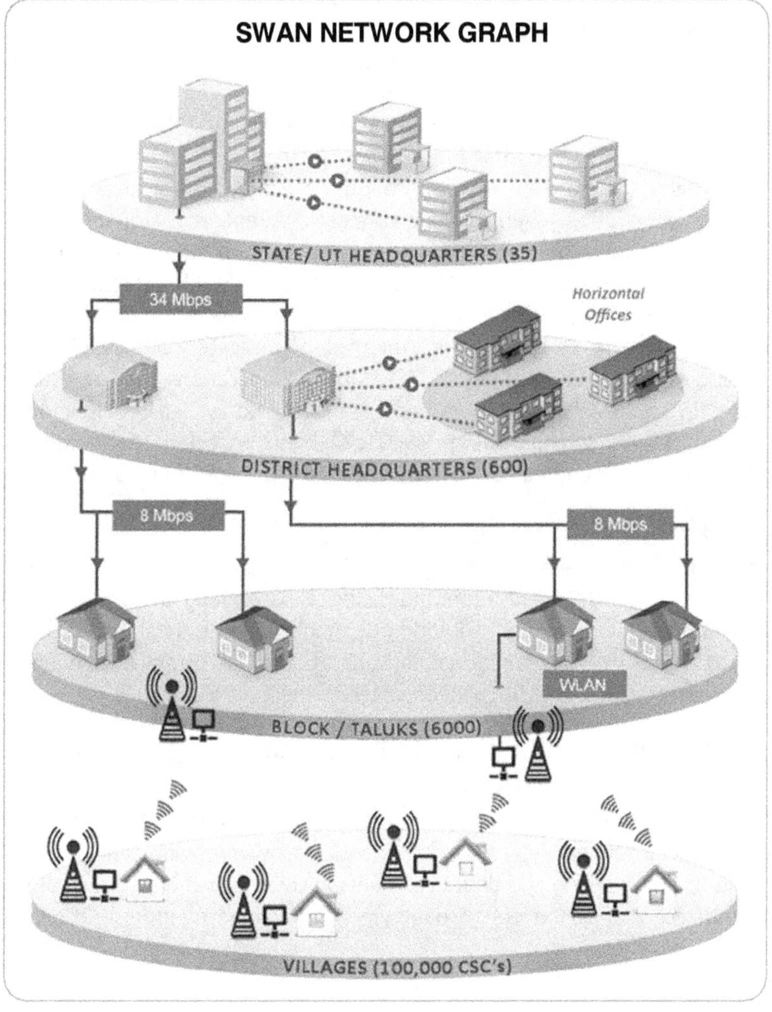

Wi-Fi Facility

The Government of Telangana proposes to set up a Wi-Fi facility in Hyderabad to improve Governance and operational efficiency and also to easily interact with citizens. Wi-Fi facility is an effort to promote greater digital inclusion for the citizens and intends to introduce Mobile Governance, provide customized alerts and to disseminate information such as weather warnings, traffic alerts etc., all in real time.

T-HUB

T-HUB in Hyderabad

The Government of Telangana decided to set-up an Institute of Innovation i.e. 'T-Hub' at IIIT Campus, Gachibowli, Hyderabad. T-hub would serve as an "Incubator of Incubators" by providing the technology start-ups and the incubators a vibrant ecosystem of quality infrastructure, mentors, funders and network. This will enable the start-ups to sail through the entire cycle of growth from the seed stage to maturity. T-hub will help connect different incubators in the region and ensure that the requisite support to them is provided through the T-hub. T-hub's founding partners are ISB, IIIT-H & NALSAR. They will bring along business, technical and legal expertise in the ecosystem. The key thrust areas for T-hub start-ups would be Education Technologies, Healthcare Technologies, Retail Technologies, Cloud Computing, IT, ITES, Mobile Applications with an estimated cost of ₹ 35 crores. Warangal town has been identified as Tier-II T-Hub, in which an area of 15,000 sq. ft. through TSIIC has been provided to build suitable infrastructure for IT companies to start their operations in plug & play mode.

SAPNET

An earth station has been functioning since 2002, utilizing the INSAT-III B Satellite using Ku Band. SAPNET, an autonomous society is running the operations. The Earth Station has a capability of 5 Video Channels and one data channel. A State of the art digital studio is functional and utilization of live interactive channel has also increased.

Telangana Academy for Skill and Knowledge (TASK)

The Academy has been initiated to address the impending problems of unemployment in Telangana. TASK's framework is designed to provide/ produce enough number of readily employable graduates by improving their skills. TASK will train the Engineering and degree students in communication skills, employable skills and technical skills through deployment of trained mentors in the various partnering colleges.

❖ ❖ ❖

 Tourism

TOURISM is an industry with lot of opportunities and contributes significantly to the socio-economic growth of the State. The state offers a number of opportunities for the tourism industry. With the formation of Telangana State Tourism Development Corporation, steps have been taken to initiate innovative methods of implementing different types of tourism packages/services and experiences to attract both domestic and foreign toursits. Hyderabad was ranked second among the "Best of the World-20 Places You Should See in 2015" list, published in the annual guide of National Geographic Traveller magazine.

TOURISM POLICY

The Tourism Policy of Andhra Pradesh, 2010 is applicable to the state of Telangana till the State Government comes up with its own policy. The objectives of the policy are :

- To position the state competitively for attracting private sector investments in the tourism and hospitality sectors.
- To target the incentives to the private sector better as per the state government's priorities in terms of geographical areas and tourism products.
- To focus on maximum generation of employment in the sector through development of human resources by capacity building.

TOURISM CIRCUITS

The government of Telangana has identified the following tourism circuits in the state :

Mega Circuits

- **Warangal :** Karimnagar Mega Circuit.
- **Kondapalli :** Ibrahimpatnam and surrounding areas Mega Circuit.

Other Tourism Circuits

* Rachakonda Fort - Arutla (Temple) - Rangapur Observatory - Galishahid Darga - Allapuram Village (Temples) - Narayanpur (Temples) - Sivanna Gudem Rock Formations - Valley of Banzaras Circuit.
* Guttikonda Bilam Cave-Pidugurali-Kondaveedu Fort- Kotappa Konda Temple Circuit, Guntur District.
* Buddhist Circuit Srikakulam.

The state of Telangana is full of diversity. It is endowed with heritage sites, natural beauty, divine spots and adventure destinations. The top four destinations of Telangana are :

* **Hyderabad :** Tourist attractions in the city include Charminar, Makkah Masjid, Golconda Fort, Hussain Sagar Lake and Birla Mandir among others.

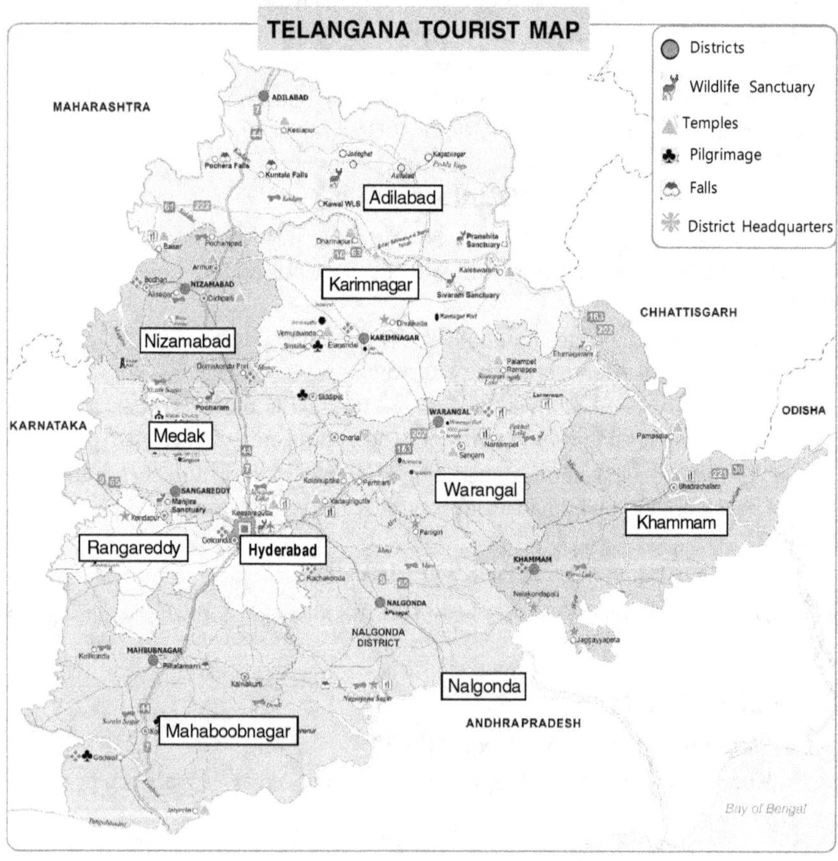

* **Warangal :** The city includes Kakatiya Kala Thoranam, Ramappa Temple and Laknavaram Lake
* **Karimnagar :** The famous Vemulawada Temple is situated in this city.
* **Nizamabad :** The famous Nizamabad Fort is situated in this city.

Other destinations are Khammam, Warangal, Adilabad, Nalgonda, Karimnagar, Medak, Basar, Rangareddy, Hanamakonda, Bhadrachalam and Mahaboobnagar.

Deccan Plateau Adventure Tour

The proposed circuits that can become flagship to adventure tourism include: Hyderabad-Nagarjunasagar-Nagarjunakonda-Srisailam-(Alampur)-Hyderabad: The boat service from Nagarjunasagar should be revived and introduced with a new fast boat service serving this section of the river in both directions. It not only attracts adventure tourists but also river or boat cruise and eco-tourists. Boat landing facilitates will require improvement at all landing locations. This should be combined with an overall improvement of the passenger amenities at these locations including toilets, refreshments and waiting areas.

Godavari Gorge River Cruise

Prior to the development of roads in the area, boats were the principal means of transport. The Godavari Gorge between Papikonda hill range leading from pilgrim town, Bhadrachalam passes through gorgeous hilly passages and hills covered with dense forests is one of the most spectacular boat cruises in India.

Medical Tourism

Factors that have led to the increasing popularity of medical travel include the high cost of health care, long wait times for certain procedures, the ease and affordability of international travel, and improvements in both technology and standards of care in many countries.

These days, to provide cheap and quality medical service to visitors, new spa culture are emerging in and around Hyderabad. Sanatoriums, traditional medical facilities are sprouting up to cater the needs of tourists and visitors who along with recreation wants to cure ailments like asthma, bronchitis and various other health related disorders. This tourism is also attracting domestic and foreign tourists to this region. These days, foreigners, out of health consciousness, are coming to India to learn Meditation, Hatha Yoga, Laya Yoga, Mantra or Japa Yoga along with Royal or Raja Yoga based on teaching of Patanjali.

Rural Tourism

Rural tourism in Telangana aims to provide the discerning traveller with a multitude of distinctive, first-hand experiences in an interactive informative and organic setting in rural areas of this region can be had. A type of ethnic tourism can be improved to attract more visitors. Community based rural tourism is envisaged to provide sustainable livelihood and promotion of rural craft, culture, heritage and environment in their natural forms. Rural tourism helps in preservation and conservation; it will lead to basis to infrastructure plan. Rural culture, craft, heritage and environment is maintained. This also increases livelihood and economy of rural areas. Providing facilities for tourists and visitors to visit areas like Pochamapalli, Sircilla, Pembarti, Gadwal, Nirmal, Karimnagar along with Tribal hamlets etc. in Telangana enable in developing rural tourism.

Thus, rural tourism is a multifaceted activity that takes place in an environment outside urbanized areas, it is an activity characterized by small scale tourism businesses, set in areas where land use is dominated by agricultural pursuits, forestry or natural areas. Rural tourism can represent to the tourist the essence of country life.

Sports Tourism

Since the late 1980 sports tourism has become increasingly popular. Events such as rugby, Olympics, Commonwealth games, Asian Games and football world cups have enabled specialist travel companies to gain official ticket allocation and sell them in packages that include flights, hotels and excursions. Sports in Telangana in general and Hyderabad in particular were always the vestige of Royalty. The truly global sport that came to India was football, hockey and cricket, through the British.

2007 World Military Games & the National Game: Hyderabad hosted the Fourth World Military Games in 2007, under the aegis of International Military Sports Council. The Games, to be held for the first time outside Europe, witnessed over 3,000 army personnel from 100 countries competing in Boxing, Shooting, Archery and Swimming. This event not only brought many foreign and domestic visitors to India or Hyderabad.

MAJOR ATTRACTIONS

❄ Golconda Fort Encampment

The proposed Golconda Fort Encampment consists of a temporary village "hotel" consisting of 15 to 25 two person tents and a larger central guest facilities tent. The Encampment site features panoramic views of the Balahissor's north and western facades, including the dominate Darbar Hall, as well as the Qutub Shahi Tombs to the north and the vast open lands, small lake and the Military Academy to the west and south. Only minor glimpses of the surrounding built-up urban areas can be seen to the north and east.

Golconda Fort

❄ Golf Courses

Today golf as a sport has become one of the important aspect in international tourism. Sometimes regions tourism and its levels of tourist amenities are being measured by availability of golf courses of international standards.

Bolaram Golf Club Course in Hyderabad: The Bolaram Golf Club course in Hyderabad offers a good golfing facility in this important tourism destination of the country. The course, founded way back in 1888, is spread over 160 acres. The army takes care of the course now and old browns have been converted into regular greens. Lending itself beautifully to the surroundings, the course boasts of a natural lake and stretches into the Naya Quila. The spectacular 18 hole Golf Course, designed creatively to accentuate the historical setting whilst preserving the ecological balance, is an experience to cherish for golf lovers and tourists.

Hyderabad International Golf Club at Golconda: This golf course has been designed by David Hemstock and is a par 726700 yard course set in one of the most amazing locations within the world famous Golconda Fort.

❄ Mt. Opera Multi-Theme Park

Mount Opera Theme and Park at Hyderabad have acquired a world class reputation that has brought fame and glory to this region and acquired popularity among tourists. Located on the city outskirts Mount Opera Theme Park and Resorts is clean, pleasant and pollution-free place for a perfect holiday.

❄ Ocean Park

Ocean Park is situated at 20 km away from Hyderabad, in 20 acres of landscape gardens, an amusement park that one hasn't seen the likes of yet in India. It is one of the first theme parks started in twin-cities and continues to be great hit especially with children. It is family amusement park offering a good mix of fun and thrills for people of all ages with water rides kiddies pool, wave pool, water slides, dry rides-super loop, the 60 feet high ride, bumping cars, slam bomb etc. The park has a water sports section and another one for amusement games.

Bolaram Golf Club

Golconda Golf Club

Mt. Opera Theme Park

Ocean Park

Snow World

Fab City

Ramoji Film City

Gun Foundary

❄ Snow World

Snow World is an amusement park located in Hyderabad, within an area of about 2 acres beside Indira Park and along the Hussain Sagar Lake. This snow world was developed with public private partnership. It is third biggest in the world after ones in Malaysia and Singapore. For 1 hour, a maximum of 300 visitors at a time can explore the different facilities such as kid's snow play area, snow wars, snow tube slide, sleigh slide, ice-bumping cars, merry-go-round, snowfall feature and an ice skating ring.

❄ Fab City

India is on course to become the hub of Assembly-Test-Mark-Pack (ATMP) facilities. While existing players are set to invest huge sums to expand their operations, new players are also showing interest in setting up ATMP units. ATMP facilities led the development of semi-conductor ecosystem in countries like Taiwan and it could trigger the same effects. Hyderabad in Telangana is competing with world and making its niche for itself and thus attracting investments and visitors.

❄ Ramoji Film City

Romoji Film City is the largest Film City in the World situated in Hyderabad City. Romoji Film City (RFC) is one of the world's largest integrated film studio complexes at over 2,000 acres of land, situated near Hayathnagar and Peddamberpet on outskirts of Hyderabad. It is also a popular tourism and recreation centre, containing both natural and artificial attractions including an amusement park.

❄ Gun Foundary

The Gun foundry is located in a narrow lane near Nizam's College. One can still see specimens of the cannons and cannonballs manufactures in the Gun Foundry, in the Public Gardens and various other places in Hyderabad, bearing inscriptions regarding their manufacture. This is the only existing Gun Foundry as the rest were dismantled.

Technology Parks

Hussain Sagar

Lumbini Park

Shilparamam

❋ Technology Parks

Software Technology Parks of India (STPI) is a society set-up by the Ministry of Communication and Information Technology, Government of India, with the objective of encouraging, promoting and boosting software exports from India. STPI is statutory body and internet service provider.

❋ Hussain Sagar

Hussain Sagar is a lake in Hyderabad, built by Hazrat Hussain Shah Wali in 1562, during the rule of Ibrahim Quli Shah. It was a lake of 5.7 square kilometers built on a tributary of the River Musi to meet the water and irrigation needs of the city. There is a large monolithic statue of the Gautam Buddha in the middle of the lake which was erected in 1992. At the end of the Hussain Sagar one can find the Masjid and Dargah of Sayedani Maa Tomb. It is a sprawling artificial lake that holds water perennially. Linking the twin cities of Hyderabad and Secunderabad, the lake and its environs have several parks and scenic spots.

❋ Lumbini Park

Lumbini Park is a small public, urban park of 7.5 acres adjacent to Hussain Sagar in Hyderabad. Since it is geographically located in the center of the city and is in close proximity to other tourist attractions, such as Birla Mandir and Necklace Road, it attracts many visitors throughout the year. Lumbini Park features a musical fountain and well landscaped garden.

❋ Shilparamam

This craft village was conceived with an idea to create an environment for the preservation and encouragement of traditional crafts. There are ethnic festivals round the year here. Shilparamam, a crafts city conceived in the year 1992, is situated just about few kilometers from Hyderabad city. Sprawling over 65 acres (260,000 m^2) of land in the hi-tech hub city of India, Shilparamam gives ambience of tradition and cultural heritage. For promotion and preservation of India arts and crafts and to motivate the artisans, the government established this platform.

FORTS IN TELANGANA

* **Bhongir Fort :** Bhongir Fort is an early medieval fort located in Bhongir of Nalgonda district in Telangana. It is located on a huge rock at a commanding height. It was built in the 10th century on an isolated monolithic rock by the Western Chalukya ruler Tribhuvanamalla Vikramaditya VI and was thus named after him as Tribhuvanagiri.

* **Devarakonda :** Devarakonda Fort was a formidable stronghold of the Recharla Velama Kings. This dynasty constructed this fort in the early phase of 14th century. This mid medieval fort in Telangana now stands amidst ruins. A place worth visiting by the antique lovers.

* **Elgandal Fort :** This fort is located amidst palm groves. It is historically important because it has been ruled by five dynasties like Qutub Shahi Dynasty, Mughal Dynasty, and Asaf Jahi Dynasty. It was the headquarters of Karimnagar during the Nizam dominion in Andhra Desam. It is believed that there is a secret tunnel connecting Elgandal Fort and Manakondur Fort. Elgandal fort is made by Zafar-Ud-Daula in 1754.

* **Golconda Fort :** Golconda fort was first built by the rulers of Kakatiya Dynasty as part of thier western defence. It was built in 945-970 AD on the lines of the Kondapalli fort. The city and fortress are built on a granite hill that is 120 meters high and is surrounded by massive crenulated ramparts. The fort was rebuilt and strengthened by Pratapa Rudra of Kakatiya dynasty.

* **Khammam Fort :** Khammam Fort was built with granite and has an area of around 4 square kilometres. This fort of medieval era has 10 end points. And it has a mosque and Mahal including Ashoor Khanas built and renovated by Nawab Shoukat Jung Hussain-ud-Doulah.

* **Medak Fort :** Medak Fort is a citadel built on a hillock that provided a vantage point for the Kakatiyan rulers in early medieval India. The fort was built sometimes around the 12th century and during the reign of the Kakatiyan ruler, Pratapa Rudra and was called Methuku durgam, meaning cooked rice in Telugu. It was a command post of the Kakatians and later for Qutub Shahis. The fort has great historical and architectural importance in Telangana. Within the fort, there is a 17th century old mosque, which was built by the Qutub Shahi Dynasty.

* **Nagnoor Fort :** Nagnoor Fort is testimony to the imperial powers of the Kakatiyas. It was one of the most important forts of the emerging Kakatiya dynasty and contains ruins of a cluster of Kalyana and Kakathiya temples. The pillars and galleries of Nagnoor Fort around the Lord Shiva temple here are worth seeing.

✳ **Rachakonda:** Rachakonda fort is a medieval fort in Telangana. The history of Rachakonda fort dates back to the 14th century A.D. Later, this fort was constructed by Recherla Singama Nayak, the founder of a new clan of kings, previously serving the Kakatiya dynasty rulers as military commanders.

✳ **Warangal Fort:** Warangal Fort in Telangana is an example of Kakatiya art and architecture of early medieval era. The mahals of the Warangal fort were erected towards the end of the Kakatiya period. There were later modifications between the 15th and 17th centuries of Mughal Times, comprising principally the addition of barbicans to the four gates in the stone wall and the creation of gates in the outer earthen wall.

FORTS OF TELANGANA

Bhongir Fort	Devarakonda	Elgandal Fort
Golconda Fort	Khammam Fort	Medak Fort
Nagnoor Fort	Rachakonda Fort	Warangal Fort

Heritage Hotels Scheme

The rich history of Telangana as a past of Indian culture has ensured that there remains a large number of feudal estates usually called 'thikanas' Havelis and Gadis that comprise a variety of small forts and palaces. Similarly, there are a number of mansions of earlier aristocratic families. These hotels offer a unique opportunity for tourists to experience the art and architecture of these historic building and to better understand the life of this unique element of India's history.

IMPORTANT PLACES/ITEMS IN TELANGANA

Adilabad

1. Dokra Metal Crafts-Adilabad
2. Jainath Temple Pilgim Centre-Adilabad
3. Kawal Wildlife Sanctuary-Jannaram
4. Kuntala Waterfalls-Kuntala
5. Nagoba Temple & Keslapur
6. Nirmal Arts-Paintings, Toys
7. Pochera Wateralls-Pochera
8. Pranahita Wildlife-Pochera
9. Sri Gyana Saraswathi Temple-Basara
10. Utner Temple, Utner

Jainath Temple

Karimnagar

1. Dharmapuri Temple-Dharmapuri
2. Dhulikatta Buddhist Centres-Dhulikatta
3. Elgandla Quila Monuments-Karimnagar
4. Kondagattu Pilgrim Centre-Kondagattu
5. Manthani Temples-Manthani
6. Molangoor Quilla Monument-Molangoor
7. Mukteshwara Swamy Temple-Kaleshwaram
8. Nagunur Temple Monuments-Nagunur
9. Raikal Pilgrim Centre-Raikal
10. Shivaram Wildlife Sancturary-Manthani
11. Silver Filigree Handicrafts-Karimnagar
12. Sri Rajarajeswara Swamy Temple-Vemulavada

Kondagattu Temple

Mukteshwara Temple

Khammam

1. Khammam Fort-Khammam
2. Kinnerasani Dam-Kinnerasani
3. Kinnerasani Wildlife Sanctuary-Kinnerasani
4. Nelakondapalli Buddhist Centre-Nelakondapalli
5. Papi Kondalu Hills & Valleys-Perantalapalli
6. Parnasala Pilgrim Centre-Parnasala
7. Sri Sitaramachandra Pilgrim Centre-Bhadrachalam

Sri Sitaramachandra Temple

Mahaboobnagar

1. Alampur Temples-Alampur
2. Chennakesava Temple-Gadwal
3. Gadwal Sarees Handlooms-Gadwal
4. Kollapur Madhava Swamy Temple-Kollapur
5. Kurumurthy Kshetram-Gadwal
6. Ranganayaka Temple-Srirangapur
7. Someswara Swamy Temple-Somasila

Chennakesava Temple

Hyderabad

1. Birla Temple-Pilgrim Centre
2. Golkonda-Monument
3. Salarjung Museum
4. Golkonda-Monument
5. Charminar-Monument
6. Necklace Road-Tourist place
7. Qutub Shahi Tombs-Tourist place
8. Chowma Halla Palace-Tourist place
9. Falaknuma Palace-Tourist place

Birla Temple

18 Famous Personalities

* **CHAKRI :** Chakri was born on 15 June, 1974 in Kambalapalli village near Mahaboobnagar town of Warangal district. His father Gilla Venkata Narayana was also a singer and actor. Chakri started his career in Tollywood in the year  2000 with the movie 'Bachi', directed by Puri Jagannadh. Since then, he had given multiple hits in Tollywood. As a music composer, he had introduced many new talents for singing and lyrics to Telugu Film Industry. Music Director Chakri had composed music for 85 movies. Some of the movies for which he had composed music are: Itlu Sravani Subramanyam, Idiot, Amma Nanna o Tamil Ammayi, Sivamani, Satyam, Chakram, Desamuduru, Neninthe, Jai Bolo Telangana, Power and Yerra bus. His music in 'Jai Bolo Telangana' brought him much fame as a great Telangana music director. His songs like 'Jai Bolo Telangana' and 'Podusthunna Poddu' brought a great amount of spirit to Telangana movement and people appreciated him for his work. He died on 15 December, 2014 in Hyderabad.

* **RAJA AND RADHA REDDY :** They are a dancing couple who are renowned as exponents of the South Indian dance form of Kuchipudi. They founded  and run the Natya Tarangini Institute of Kuchipudi Dance in New Delhi. The duo are credited with having given Kuchipudi a new dimension without compromising on its traditional virtues and having taken it to a higher plane of performance. For their services to the field of arts, the Government of India have conferred on them the Padma Shri and Padma Bhushan awards. Raja Reddy's interest in Kuchipudi began in childhood as he watched performances of Kuchipudi Bhagavatam by touring folk troupes in his home district of Adilabad and later reached a turning point after he saw a performance of Vyjayanthimala's 'Nagin'.

* **CHUKKA RAMAIAH :** Born on 20th November 1925, Chukka Ramaiah is a renowned educationalist. His academic proficiencies, particularly his expertise in IIT coaching, and his deep association with the IIT Study circle have also led him to be known as IIT Ramaiah. Chukka Ramaiah was born in the Gudur village in Warangal district in Telangana State. He completed his graduation at the Osmania University and proceeded to pursue his M.Sc. His professional career  as a teacher culminated in 1983 when he retired after serving the office as a principal of the state residential school in Nagarjuna Sagar. Chukka Ramaiah is also a noted Telangana activist. His baptism into politics can be traced back to the days of the Nizam, when he raised his voice strongly against the unjust feudal system. He also worked for the upliftment and development of the Dalits which earned him severe criticisms from the Brahmins of the society. Chukka Ramaiah was also an active member of the Razakar movement.

* **DR. ANDE SRI :** He was born in Rebarthi village near Janagaon in Warangal District in 1961. An orphan from birth, Ande Elliah, as he was originally known, did not enjoy the privilege of obtaining a formal education. His childhood was spent in enjoying the bounties of nature which inspired him to compose beautiful songs in his mind. The need to earn a livelihood landed him with a job as a shepherd in the estate of a landowner in his village. It was here that Ande Elliah's lilting songs caught the musical ears of Swami Shankar Maharaj. Ande  Sri or Andesri, as he was also known as, soon grew up to be one of the foremost poet, lyricist and singer of his time. His songs, mainly based on nature (prakruti) and its bounties, have been inspiring youth across generations. In 2006, Andesri received the Nandi Award for composing lyrics for a movie 'Ganga'. His soulful melodies and the earthy flavour in his lyrics endeared him to several Telugu movie makers who included his songs in their movies. Dr. Ande Sri received the biggest gratification when his song "Jaya Jaya he Telangana Janani Jaya Ketanam" was accepted as the Telangana State Song.

* **BATHINI BROTHERS :** Bathini Brothers belong to a Goud Family living in Hyderabad. Every year Bathini Brothers' Fish Medicine, which is an Herbal Food Supplement, is offered to Asthama patients for free. It's been 168 years since they had started offering free medicine for Asthama cure and they are still continuing the tradition. 

* **VARAVARA RAO :** Born in the quaint village of Chinna Pendyala in the Warangal district in 1940, Varavara Rao belonged to a middle class Tamil

Brahmin family. His ordinary background instilled in him a love for the common man from a very young age. He established a deep connection with his roots in Warangal and its people. During one of his professional stints as a lecturer in a private college in Mahaboobnagar, revolutionary ideas began to inspire Varavara Rao. As a step towards expressing his thoughts through the medium of literature, he formed the literary group 'Saahithee Mithrulu' or friends of literature which published the journal Srujana in 1966. The initial few editions of Srujana were purely literary with no political or philosophical overtones. His active involvement in revolutionary activities led him to irk the state government resulting in his courting arrest on several occasions. He also had to undergo severe mental and physical assault owing to his anti-government and pro-revolutionary ways.

* **MAKHDOOM MOHIUDDIN :** He was a great Urdu poet of Telangana. He was born on February 4th, 1908 in Andole in Medak district. He not only

fought to free India from the British rule but also fought to free Hyderabad from the oppressive rule of the Nizams. In 1946-47 he led the Telangana Rebellion against the Nizam who spread his iron hold over the princely state of Hyderabad. In subsequent years, he also became an active participant of the Comrades Association and the Communist Party of India. In addition to this, he held an office in the Legislative assembly of India for the stipulated period of 5 years. Makhdoom Mohiuddin was considered to be one of the most versatile writers of his time. He founded the Progressive Writers Union and received several awards and recognition for his illustrious work. In 1969, he received the Sahitya Akademi Award in Urdu for his collection of poems Bisat-e-Raqs (The Dance Floor). He was died in 1969.

* **PADMAJA NAIDU :** She was born in 1900. She was the daughter of Sarojini Naidu. At the age of 21, she joined the Indian National Congress in Hyderabad. She was jailed for taking part in the "Quit India" movement in 1942. After Independence, she became the Governor of West Bengal. She was also associated with the Red Cross and was the chair of the Indian Red Cross from 1971 to 1972. The Padmaja Naidu Himalayan Zoological Park in Darjeeling is named after her. She was died in 1975.

* **MRITYUNJAY CHILUVERU :** He is a famous cartoonist. His witty and contextual cartoons seen in the most Telangana dailies cover the recent events taking place in the social and political lives of the Telangana people. His cartoons are not only marked by extraordinary wit and intelligence, but has also been instrumental in impacting the Telangana movement in several ways. Currently he is working with Namasthe Telangana Daily under the  supervision of Sri Allam Narayana garu (the Editor of Namasthe Telangana). He was Born to the talented textile artist Sri Chiluveru Ramalingam. His excellent skill as a cartoonist took him around the world and helped him win several accolades. Mrityunjay Chiluveru was the proud recipient of the 'Best Cartoonist Award in the Leng Mu contest held in China. He also won the 'Excellency Award' at an International contest held in Greece and bagged the first prize at the "National AIDS cartoon contest".

* **SRI VIDYARANYA TIRTHA :** He was a sage, philosopher, able administrator and founder mentor of Vijaya Nagara Kingdom. He was Jagadguru of Sringeri Shanrada Peetham for a short span of 6 years from 1380 AD-1386 AD. Vidyaranya was born as Madhava in Ekashilapuri—the present day Warangal. The name  Vidyaranya means forest of education. He is the greatest among all scholars in Adwaitha philosophy in post Shankara period. He has written more than 1800 works. Important works among them are Bhashyam (commentary) for 4 Vedas, Madhaviya Shankara Vijayam, Sarva Siddantha Sangraham, Vedantha Panchadashi and many others.

* **KALVAKUNTLA CHANDRASHEKAR RAO :** Kalvakuntla Chandrashekar Rao (born 17 February 1954), popularly known and abbreviated as KCR, is the first and the current Chief Minister of the Indian state of Telangana. He is the president of the Telangana Rashtra Samithi, a regional party in India. He is a Member of the Legislative Assembly (Telangana) from the Gajwel constituency of Medak District in Telangana. Previously, he served as the Member of the Legislative Assembly (Andhra Pradesh) from Siddipet and also as the Member of Parliament from Mahaboobnagar, Karimnagar and Medak. He took oath as the first Chief Minister of the new state of Telangana on 2 June 2014.

* **KALOJI NARAYANA RAO :** Kaloji Narayana Rao's life is a perfect example of strength in simplicity. His introductions include titles as exalted as freedom fighter, political activist and one of the most famous non-violent revolutionary poets of his times. In his personal life, Kaloji Narayana Rao was deeply influenced by his elder brother Kaloji Rameshwar Rao (an Urdu poet). His profound impact on the young Kaloji's mind helped to shape his whole future. He joined the Arya Samaj movement and also participated in the Andhra Mahasabha in 1934. He participated in a host of liberation movements and was imprisoned on several occasions. Moreover, the Kakatiya University conferred the honorary doctorate for his endless contributions to the literary world. He was also decorated with the Padma Vibhushan, the second highest award in the country.

* **ZAKIR HUSSAIN :** Born in Hyderabad on 8 February, 1897 he was the 3rd President of India, from 13 May 1967 until his death on 3 May 1969. An educator and intellectual, Hussain was the country's first Muslim president, and also the first to die in office. He was also the shortest serving President of India. He previously served as Governor of Bihar from 1957 to 1962 and as Vice President of India from 1962 to 1967. Zakir Hussain was also co-founder of Jamia Milia Islamia, serving as its Vice Chancellor from 1928. Under Hussain, Jamia became closely associated with the Indian freedom movement. He was awarded the Bharat Ratna, India's highest national honour, in 1963.

* **DIANA HAYDEN :** She was born on 1 May 1973. She is an Indian actress, model and beauty queen. She won the Femina Miss India contest in 1997 and was crowned Miss World 1997. Diana Hayden won the Femina Miss India World crown in 1997. Following her tenure as the global representative for the Miss World organization, Hayden moved to the UK and studied acting at the Royal Academy of Dramatic Art. She also studied at the Drama Studio London, where she concentrated on the works of Shakespeare and earned the Best Actress nomination from the studio. In 2001, she made her screen debut in the film version of Shakespeare's Othello in South Africa. In 2008, Diana Hayden became a wild card entry on the second season of the popular Indian TV show Bigg Boss. She wrote a book called 'A Beautiful Guide' which is an "encyclopedia on grooming and also deals with personality development and confidence building".

* **SHYAM BENEGAL :** He was born on 14 December, 1934 in Trimulgherry (Secunderabad). He is an Indian director and screenwriter. With his first four feature films Ankur (1973), Nishant (1975), Manthan (1976) and Bhumika (1977) he created a new genre, which has now come to be called the "middle cinema" in India. He has expressed dislike of the term, preferring his work to be called New or Alternate cinema. He was awarded the Padma Shri in  1976 and the Padma Bhushan in 1991. On 8 August 2007, Benegal was awarded the highest award in Indian cinema for lifetime achievement, the Dadasaheb Phalke Award for the year 2005. He has won the National Film Award for Best Feature Film in Hindi seven times.

* **PROF. BIYYALA JANARDHAN RAO :** Professor Rao, a renowned social scientist and activist had a humble beginning as the son of a simple farmer. Born in 1956, he culminated his brilliant academic career with a Ph.D. in 1985. Professor Rao's role of a social scientist saw him enlisted as a member of a number of professional associations and institutions at the national level. Some of these included the ICSSR Study group on Tribal Policy and Affairs and the Rajiv Gandhi Foundation of Contemporary Studies (RGICS). In the mid-nineties,  Professor Janardhan Rao became involved in the Telangana struggle for separate statehood. The movement at that time was going through its second phase. Professor Rao's previous work on Tribal development helped him draw in huge tribal support for the Telangana movement. In 2001, Professor Janardhan Rao was one of the few people who set up the Telangana Rashtra Samithi (TRS). He published several articles in Telugu newspapers on the issues faced by the Telangana region. He was died in 2002.

* **KOMARAM BHEEM :** Komaram Bheem, a Gond tribal, was born in 1901 in the Adilabad district in the Telangana region. The Gonds formed a substantial part of the population as the area was ruled by of Chanda (Chandrapur) and Ballalpur. The Gonds like all tribes had very little interaction with the outside world. Komaram too had no exposure and was uneducated.  Despite these constraints, he rose in rebellion against the atrocities of the Nizam and became a household name in the liberation movement of his people. His bravery and valour has earned him a God-like status. He is worshipped in many households and also has his statue installed in the retaining wall of the tank in Hyderabad. He was died in 1940.

* **DASARADHI KRISHNAMACHARYULU :** Born in the Chinnaguduru village within the Maripeda Mandal of Warangal district on 25 July, 1925, Dasarathi  belonged to a middle-class Vaishnava family and grew up to be a staunch follower of the Vaishanava cult. He had a deep interest in Indian mythology and was fluent in three Indian languages namely Telugu, Sanskrit and Tamil. Dasarathi in his growing years was deeply influenced by Marxist ideology. He began writing poetry at a very young age to express his views. His poetry centered on the poor and the downtrodden and reflected his desire to fight against their oppression. Dasaradhi Krishnamacharyulu joined the Andhra Mahasabha as a voluntary worker and toured every single village to help the people arise and awaken to their cause. In his initial days, he was deeply influenced by Mahatma Gandhi and Kandukuri Veeresalingam. He also received several awards and recognitions for his excellent literary achievements. In 1974, he received the Sahitya Akademi Award for his book of poems 'Thimiramtho Samaram'. He was died in 1987.

* **SURAVARAM PRATAPA REDDY :** Born on May 28, 1896, Suravaram  Pratapa Reddy was an eminent social historian who dedicated his life for the development and advancement of Telangana Region and Literature. His early life began in Boravelli village where he was born. His parents Rangamma and Narayanareddy belonged to Itikalapadu of the Mahaboobnagar district. Suravaram was a scholar in four languages namely, Sanskrit, Telugu, Urdu and English. However, his love for Telugu and Telangana led him to publish works primarily in that language. The Andhrula Saanghika Charitra, the social history of the Andhras was first published in 1949. It highlights the rich history and culture of the Telangana people, the origin of the various castes living within the Telangana community and their subsequent intermingling which has led to the evolvement of the rich Telugu culture. Suravaram Pratapa reddy got elected to Hyderabad Assembly from Vanaparthi constituency of Mahaboobnagar district in the year 1952. Suravaram Pratapa Reddy died on 25 Aug, 1953 leaving behind a generation of conscious and proud Telanganas who are carrying forward his legacy with the same momentum.

* **RAKESH REDDY DUBBUDU :** Rakesh Reddy Dubbudu is born in Warangal, scored state 11th rank in EAMCET in the year 2001 and completed his engineering from NIT Warangal. He worked with Oracle for 5 years. In the year 2005 after completing his engineering, Rakesh got his interest on RTI. In the initial days

of his RTI, he faced plenty of challenges at every stage of RTI form submission process. But Rakesh with his focused attitude to know/resolve some of the details from many of the government offices never got carried away with those challenges. During the same time, he started a Non-Profitable Organization 'BHUMI' along with some of his friends. With Bhumi, he organized and participated in many non-profitable events. Some of the Bhumi events include:  Construction of classrooms for Government school at Rasoolpura , 'Dhronacharya and Ekalavya' Training Sessions on leadership skills, cleaning of Osmania Hospital toilets, building a simple system to find out blood test and urine test rooms at Osmania Hospital and volunteering many social service events.

* **AIR CHIEF MARSHAL FALI HOMI MAJOR :** Born in 1947, he served as the eighteenth Chief of the Air Staff of the Indian Air Force taking office on April 1, 2007, and becoming the first helicopter pilot in the service to be promoted to the office of Chief. He retired on May 31, 2009, and was succeeded in office by Air Chief Marshal Pradeep Vasant Naik, a fighter pilot. Air Chief Marshal Major was commissioned into the Indian Air Force on December 31, 1967 as a helicopter pilot. During his long and distinguished service spanning little over 39 years, he has worked in a variety of Command, Staff and Instructional appointments. 

* **PROFESSOR JAYASHANKAR :** Born as Kothapalli Jayashankar to Mahalaxmi and Laxmi Kantha Rao on 6 August, 1934 in Akkampet region of the Warangal district, Professor Jayashankar, as he was more popularly known, was an academician by profession. He completed his Ph.D. in economics at the Osmania University. He is popularly known as 'Pedda Sir' in Telangana. His tenure as a professor and then a Vice Chancellor of the Kakatiya University made him research deep into the problems generating from regional disparities. His involvement in the Telangana movement was therefore not ignited merely by passion but was also a result of intellect. It was the perfect combination of both which helped to drive him towards his goal. In 1999, Professor  Jayashankar launched the Telangana Development Forum in USA. This helped to give his cause a worldwide reach. His voice was heard at international forums like the American Telugu Association where he expressed his concerns over the future of the Telugu population and elaborated on the various aspects of the Telangana movement. Professor Jayashankar died on June 21, 2011.

* **BURGULA RAMAKRISHNA RAO :** Burgula Ramakrishna Rao, the first elected chief minister of the Independent State of Hyderabad, was born in 1899 in Padakallu village of Mahaboobnagar district. Born in a Telugu Brahmin family he became famous by his village name Burgula. His surname 'Pullamraju' got changed to Burgula. Having completed his degree in law from Bombay University in 1913, Burgula Ramakrishna Rao started his career  as a lawyer and became quite a name in the legal field. Burgula gradually shifted to politics when he saw the oppressive rule of the Nizam wreak havoc in the lives of the people. His move to demand an independent state of Hyderabad was primarily inspired by his earlier brush with the Indian struggle for Independence. He participated in the Quit India movement in 1942 and was also imprisoned by the Nizam's police for his allegiance to the freedom struggle in 1947. Burgula Ramakrishna Rao held several other important government positions in his political career. From November 1956 to July 1960, Dr. Rao occupied the position as the Governor of Kerala. This was followed by his office as the Governor of Uttar Pradesh which he held till April 1962. Burgula Ramakrishna Rao died on September 14, 1967.

* **MUKESH KUMAR :** He was born in Hyderabad, Telangana. He made his  international debut for the Men's National Team in early 1992. Nicknamed Murali, Kumar represented his native country at three consecutive Summer Olympics, starting in 1992 in Barcelona, Spain, where India finished in seventh place. Mukesh represented for India in 307 international matches and scored 80 goals. In 1992 Barcelona Olympics he scored 4 goals. In 1996 Atlanta Olympics this Hyderabadi scored 2 goals and 2000 Sydney Olympics he netted 2 goals. He got Arjuna award in 1995 and Padma Shri in 2003.

* **SANIA MIRZA :** She was born on 15 November, 1986. She is an Indian  professional tennis player. From 2003 until her retirement from singles in 2013, she was ranked by the Women's Tennis Association as India's No. 1 player, both in singles and doubles. Throughout her career, Mirza has established herself as the most successful female Indian tennis player ever and one of the highest-paid and high-profile athletes in the country. She was honoured with Padma Bhushan in 2016.

* **GAGAN NARANG :** He is an Indian shooter, in Air rifle shooting, supported by the Olympic Gold Quest. He was the first Indian to qualify for the London Olympics. He won the Bronze Medal in the Men's 10 m Air Rifle Event at the 2012 Summer Olympics in London. Gagan Narang is a gold medalist in the Afro Asian games, 2003 in Hyderabad in Men's 10 m air rifle competition. He had won an air rifle gold medal at the World Cup 2006 and  followed that event in April 2010. He added 4 gold medals to the Indian tally at the 2010 Commonwealth Games in New Delhi. He won 1 silver medal and 1 bronze medal in 50-metre rifle prone and 50-metre rifle 3 position respectively at the 2014 Commonwealth Games in Glasgow.

* **NAGESH KUKUNOOR :** He was born on 30 March, 1967. He is an Indian film director, producer, screenwriter and actor known for his works predominantly in Bollywood and Parallel cinema. He is known for films such as Hyderabad Blues (1998), Rockford (1999), Iqbal (2005), Aashayein (2010), Lakshmi (2014), and Dhanak (2015). He has received four International Awards and a National Film Award for his works. In 2003, he directed '3 Deewarein' which was show-cased among the Indian panorama section, at the 2003  International Film Festival of India. In 2006, he has garnered the National Film Award for Best Film on Other Social Issues, for directing 'Iqbal'. He was honoured with National Film Award for best Children's film 'Dhanak' in 2016.

* **KONDA LAXMAN BAPUJI :** Born in Wankidi village of the Adilabad district on September 27, 1915, Konda Laxman Bapuji had a long and eventful life ahead of him. He joined the fight for Indian Independence and actively participated in the Quit India movement in 1942. His passion for the pride of Telangana people led him to his first brush with an armed struggle in the Telangana rebellion in 1947-48 against the Nizams and the Razakars. In the post-independence phase, Konda Laxman Bapuji held several prestigious administrative posts.  In 1952, he was elected as MLA from Asifabad constituency in Adilabad district. He later shifted to Nalgonda district to win over the Padmashali vote bank. In November 2008, Konda Lakshman Bapuji, then member of the Telangana Sadhana Samithi, announced the demand for a separate Telangana state. In the same year, he along with Tulla Devender Goud and several other leaders formed the Nava Telangana Praja Party (NTPP). He died on 21 Sep., 2012 at his residence in Hyderabad.

* **P.V. NARSIMHA RAO :** Pamulaparti Venkata Narasimha Rao was born on 28 June 1921. He was an Indian lawyer and politician who served as the Prime  Minister of India (1991-1996). His ascendancy to the prime ministership was politically significant in that he was the first holder of this office from non-Hindi-speaking south India. He led an important administration, overseeing a major economic transformation and several home incidents affecting national security of India. He is often referred to as the "Father of Indian Economic Reforms". Rao was also referred to as Chanakya for his ability to steer tough economic and political legislation through the parliament at a time when he headed a minority government. He was died in 2004.

* **MOHAMMAD AZHARUDDIN :** Born on 8 February, 1963 in Hyderabad, he is a former Indian cricketer and a politician. He was an accomplished batsman  and captained the Indian cricket team for much of the 1990s. For his achievements, he was awarded the Arjuna Award in 1986. He has been member of the Indian National Congress and was elected as a member of Indian Parliament from the Moradabad constituency of Uttar Pradesh. Azharuddin was implicated in a cricket match-fixing scandal in 2000, and banned by BCCI for life. On 8 November 2012, the Andhra Pradesh High Court lifted the ban, describing it as "unsustainable".

* **V.V.S. LAXMAN :** Born on 1 November, 1974, he is a former Indian cricketer. Laxman represented Hyderabad in domestic cricket and played for Lancashire  in English county cricket. He was the captain of the Deccan Chargers team in the Indian Premier League in its first year before being replaced by Adam Gilchrist for the next year. In 2011, Laxman was awarded the Padma Shri award, India's fourth highest civilian award from the Government of India. V.V.S. Laxman's knock of 281 against Australia in Eden Gardens in 2001 has been rated as the greatest Test performance of the last 50 years. Laxman is noted most for his batting against Australia, in both Tests and One Day Internationals. Six out of his 17 Test hundreds, and four out of his six ODI hundreds have come against Australia. He has two double-centuries in Tests, both of them against Australia: his personal best of 281 at Kolkata in 2000-01, and 200 not out at Feroz Shah Kotla in 2008-09, and in 2002 he was named one of Wisden's five Cricketers of the Year. In 2012, Laxman retired from international cricket.

* **MITHALI RAJ :** She is the captain of the Indian Women's cricket team. Mithali Raj was born on 3 December 1982 in a Tamil family in Jodhpur, Rajasthan. Mithali's Mother tongue is Tamil, her father, Dorai Raj, was an officer in the Indian Air Force and her mother is Leela Raj. Mithali started to play the game at the age of 10 and at the age of 17, she was picked for the Indian team. Her ODI debut was against Ireland at Milton Keynes in the year 1999. She  lives in Hyderabad, Telangana. She attended St. Johns school, Hyderabad for cricket coaching in her school days along with her elder brother. She also practiced classical dance for eight years but quit dance to pursue her cricket career. She was honoured with Padma Shri in 2015.

* **SAINA NEHWAL :** She was born on 17 March, 1990. She is an Indian badminton player, former world no.1 in Women's Singles. She is the first Indian to win a medal in Badminton at the Olympics. She achieved this feat by winning the Bronze medal at the London Olympics 2012. She is also the first Indian after Prakash Padukone and the first Indian woman to become world number 1 badminton player. Besides these, she is the first Indian to win the World Junior Badminton Championships and was also the first Indian to win a Super Series  tournament, by clinching the Indonesia Open on 21 June 2009. She won silver at 2015 BWF World Championship becoming the first Indian woman to do so. She was honoured with Padma Bhushan in 2016.

* **SHABANA AZMI :** Born on 18 September 1950, she is an Indian actress of film, television and theatre. An alumna of the Film and Television Institute of India of Pune, she made her film debut in 1974 and soon became one of the leading actresses of Parallel Cinema, a Bengali new-wave movement known for its serious content and neo-realism and received government patronage during the times. Regarded as one of the finest actresses in India, Azmi's performances in films in a variety of genres have generally earned her praise and awards, which include a record of five wins of the National Film  Award for Best Actress and several international honours. She has also received four Filmfare Awards. In addition to acting, Azmi is a social and women's rights activist. She is the wife of poet and screenwriter Javed Akhtar. She is a Goodwill Ambassador of the United Nations Population Fund (UNPFA) which seeks to spread contraception and abortion in India in order to limit the country's population. In appreciation of Azmi's life and works, the Congress party's government gave her a nominated (unelected) membership of the Rajya Sabha, the upper house of parliament.

* **JWALA GUTTA :** She is a left-handed international badminton player from Hyderabad. She is the country's top-level doubles specialist and has won the National Badminton Championships fourteen times till 2013. She has been representing India on the international circuit for more than 15 years and has partnered with Shruti Kurien earlier in her career winning the nationals with her for six straight years. Jwala has brought numerous medals for Indian badminton including the bronze medal BWF World Championships in 2011 and a gold and silver at 2010 and 2014 Commonwealth Games respectively in women's doubles which were the first for the country in the discipline. Other achievements include the historic bronze medal at the 2014 Thomas & Uber Cup held at New Delhi, a bronze medal at Badminton Asia Championships in the same year.

* **HEMLATA :** Born Lata Bhatt in Hyderabad on August 16, 1954, and brought up in Calcutta, Hemlata originally hails from Rajasthan. She has been one of the most renowned and successful playback singers in Bollywood since the late 1970s. With the marvel of melodious voice, she is trained in classical singing and her unique style of singing makes her stand apart from other playback singers of her era. Though Hemlata could not give as much playback songs as Lata Mangeshkar and Asha Bhonsle did, almost all her songs became timeless hits often coming on top in Binaca Geetmala of 1970s.

* **VENU MADHAV :** Venu Madhav born in Kodad, Nalgonda district of Telangana state is a comedy actor in Tollywood. He has acted in many movies in Telugu, Tamil and Malayalam languages. Besides an actor, he is also a mimicry artist. He started his career with Sampradhayam by S.V Krishna Reddy. As a TV anchor, Venu has hosted several programs in various Telugu Channels. He is also a television anchor in Telugu Channels. Venu got his first popular recognition with his minor role in Sampradayam and then 1997 Chiranjeevi starrer Telugu movie Master.

* **NITHIN REDDY :** He was born in 1983. He is an Indian film actor and film producer who works in the Telugu film industry. Nitin started his film career with the movie 'Jayam' in 2002. His performance in Jayam got him the Best Debutant award at the Film fare awards that year. He is brand ambassador of 'cottonking' the leading chain of cotton attire for men.

✳ **PRAMOD MAHAJAN :** One of the veteran political leaders and members of Bharatiya Janata Party, Pramod Vyankatesh Mahajan (30 October 1949 - 3 May 2006) was born in a Marathi family of Mahaboobnagar, Hyderabad. He was one of the second-generation leaders of BJP and, at the time of his death, was locked in a power struggle over who would take over the reins of the BJP when the current aging leadership retires. He was a member of the Rajya Sabha and a General Secretary of his party.

✳ **RESHMA RATHORE :** Reshma Rathore, a rising actress and model, was born on November 3, 1990 in Yellandhu in Khammam district of Telangana. Appearing mostly in South Indian films, her film career started with Telugu Movie 'Bodyguard'. Thereafter, she made her debut with the film 'Ee Rojullo' directed by Maruthi Dasari. She is also making her debut in Bollywood. She bagged CineMAA Awards for the Best Face of The Year 2012 for Ee Rolullo and was nominated for 2nd South Indian International Movie Awards for best female debutant for Ee Rojullo. Thereafter, she did the films namely Jai Sriram, Love Cycle and Pratighatana as a rape victim (Nirbhaya Role).

✳ **POONAM SINHA :** Born on November 3, 1949 in Hyderabad, Poonam Sinha (née Chandiramani), M.A. (English) from Bombay University with distinct ranking, is an actress, who acted in Hindi cinema under screen name Komal, the character she played in Jigri Dost. She is a former Miss Young India (1968) who has worked in minor roles in Hindi movies, and has also produced two films. She was cast with Bollywood's established actor (now politician also), Shatrughan Sinha in the movie Sabak (1973) that opened avenue for their courtship and subsequent marriage in 1980.

✳ **SHARMILA TAGORE :** Sharmila Tagore aka Begum Ayesha Sultana after her marriage with Mansoor Ali Khan Pataudi, was born on December 8, 1946 in Hyderabad. A great actress and recipient of two National Film Awards, two Filmfare Awards for her performances, and also Padma Bhushan by the Govt. of India, Sharmila is also well-known for leading the Indian Film Censor Board from October 2004 till March 2011. In December 2005, she was chosen as a UNICEF Goodwill Ambassador, and was one of the International Competition's Jury Members at the 2009 Cannes Film Festival.

* **BABU MOHAN :** Born in Beerolu, Khammam district of Telangana, Doctorate

Babu Mohan is a comedy actor in Telugu cinema. He debuted in the film Ee Prasnaku Baduledi, followed by Ahuthi (directed by Kodi Ramakrishna), Ankusham and then a comedy character in Mamagaru. The last of these established his reputation as a comedian. After this film, Babu Mohan and Kota Srinivasa Rao with whom he worked developed a comedy partnership, for which many producers created special characters. As N.T. Rama Rao's supporter, Babu Mohan joined the Telugu Desam Party and became an MLA, serving as Social Welfare Minister in the TDP government.

* **T.K. KURIEN :** By profession a Chartered Accountant, T.K. Kurien (TK) is the

Executive Vice Chairman, Wipro Limited and a member of the Wipro Corporate Executive Council. Prior to taking over the role as CEO of the IT business in Feb 2011, Kurien was President of Wipro's Eco Energy business. In June 2008, he took on the responsibility of heading Wipro's Consulting arm, WCS (Wipro Consulting Services). Before joining Wipro, he served as the CEO of GE X Ray and prior to that, he was the CFO of GE Medical Systems (South Asia). Kurien went to Hyderabad Public School.

* **SAROJINI NAIDU :** Sarojini Naidu (born as Sarojini Chattopadhyay) also

known by the sobriquet as 'The Nightingale of India', was born on February 13, 1879 in Hyderabad. She was an Indian independence activist and poet. She served as the first governor of the United Provinces of Agra and Oudh from 1947 to 1949; becoming the first woman governor of an Indian state. She was the second woman to become the president of the Indian National Congress in 1925 and the first Indian woman to do so. During 1915-1918, she travelled throughout India delivering lectures on social welfare, women's empowerment and nationalism. She also helped to establish the Women's Indian Association (WIA) in 1917. She was died in 1949.

* **HARSHA BHOGLE :** Harsha Bhogle was born in Hyderabad on July 19, 1961 in a Marathi family. He is a renowned cricket commentator, journalist, and a freelance TV presenter. With superb eloquence in English language, Bhogle took his career's break as a commentator at the age of 19 with All India Radio. In 1991-92, he became the first Indian commentator to be invited by the Australian Broadcasting Corporation during India's cricket series before

the 1992 Cricket World Cup. He has since worked for ABC Radio Grandstand during India's Australian tours, and for eight years worked for the BBC as part of their commentary team in the 1996 and the 1999 Cricket World Cups.

✳ **VIVEK OBEROI :** Hyderabad-born (September 3, 1976) actor, Vivek Oberoi made his film debut with Ram Gopal Varma's film 'Company' (2002). His performance in the film earned him Filmfare Awards for Best Male Debut and Best Supporting Actor. He later featured in several notable films which include Saathiya, Masti, Yuva, Omkara, Shootout at Lokhandwala, Rakht Charitra and Grand Masti. He performed as the antagonist within Krrish 3 - a first for his career. Besides being an actor, Vivek is also a social worker whose devotion to rehabilitation work of tsunami victims in Tamil Nadu has been appreciable.

✳ **BANDARU DATTATREYA :** Bandaru Dattatreya (popularly called Dattanna, born on February 26, 1947 in Hyderabad) from Telangana is the Minister of Labour and Employment in the Narendra Modi Government. He was the president of the United Andhra Pradesh unit of the Bharatiya Janata Party. He has been elected as a member of parliament for 10th, 12th, 13th Lok Sabhas (1991-2004) and was a Union Minister in Atal Bihari Vajpayee's government. He was re-elected to 16th Lok abha from Secunderabad Constituency. He was a Union Minister of State (Independent Charge) in charge of Labour and Employment in Modi govt. from 2014-2017.

✳ **PAYAL ROHATGI :** Payal Rohatgi (born in Hyderabad on November 9, 1984) is an Indian actress and reality TV performer and also a model who appears in Bollywood. She is also a qualified Computer Engineer, which she did with distinction from L.D. Institute of Engineering, Ahmedabad. Since childhood, Payal was a fitness freak and had won many medals in sports competition in her school and college. Payal took her career's break by participating Femina Miss India pageant with Priyanka Chopra, Lara Dutta and Dia Mirza. She later went on to represent India as Miss India Tourism in Miss Tourism World pageant internationally, and thus Payal won the coveted title of Supermodel Miss Tourism World.

※ **SUNIL CHHETRI :** Born in Secunderabad on August 3, 1984 in a Jhapa to  Gorkha Army working in India to Nepali parents, Sunil Chhetri is an Indian professional footballer who plays as a striker for Bengaluru FC in the I-League on loan from Mumbai City in the Indian Super League. He is the captain of the Indian national football team, and also the all-time top goal scorer with 50 goals in 88 appearances for the senior national team. Started his professional career at Mohun Bagan in 2002, Chhetri gained fame and made a name for himself by playing for foreign clubs as well besides playing at national level.

※ **TABU :** Born Tabassum Fatima Hashmi on November 4, 1971 in Hyderabad,  Tabu is an Indian film actress, who has primarily acted in Hindi films besides appearing in English, Telugu, Tamil, Malayalam, Marathi and Bengali language films. She has won the National Film Award for Best Actress twice, and has received six Filmfare Awards, including a record four Critics Award for Best Actress. She was conferred with the Padma Shri by the Government of India in 2011. Tabu is best known for playing protagonists in films that garner more critical appreciations than substantial box office figures.

※ **DIA MIRZA :** Dia Mirza Sangha born Dia Handrich on 9 December, 1981 in  Hyderabad is a model, actress and producer. Mirza has primarily worked in Bollywood and is also known for her social work. She co-owns a production house 'Born Free Entertainment' with her husband Sahil Sangha. Dia worked while in college as a marketing executive for a media firm, and modeled for print and TV commercials. She also won Miss Beautiful Smile, Miss Avon and Miss Close-Up Smile in Miss India. When she won the Miss Asia Pacific title on 3 December, 2000 in Manila, Philippines, she became the first Indian to win this title in 29 years.

※ **SUSHMITA SEN :** Born on November 19, 1975 in Hyderabad, Sushmita Sen aka Sush is an Indian film actress, model and the winner of the Miss Universe pageant of 1994. She was the first Indian to win the crown. After completing her reign, Sush went on to pursue Bollywood where she made her debut in a Hindi film 'Dastak' and worked in many films; many of them did well at box-office, thereby making her recognition as a talented actress. She rose to stardom with the Tamil musical Ratchagan opposite Nagarjuna; later, she attained commercial and critical recognition for her roles in other Bollywood flicks.

* **TALAT AZIZ :** Talat Aziz born on November 11, 1956 in Hyderabad is a popular ghazal singer with his recognition for his silken voice and way of singing across the Subcontinent. He was the first ghazal artiste to release a ghazal music video, 'Tasavvur' in 1987 when a video album was not even thought of. On many occasions, like on a concert tour of the US and Canada, he shared the stage with legendary ghazal singer Mehdi Hassan on concerts in India and abroad. Talat has also composed music for TV serials and has also acted in several of them.

* **PRANITHA VARDHINENI :** Pranitha Vardhineni born on November 17, 1990, in Kalleda village in Warangal, Telangana is an Indian archer who attended Rural Development Foundation's Kalleda Rural School. She was selected to attend the Tata Archery Academy. Vardhineni contested in the women's individual and team events at the 2008 Summer Olympics in Beijing, but failed to reach the finals in both events. She defeated Jane Waller of Australia by 106-100 in the round of 64, but lost to Kwon Un Sil of North Korea by 99-106 in the round of 32.

❖ ❖ ❖

19 Administration & Governance

TELANGANA is the youngest and 29th state of India born on 2nd June, 2014. It will share Hyderabad as its capital for 10 years with Andhra Pradesh. Telangana which was originally a part of Andhra Pradesh had 10 out of 23 districts of Andhra Pradesh under its jurisdiction.

Presently, the State comprises 31 districts covering an area of 1,14,865 sq. km. The largest district is Bhadradri Kothagudem whereas Hyderabad is the smallest.

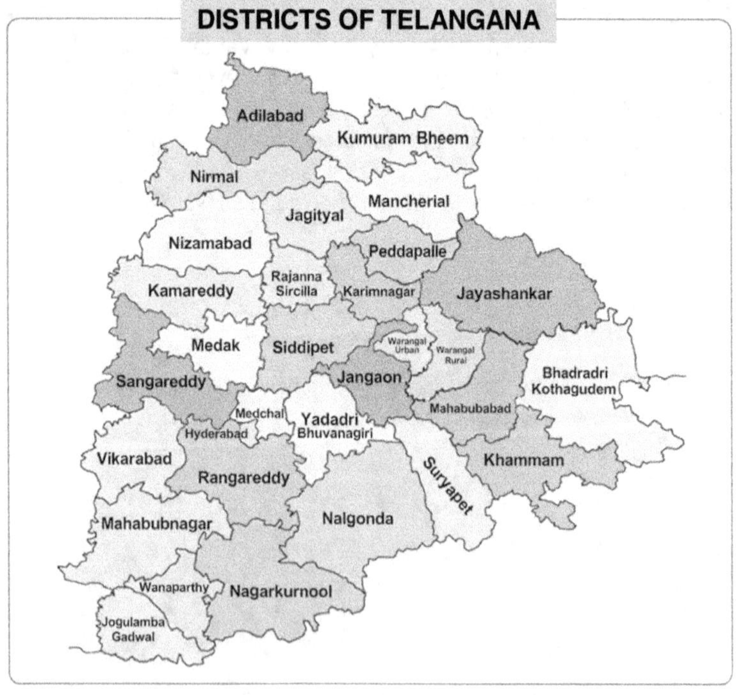

Bhadradri Kothagudem

Kothagudem district is carved out of erstwhile Khammam district. The district shares boundaries with Bhoopalapalle, Mahabubabad, Khammam districts and the states of AP and Chhattisgarh. Kothagudem is well connected through Bhadrachalam Road railway station. There are bus services from Kothagudem to all important cities in Telangana and the other neighbouring districts.

Kothagudem district boasts of some major industries. The district is endowed with a variety of important minerals such as Coal. The Singareni Collieries Company Limited (SCCL), a Government coal mining company jointly owned by the Government of Telangana and Government of India, has its headquarters in Kothagudem. Kothagudem Thermal Power Station, which located in Paloncha is one of the coal based power plants of Telangana Power Generation Corporation Limited (TSGENCO). The University College of Engineering, Kakatiya University (KUCE), formerly known as the Kothagudem School of Mines(KSM) is the first mining college in Telangana and the second in India.

Adilabad

The district was situated between 77.46' and 80.01', of the eastern longitudes and 18.40' and 19.56', of northern latitudes. The district is bounded on north by Yeotmal and Chanda district of Maharastra, on the east by Chanda district, on the south by Karimnagar and Nizamabad districts and on the west by Nanded district of Maharastra State. The district has population of 7.09 lakh. The district derives its name from Adilabad, its headquarters town which was named after the ruler of Bijapur, Ali Adil Shah. The district was for long not a homogenius unit and its component parts were ruled at different periods by nasties namely, the Mauryas, Satavahanas, Vakatakas, Chalukyas of Badami, Rashtrakutas, Chalukyas of Kalyani, Mughals, Bhosle Rajes of Nagpur and Asaf Jahis, besides the Gond Rajas of Sirpur and Chanda.

The climate of the district is characterized by hot summer and in generally dry except during the south-west monsoon season. The rainfall in the district, in general increases from the south-west towards the north east. About 85% of annual rainfall is received during the south-west monsoon season. July being the peak rainy month. The variation in the Annual rainfall from year is not large. The normal Annual rainfall of the district is 1044.5 mm.

Jagtial

Jagtial District is carved out of erstwhile Karimnagar District. It is surrounded by Nizamabad, Nirmal, Mancherial, Peddapalli and Karimnagar Districts. It has two revenue divisions at Jagtial and Metpalle and consists of 18 mandals. District headquarters is located at Jagtial town. A railway line connecting Jagtial and Peddapalli via Karimnagar is available. Jagtial to Nizamabad line is under construction. NH 63 passes through the district.

River Godavari passes through the district. SRSP Project, SRSP flood canal and scores of tanks are the irrigation sources. The district is known for its paddy produce followed by turmeric, maize and sugarcane. The 2nd Century BC Dhulikatta Budhist Sthupa of historic and archaeological significance is located in Eligaid Mandal. The district has holy temples of Sri Mallikarjuna Swamy Temple at Odela and Sri Varahaswami temple at Kamanpur Mandal. Some of the tourist spots in the districts are: Ramuni Gundalu, waterfalls at Sabbitham. Ramagiri Qila is a place of historic importance and is located at Begumpet.

Jangaon

Jangaon district is carved out of erstwhile Warangal district. The district shares boundaries with Warangal, Siddipet, Suryapet and Yadadri districts. Jangaon is a city and the district headquarters of Jangaon district. It is about 85 kilometres from the state capital, Hyderabad. It lies on the National Highway 163.

Jangaon is located at 17.72°N and 79.18°E. It has an average elevation of 382 metres (1,253 ft). It is Geographically located in the eastern Deccan plateau. The name Jangaon evolved from "jain gaon" which means village of Jains, a religion of India. Kolanpak (kulpak) in the Nalgonda district which is about 20 km from Jangaon is a famous pilgrimage center for Jain people and it has much historical background. Jangaon experiences a tropical kind of climate. It's a drought prone area according to Geological survey. Experiences very hot summers, moderate winters and rains less than the average precipitation.

Jayashankar

Bhupalpally (Acharya Jayashankar) District is carved out of erstwhile Warangal District with the annexation of some parts of Karimnagar and Khammam. The district is named after Telangana ideologue, Prof. K. Jayashankar. It is surrounded by Peddapalle, Mahabubabad, Warangal Rural, Warangal Urban, Kothagudem districts and the states of Chhattisgarh and Maharashtra. The district comprises 20 mandals and 2 revenue divisions - Bhupalpally and Mulugu. The district headquarters is located at Bhupalpally town.

Agriculture is the main occupation in rural parts of the district, with paddy, chilli, cotton and turmeric being the chief crops grown in the area. Devadula lift Irrigation and tanks constructed by Kakatiya rulers are the primary sources of irrigation. Industries like Singareni Collieries, Kakatiya Thermal Power Plant, and some small agriculture-based industries flourish in this area.

Jogulamba Gadwal

Jogulamba Gadwal district is a district in the Indian state of Telangana. The administrative headquarters of the district is located at Gadwal. The district is spread over an area of 2,928 square kilometres (1,131 sq mi). As of 2011 Census of India, the district has a population of 6.10 Lakh. The district will have one revenue division of Gadwal and is sub-divided into 12 mandals.

Kamareddy

Kamareddy district is located in the northern region of the Indian state of Telangana. Kamareddy town was part of Nizamabad district prior to the re-organisation of districts in the state of Telangana. Kamareddy town is known as an educational, pharmaceutical and business centre. There are more than 300 pharmacies situated in Kamareddy town. The district is spread over an area of 3,652.00 square kilometres (1,410.05 sq mi) making it the 15th largest district in the state. Kamareddy is bounded by Nizamabad district on North, Sircilla district and Siddipet district on East and South East respectively, it is bounded on South by Sangareddy district and Medak district and on the West and South West by Nanded district and Bidar district of Maharashtra and Karnataka states respectively. As of 2011 Census of India, the district has a population of 9.73 Lakh. Kamareddy is the 15th most populous out of 31 districts of Telangana. The district has three revenue divisions of Kamareddy and Banswada and Yellareddy are sub-divided into 19 mandals.

Karimnagar

Karimnagar district is one of the 31 districts of the Indian state of Telangana. Karimnagar city is its administrative headquarters. Karimnagar was originally called *Elagandala*. Later Kannada kingdoms such as Western Chalukyas ruled it. It was part of the great Satavahana Empire. Later, the ruling Nizams of Hyderabad changed the name to Karimnagar, derived from the name of *Shahenshah E Karimnagar Hazrath Syed Kareemullah Shah Quadri (R.A).*

Due to the districts re-organisation in October 2016, the district was carved out to form three new districts of Jagtial district, Peddapalli district and Siricilla district. The district is spread over an area of 2,128 square kilometres (822 sq mi). Karimnagar shares it boundaries with Jagtial and Peddapalli district on north, Warangal Urban district and Siddipet district on south, Rajanna District on the East and Jayashankar Bhupalpally District on west.

Khammam

Khammam District is a district in the eastern region of the Indian state of Telangana. The city of Khammam is the district headquarters. The present name of Khammam is derived its name after a local hill, which was called as 'Stambhadri'. The city was called with different names starting with Stambhadri, Kambhadri, Kambham mettu, Khammam mettu and then finally as Khammam.

Paleolithic man probably roamed around the areas of lower Godavari valley and the surroundings of Bhadrachalam, Kothagudem, Wyra, Sathupally and Paloncha Taluks in the district. Prehistoric rock paintings were found near Neeladri konda near Lankapalli of Sathupally Taluk. The southern parts of Khammam district flourished as famous Buddhist centers along with Amaravathi and Vijayapuri along the rivulets Munneru, Wyra and Murredu. Important Buddhist sites in the district are Nelakondapalli, Mudigonda, Aswaraopeta and Karukonda near Kothagudem. The district has two revenue divisions of Kallur and Khammam. These are sub-divided into 21 mandals.

Asifabad/Kumaram Bheem

Asifabad District is carved out of erstwhile Adilabad District. It is surrounded by Adilabad, Mancherial, Nirmal districts and the Maharashtra state. Asifabad is being renamed as Komaram Bheem district after the legendary Gond martyr who was born in Ravte Sankepalli village near Asifabad.

Asifabad comprises 15 mandals and has two revenue divisions—Asifabad and Kaghaznagar. The district headquarter is located at Asifabad, a predominantly tribal town. The railway line that connects the south and the north of India passes through Asifabad district. Sirpur-Kaghaznagar is a major railway station in the district. The district's primary crops include rice, cotton and pulses. Singareni Collieries, Sirpur Paper Mills, many spinning and ginning mills form the industrial profile of the district. Historically, the district had a glorious past.

Mahabubabad

Mahabubabad district is carved out of erstwhile Warangal. The district shares boundaries with Kothagudem, Hanamkonda, Warangal, Suryapet and Khammam Districts. The district comprises of 16 mandals and 2 revenue divisions—Mahabubabad and Thorrur. The district headquarters is located at Mahabubabad town. The district is spread over an area of 2,876.70 square kilometres. As of 2011 Census of India, the district has a population of 7.75 Lakh. The district will have two revenue divisions of Mahabubabad, Thorrur and is sub-divided into 12 mandals.

Mahbubnagar

Mahbubnagar district (formerly Palamoor district) is a district in the Indian state of Telangana. Mahbubnagar is the district headquarters of the district. This district was given the name of the 6th Nizam of Hyderabad—Mir Mahbub Ali Khan.

The area that forms current Mahbubnagar district has held historic significance. The region was at the core of the Satavahana dynasty from 221 BC to 218 AD, and also a large part of the Chalukya dynasty from the 5th to the 11th Century AD. The region was later part of the Kingdom of Golkonda, with its capital city Golkonda located near Hyderabad. In 1518 it came under control of the Qutb Shahi dynasty, which reigned until 1687. The region was then a part of Hyderabad State, ruled by the Asaf Jahi Dynasty, from 1724 to 1948. Mahabubnagar district is spread over an area of 5,285 square kilometres. As of 2011 Census of India, the district has a population of 14.87 Lakh. The official language of the district is Telugu and the second official language is Urdu.

Mancherial

Mancherial District is carved out of erstwhile Adilabad District. It is surrounded by Asifabad (Komuram Bheem), Adilabad, Nirmal, Jagtial, Peddapalli, Bhoopalapally districts and the Maharashtra state. The district comprises of 18 mandals and two revenue divisions—Mancherial and Bellampalli. The district headquarters is located at Mancherial town. Mancherial is well connected through its roadways and railways. Mancherial is one of the A category stations of Secunderabad division and Bellampalli is also a major railway station in the region. Rivers Godavari and Pranahita pass through it. Paddy is the major crop in the district. Housing a precious coal belt, the district is home to Singareni Collieries and Jaipur Thermal Power Plant. It also possesses several private cement manufacturers and ceramics factories. The district is spread over an area of 4,016 square kilometres. As of 2011 Census of India, the district has a population of 8.07 Lakh.

Medak

Medak district is a district located in the Indian state of Telangana. Medak is the district headquarters. Traces of Neolithic and Megalithic culture was found at Edithanur and Wargal village hillocks in the district. Rock paintings were found at Edithanur boulders and Hastallapur rocks.

In 20th Century Medak district was a part of Nizam princely State before independence and merged into Hyderabad State in Independent India and presently a district of Telangana. Qutub Shahis named it as Gulshanabad which means "city of gardens" due to its luscious greenery. The district is currently a part of the Red Corridor. The district is spread over an area of 2,786 square kilometres. As of 2011 Census of India, the district has a population of 7.67 Lakh. The district is divided into two revenue divisions of Medak, Narsapur and Tupran. These are sub-divided into sixteen mandals and has 381 villages.

Medchal-Malkajgiri

Medchal-Malkajgiri Carved out of erstwhile Ranga Reddy district, the new district of Medchal-Malkajgiri is a true blend of all the requisite components that make an ideal district. It embraces a wide range of industries, education institutions, natural resources. One can find a delicate fusion of the urban and the rural in this new district. Medchal–Malkajgiri is a well connected district with 3 national highways and 2 state highways apart from many roadways running across the district. The district can be described as the link between Hyderabad and the north Telangana.

Medchal-Malkajgiri district, with 24.40 lakh population, is the third most populous district in the state of Telangana. The district comprises of 2 revenue divisions and 14 mandals. Medchal is the headquarters of the district. Lush with urban forests, pilgrim centres like Keesara Gutta and multiple recreational resorts, the district is a weekend attraction for many in around the city of Hyderabad. The district is spread over an area of 1,084 square kilometres.

Nagarkurnool

Nagarkurnool is a district in the southern region of the Indian state of Telangana. The town of Nagarkurnool is the district headquarters. It was part of the Mahbubnagar district prior to re-organisation of districts in the state. The district is spread over an area of 6,924 square kilometres. As of 2011 Census of India, the district has a population of 8.62 Lakh. The district has three revenue divisions of Achampet, Nagarkurnool and Kalwakurthy and is sub-divided into 20 mandals.

Nalgonda

Nalgonda district is a district in the Telangana state of India. It has a population of 16.18 Lakh. Nalgonda is derived from two Telugu words Nalla (Black) & Konda (Hills) i.e. *Black Hills.* Nalgonda was earlier referred to as Neelagiri, the name given by some Rajput rulers and the name was changed to Nallagonda only after its conquest by Allauddin Bahaman Shah, a Bahamani king. The district has a major role in Telangana Rebellion. The district is spread over an area of 7,122 square kilometres. The district is divided into three revenue divisions of Nalgonda, Miryalaguda, Devarakonda. These are sub-divided into 31 mandals and has 565 villages.

Nirmal

The Nirmal district is etched out of erstwhile Adilabad District. The district is located in northern Telangana and borders Maharashtra and the Telangana districts of Asifabad (Komuram Bheem), Adilabad, Mancherial, Jagtial and Nizamabad.

The district has two revenue divisions - Nirmal and Bhainsa and 19 mandals, while the district headquarters is located at Nirmal town. Nirmal District derives its name from the king Nimma Rayudu, who played a pivotal role in the development of the region. The district has a great networking of roadways, with the National Highway 44 crisscrossing the district. The district treasures some of the most fertile land in Telangana, with the river Godavari forming the southern border of the district and many small and medium projects being the major irrigation sources. In addition, there are chain tanks built around the Nirmal town. Paddy, cotton, pulses are the primary crops in the district

Nizamabad

Nizamabad is a city in the Indian state of Telangana. Nizamabad is a major urban agglomeration and third largest city in the state. It is governed by municipal corporation and is the headquarters of the Nizamabad district. Although previously part of Hyderabad State and then Andhra Pradesh state, Nizamabad became the part of newly formed state of Telangana by Andhra Pradesh Reorganisation Act, 2014.

The name Nizamabad is derived from *Nizam* meaning *Nizam of Hyderabad* and *bad* means *city* just as in Hyderabad. Sometimes the place is also referred as *The City of Nizams.* The city is bounded on the North by Nirmal, on the East by Jagtial and Karimnagar, on the South lies Kamareddy, and on the West it shares its boundaries with Nanded of Maharashtra State. As of the 2011 India census, Nizamabad had a population of 15.71 Lakh.

Peddepalli

Peddapalle District is carved out of erstwhile Karimnagar district. It is surrounded by Mancherial, Bhoopalapally, Karimnagar, Jagtial districts. The district comprises 14 mandals and two revenue divisions - Peddapalli and Manthani. Peddapalli town is its headquarters. The district has some major railway lines including the one connecting the north and south India passing through it. Hyderabad-Ramagundam State Highway also crisscrosses the district.

NTPC Ramagundam, a part of National Thermal Power Corporation, is situated at Ramagundam. It is one of the major power stations in South India and is the first ISO 14001 certified "Super Thermal Power Station" in India. The district is also home to major industries like Singareni, FCI and many private cement factories.

River Godavari passes through Peddapalle district and the entire district is covered under SRSP command area. The district is known for its paddy produce followed by cotton and maize. The cotton produced here is internationally reputed for its quality. It is also dotted by many rice mills and spinning mills.

Rajanna Sircilla

Sircilla District is carved out of erstwhile Karimnagar district. It is surrounded by Karimnagar, Kamareddy and Siddipet districts. It has one revenue division and 13 mandals. The district's headquarters is located at Sircilla town which is popularly known as Textile town due to the presence of large number of power looms and processing units. A Textile Park is established near Sircilla town and the Telangana Government is proposing Sircilla to be developed as a mega textile zone Maneru, a tributary of Godavari, passes through the district and provides irrigation and drinking water supply benefits.

Sri Raja Rajeswara Swamy Temple, one of the ancient and famous Shaivite temples, is located in Vemulawada town. This Shrine is popularly known as 'Dakshina Kasi' (Southern Banaras). Devotees throng this temple in huge numbers. A dargah within the precincts of the temple stands a testimony to religious tolerance. Rock cut inscriptions found in and around Vemulawada Temple proclaim the historical importance of this place which was the capital of the Vemulawada Chalukyas who ruled from AD 750 to AD 973.

Rangareddy

Rangareddy District was formed on 15th August, 1978 by carving out some portion of Hyderabad Urban Taluk & the merger of the entire Rural and Urban Areas of the remaining Taluks of Erstwhile Hyderabad District. This District is primarily the Rural hinterland for Hyderabad City feeding the powerful commercial Centre with various raw Materials, agriculture produce and finished products.

The Name of the District was Hyderabad (Rural) to begin with. It was changed as K.V. Rangareddy District and later on Rangareddy District. It was named after former Deputy Chief Minister of Andhra Pradesh late Sri K.V. Ranga Reddy (Father-in-Law of former Chief Minister, late Dr M Chenna Reddy). The District is bounded on the North by Medak District, East by Nalgonda District, South by Mahabubnagar District, West by Gulbarga District & North West of Bidar District of Karnataka State. It covers an area of 5,031 square kilometres.

Sangareddy

Sangareddy district is a district located in the northern region of the Indian state of Telangana. Sangareddy is the district headquarters of Sangareddy district. It was named after the ruler Sanga, who was the son of Rani Shankaramba, ruler of Medak during the period of Nizams.

The district is spread over an area of 4403 square kilometres. As of 2011 Census of India, the district has a population of 15.28 Lakh. The district will have three revenue divisions of Narayankhed, Sangareddy and Zaheerabad are sub-divided into 26 mandals. Since Sangareddy is near Hyderabad, it is well connected to other areas like Hitech city, DLF Gachibowli (appx 35 km away), Panjagutta and Secunderabad. The NH-9 passes through the city. About 15 km Away from Sangareddy there is an outer ring road which connects to Shamshabad Airport-Rajiv Gandhi International Airport Hyderabad and to Gachibowli and Medchal.

Siddipet

Siddipet district is carved out of erstwhile Medak district with annexation of some parts of Karimnagar and Warangal districts. The district shares boundaries with Karimnagar, Sircilla, Medak, Medchal, Hanamkonda, Yadadri, Kamareddy, Jangoan districts. The district comprises of 22 mandals and 2 revenue divisions . The district headquarters is located at Siddipet town. The Govt. of Telangana has decided to set up a police commissionerate for the town. The district is spread over an area of 3,632 square kilometres. As of 2011 Census of India, the district has a population of 10.12 Lakh.

Suryapet

Suryapet district is carved out of erstwhile Nalgonda district. The district shares boundaries with Nalgonda, Yadadri, Khammam, Hanamkonda, Mahabubabad districts and the state of Andhra Pradesh. The district comprises 23 mandals and 2 revenue divisions - Suryapet and Kodad. The district headquarters is located at Suryapet town.

Suryapet is historically famous for being a hotspot of the movement against Razakars in Telangana Armed Struggle. Suryapet is now a fast developing region with highly flourishing cement industries. The district having a vast expanse of river Krishna basin, witnesses a quite widespread agriculture while Nagarjuna Sagar left canal is its chief source of irrigation. Suryapet is adorned by many Shivaite temples which were built during the Kakaitya rule and remind everyone of the glorious past of the area.

Vikarabad

Vikarabad district is carved out of erstwhile Rangareddy district. The district shares boundaries with Sangareddy, Rangareddy, Mahabubnager and the state of Karnataka. The district comprises 18 mandals and 2 revenue divisions - Vikarabad and Tandur. The district headquarters is located at Vikarabad town.

Anantagiri hills, one of the most attractive tourist spots in Telangana is the pride of Vikarabad district. Anantagiri hills, the birthplace of river Musi that flows through the city of Hyderabad, attract many nature lovers who are enthralled by the mesmerizing beauty of the hills. The ancient Anantha Padmanabha Swamy Temple which is located in Anantagiri hills, draws many visitors. Lord Vishnu is in the form of Sri Anantha Padmanabha Swamy and Anantagiri is named after the main deity. The district is also home for many other temples viz. Pambanda Ramlingeshwara Temple, Bhavigi Bhadreshwara Temple, Bugga Rameshawaram, Bhukailas, Ekambareshawar, Jhuntupally Rama and Kodangal Venkteshwara Swamy temples.

Wanaparthy

Wanaparthy district is a district in the Indian state of Telangana. It is located 143 km from the state capital Hyderabad. It is also an assembly Constituency in Telangana state. Wanaparthy is a famous historical site in Telangana and had served as capital of Wanaparthy Samsthanam. It was previously part of Mahabubnagar district. The district is spread over an area of 2,152 square kilometres. As of 2011 Census of India, the district has a population of 5.78 Lakh. The district has one revenue division of Wanaparthy and is sub-divided into 14 mandals.

Warangal Rural

During the Kakatiyas reign the Capital of their kingdom was named as "ORUGALLU" or Ekashila Nagar later on, it is called as "Warangal".

The Warangal was the ancient capital of Kakatiyas dynasty, which was ruled by many kings. The Kakatiyas left many monuments including the impressive fortress, four massive stone gateways, big Shivate temple and big lake. They built so many Shivate temples and big lakes for irrigation. After Kakatiyas, it came in the sway of Delhi Sultanate. The Nayaka Chieftains on capturing they ruled over for few years. After demise of the Nayakas, the Warangal became part of Bahmani sultanate of Golkonda. Later, it was annexed in Moghal empire in 1687 and it became a part of Hyderabad state in 1724. Lastly, it was joined in Govt. of free India in Sept, 1948. In 1956, the District of Warangal became a part of Andhra Pradesh under the State Reorganisation Act being Telugu speaking region. After separate Telangana agitation, the Telangana State was formed on 2nd June, 2014 and Warangal became part of Telangana State. The district is spread over an area of 2,175.50 square kilometres. As of 2011 Census of India, the district has a population of 7.19 Lakh. The district will have two revenue divisions of Narsampet and Warangal (rural). It is sub-divided into 15 mandals.

Warangal (Urban)

Warangal (urban) district is located in the northern region of the Indian state of Telangana. The district headquarters are located at Warangal. Warangal Urban district consists of many Prehistoric habitation sites, which were explored by the Indian Archaeological authorities. Paleolithic Rock art paintings are found at *Pandavula gutta.*

Warangal is a land of Sufi Saints like Hazrath Afzal Biyabani, Hazrath Mashooq Allah Sarkar, Hazrath Heere Shah Baba, Hazrath Ghod Sawar Baba, Hazrath Abdul Nabi Shah Qibla R.A, Hazrath Ahmed Shah Baba - Pahadi Shareef which is located in the middle and centre of Hanamkonda on the top of a hill . Padmakshi Gutta consists of a Jain temple dedicated to Goddess Padmavati, located on a hilltop in the heart of the town of Hanamkonda, was originally constructed during

Kakatiya reign. Till the Kakatiya Kings renovated and established the Goddess Padmakshi, previously it was a 'Basadi' a Jain temple. The temple also has rich sculpture of the Jain Tirthankara's and other Jain Gods and Goddesses. The *Kadalalaya basadi* or Padmakshi Temple is built on a large rocky out crop. Warangal district occupies an area of 1,309 square kilometres. As of 2011 Census of India, the district has a population of 10.81 Lakh.

Yadadri Bhuvanagiri

Yadadri district is carved out of erstwhile Nalgonda district. The district shares boundaries with Nalgonda, Suryapet, Warangal Urban, Siddipet, Medchal and Shamshabad districts. The district comprises 16 mandals and 2 revenue divisions - Bhongir and Choutuppal. The district headquarters is located at Bhongir town which a prominent business centre in the region.

Named after the biggest and the most popular pilgrim centre in Telangana, Yadadri is a district of historical and religious importance. The district boasts of Jain Temple at Kolanpak and Bhogir Fort. Yadadri district claims an esteemed position for its historical prominence as well. This region is the birth place of Andhra Mahasabhalu, which ushered in the Indian freedom Movement in the Nizam state. Bhudan Pochampally in the district is the place where the social activist Vinobha Bhave's Bhudhan movement was initiated.

River Musi, local tanks and borewells are the major sources of agriculture which is the main occupation of the people in the rural areas of the district. Textile industry is also one of the focal points of the district. Pochampally handloom products are of national and international repute. Small and medium scale industries situated in and around Bibinagar and Bhongir are the sources of employment to many locals. Choutuppal, Yadagirigutta, Aler, Mothkur and Ramannapet are the other towns of significance in the district.

Hyderabad

Hyderabad District is a district in the state of Telangana that contains a part of the metropolitan area of Hyderabad. It is the smallest of all the districts in the state, but has the highest human density. The district is a city district which means that it does not have a district headquarters. Old MCH area, which is central region of Hyderabad city comes under this district.

Hyderabad district was formed in 1948 after Police Action by merging Atraf-a-Balda District and Baghat District. Baghat was previously a Taluk in Atraf-e-Balda District, and was made a separate district in 1931-34 under the subedar of Medak division. In 1978 Hyderabad district was later split into Hyderabad Urban District and Hyderabad Rural District. Hyderabad rural district was later renamed as Ranga Reddy District. Hyderbad Urban district is now known as Hyderabad district.

COMMON HIGH COURT OF A.P AND TELANGANA

First and foremost is the Rule of Law in any state which is well taken care of by courts in Telangana. The Andhra Pradesh High Court was formed in 1956 as a consequence of States Reorganisation Act.

High Court of Andhra Pradesh and Telangana

After the formation of Telangana, the Andhra Pradesh High court has got a new name, that is, the High Court of Judicature at Hyderabad for the state of Telangana and the state of Andhra Pradesh. It is a common High Court for both the states.

Chief Justices of the State

Sl. No.	Name	Duration
1.	Nawab Alam yar jung Bahadur	....
2.	Koka Subba Rao	1956-1958
3.	P. Chandra Reddy	1958-1964
4.	P. Satyanarayana Raju	1964-1965
5.	Manohar Pershad	1965-1966
6.	N. D. Krishna Rao	1966-1966
7.	P. Jagan Mohan Reddy	1966-1969
8.	N. Kumarayya	1969-1971
9.	K.V.L.Narasimham	1971-1972
10.	Gopal Rao Ekbote	1972-1974
11.	S. Obul Reddi	1974-1978
12.	B.J.Divan	1976-1977
13.	Avula Sambasiva Rao	1978-1979
14.	Challa Kondaiah	1979-1980
15.	Alladi Kuppu Swami	1980-1982
16.	K.Madhava Reddy	1982-1984
17.	Koka Ramachandra Rao	1984-1984
18.	P.Chennakesav Reddi	1985-1985
19.	K.Bhaskaran	1985-1988
20.	Yogeshwar Dayal	1988-1991
21.	S.C.Pratap	1991-1992
22.	S.B.Majumdar	1992-1993
23.	Sundaram Nainar Sundaram	1993-1994
24.	Saiyed Sagir Ahmed	1994-1995

Sl.No.	Name	Duration
25.	Prabha Shankar Mishra	1995-1997
26.	Umesh Chandra Banerjee	1998
27.	Manmohan Singh Liberhan	1998-2000
28.	Satyabrata Sinha	2000-2001
29.	Dr A.R.Lakshmanan	2001-2002
30.	Devinder Gupta	2003-2005
31.	G.S. Singhvi	2005-2007
32.	Anil Ramesh Dave	2007-2010
33.	Nisar Ahmad Kakru	2010-2011
34.	Madan Lokur	2011-2012
35.	Pinaki Chandra Ghose	2012-2013
36.	Kalyan Jyoti Sengupta	2013-2015
37.	Dilip Babasaheb Bhosale	2015-2016
38.	Ramesh Ranganathan (Acting)	2016- ......

Representation in the Legislative Assembly and Council

Today, the total number of seats in the Legislative for Andhra Pradesh is 175 and for Telangana it is 119. The Governor may nominate one member each from the Anglo Indian community to the Legislative Assembly. The Legislative Council of Andhra Pradesh will have a maximum of 50 members while Telangana will comprise of 40 members.

Telangana State Public Service Commission

Telangana State Public Service Commission is the youngest Public Service Commission in the country. Hyderabad State was one of the prominent princely State in India and inherits over 400 years of rich tradition and culture with unparalleled grace and historical significance. The system of selecting young talent for public services through a process of selection was in vogue in the Hyderabad State since the period of Mir Mahaboob Ali Pasha, VI Nizam (1869-1911). Hyderabad Civil Service Committee was established by the 1919 Firman and the Hyderabad Public Service Commission was established by a Firman on 27 April 1947 emulating the model of British Provincial Public Service Commission with a Chairman and Members not exceeding four in number. The establishment of the Commission was a significant landmark during the Asaf Jahi rule and brought the entire administrative machinery of civil services of the Nizam's State in tune with the modern times and Hyderabad Civil Service was considered a coveted and elite service in those days.

The Hyderabad Public Service Commission was constituted on the model of British Provincial Public Service Commission with similar functions. It consisted of a Chairman and Members not exceeding four in number. They were appointed by His Highness the Nizam on the recommendation of the President of the Executive Council. The Chairman and Members of the Hyderabad Public Service Commission were not permitted to further employment after relinquishing their office.

The Public Service Commission established by the last Nizam, Mir Osman Ali Khan in 1947 became the forerunner of the Hyderabad Public Service Commission under the Constitution of India, during the period of Burgula Ramakrishna Rao, the first elected Chief Minister of Hyderabad State. The Hyderabad Public Service Commission was finally merged into the Andhra Pradesh Public Service Commission in 1956. Andhra Pradesh Public Service Commission was in existence until the united Andhra Pradesh State was bifurcated into Telangana State and AP State in accordance with AP Reorganization Act, 2014.

E-Panchayat Mission

Central government started e-panchayat mission mode project. Under this one panchayat has been selected from each state. Chotuppal from Nalgonda district got place in the list released by central govt. project. This program is a part of national e-governance plan.

Promoting People's Welfare is the central agenda of the Government. Accordingly, a number of initiatives have been taken by the Government after the formation of Telengana State. In this regard, a sector-wise broad over view is presented in this section.

WELFARE SCHEMES

Aasara Pensions

Government, as a part of its welfare measures and social safety net strategy introduced the "Aasara" pensions, with a view to ensure secured life with dignity for all the poor. 'Aasara' pension scheme is meant to protect the most vulnerable sections of society in particular the old and infirm, people with HIV-AIDS, widows, incapacitated weavers and toddy tappers, who have lost their means of livelihood with growing age, in order to support their day to day minimum needs required to lead a life of dignity and social security. With a view to combat the ever-increasing cost of living and inflation, the Telangana Government introduced a new Pension scheme called "Aasara" enhancing the monthly Pension from ₹ 200 to ₹ 1000 for old age persons, widows, weavers, toddy tappers and AIDS patients and ₹ 500 to ₹ 1500 for disabled persons.

Public Distribution System

Government of Telangana decided to issue Food Security Cards to all priority groups and all eligible BPL households with an objective to provide subsidized food grains and other essential commodities to the eligible households. To arrive at the eligibility of the BPL families (priority house holds) the family income limit in rural areas has been increased to ₹ 1.50 lakhs and in urban areas to ₹ 2 lakhs. The land ceiling has also been increased to 3.5 acres of wet land and 7.5 acres of dry land. All 87.57 lakh eligible families for Food Security Cards (covering 2.80 crore beneficiaries) are being supplied rice from 1st January 2015 to 6 kg. per person without any ceiling on the number of members in the family and AAY families to 35 kg. per card.

Mahatma Gandhi National Rural Employment Guarantee Scheme (MGNREGS)

The Mahatma Gandhi National Rural Employment Guarantee Act (NREGA) was notified on September, 2005. The Act provides a legal guarantee of 100 days of wage employment in a financial year to every rural household whose adult members volunteer to do unskilled manual work at the notified wage rate. The objectives of this Act are to supplement wage employment opportunity in rural areas and to build up durable assets in the process, proactively ensuring social inclusion and strengthening Panchayat Raj Institutions.

Society for Elimination of Rural Poverty

Society for the Elimination of Rural Poverty (SERP) with the assistance from the World Bank, has mobilised the women in rural areas to form self-help groups in the early 2000s. This network of Community Based Organizations (CBOs) helped leverage and promote financial inclusion, which was then expanded to include land based livelihood, skills training, livelihoods support, access to Government programs, and initiatives to improve health and education outcomes. Nearly 90 per cent of the poor households in the State are members of these community institutions.

Telangana Palle Pragathi Project

Telangana Palle Pragathi Project (Telangana Rural Inclusive Growth Project – TRIGP) focusses on enabling the institutional platforms of the poor to achieve 'inclusive growth' by expanding and diversifying livelihood opportunities and 'improved quality' of life through human development initiatives and access to entitlements, particularly for the poorest of poor rural households. The total cost for the proposed Project has been estimated at ₹ 642.00 crore with the Government share of ₹ 192.00 crore and ₹ 450 crore funded by the World Bank. The project period for implementation is 5 years starting from February-2015 to February-2020.

The beneficiaries targeted are small and marginal farmers and the SC/ST households from communities in the 150 most backward Mandals in the newly created State of Telangana, covering about 6,000 villages. There are five components for the project, Value Chain development, Human Development, Palle Pragathi Seva Kendra, ICT & Partnerships and Project Implementation Support.

Mission for Elimination of Poverty in Municipal Areas (MEPMA)

The main objective of mission for elimination of poverty in Municipal Areas (MEPMA) is to organize poor women into SHGs by covering all families living in slums and enable them to become self-reliant. Around 12.66 lakh women members formed into 1.26 lakh Women Self Help Groups (SHGs). A total of 4177 Slum Level Federations (SLF) and 97 Town Level Federations (TLF) have been formed up to December 2014. Around 19,900 persons with disabilities are also organized into 3,980 exclusive SHGs. 57 Town Vikalangula Samakyas (TVSs) and 55 Parents Associations of Persons with Mental Rehabilitation were formed in the State.

Telangana Drinking Water Supply Project

Telangana Drinking Water Supply Project (TDWSP) is a flagship programme of the State of Telangana TDWP will provide drinking water at the rate of 100 lpcd per person to the 319 lakh population in the state living in 25,139 rural habitations and 67 municipal bodies in nine districts, excluding Hyderabad. The total project cost is estimated to be about ₹ 42,000 crores, including bulk water supply (treatment and transmission system) managed by Telangana Drinking Water Supply Corporation (TDWSC), Intravillage water supply system managed by the Village Water and Sanitation Committee, sanitation and hygiene education, institution development and project management. All the ongoing drinking water projects will be integrated into the proposed TDW Project.

SCHEDULED CASTES WELFARE

The Scheduled Castes population in Telangana is 54,32,680 which is 15.44% of the total population as per 2011 Census of which 75.40% are in rural areas and 24.60% in Urban areas. Literacy rate among SCs in the State is 52.52 per cent. A number of new initiatives have been made since the formation of the State for socio-economic, educational development and welfare of Scheduled Castes which are described below.

Ananda Nilayams

The inmates of nearly 33 Ananda Nilayams who are from orphan families and from families engaged in unclean occupations are provided all facilities on par with the boarders in Social Welfare hostels.

Ambedkar Overseas Vidya Nidhi

To help SC students pursue higher education in foreign universities an assistance of ₹ 20.00 lakh each is sanctioned to meritorious students.

Land Purchase Scheme

The Government of Telangana has launched a flagship programme of Land Purchase Scheme for the benefit of the poorest of the poor SC Women families. Under this programme, the poorest of the poor SC women beneficiaries who are absolutely landless agricultural families (Bhoomileni Nirupeda Dalita Vyavasaya Aadharitha Kutumbhalu) are to be provided up to three acres of land in the 1st phase and other SC beneficiaries having small pieces of land i.e., ½ acre, 1.00 acres, 2.00 acres etc. to be provided with balance extent of land to make them land owners of 3.00 acres each, in the next phases.

A comprehensive package is envisaged to include provision of irrigation facilities, drip facilities, seed, cost of cultivation, fertilizers, pesticides, ploughing, micro-irrigation, energisation of pump-sets etc. for one crop year in addition to providing funds for Land Development, preparation of nursery and agricultural inputs. The amount for meeting the cost of cultivation etc. is directly transferred into the beneficiary's account. The Land Purchase Scheme is implemented with 100% subsidy and without any contribution from the beneficiaries and also without bank linkages.

Scheduled Castes Cooperative Finance Corporation Limited

The main objective of the Corporation is to provide financial assistance for creation of income generating assets to the poor Scheduled Caste households for their social and economic development. SC Action Plans are prepared to assist maximum number of poor SC beneficiaries under various Economic Developmental schemes.

TRIBAL WELFARE

There are 32 Tribal groups living in the State which include 4 PvTGs (Particularly vulnerable Tribal Groups - earlier known as Primitive Tribal Group) viz., Kondareddies, Chenchus, Kolams and Thoties living in Khammam, Mahaboobnagar, Nalgonda, Rangareddy, Adilabad Districts. The Government have accorded high priority for accelerated development of Tribals by implementing socio-economic development schemes. The major focus is on Education, Economic support and land based schemes.

Ashram Schools and Hostels

Tribal welfare department is maintaining 283 Ashram Schools with a strength of 85,843 ST students, 212 Hostels with a strength of 40,763 and 101 Post-matric Hostels with boarder strength of 20,100 students.

Implementation of Recognition of Forest Rights Act 2006

The Scheduled Tribes and Other Traditional Forest Dwellers (Recognition of Forest Rights) Act, 2006 provides recognizing and recording the rights of forest dwellers who have been residing and depending on the forest, for generations for their bonafide livelihood. The Act also reserves certain community rights and provides for rights to collect minor forest produce.

Kalyana Lakshmi Pathakam

To alleviate financial distress of SC/ST families, Government decided to sanction a one-time financial assistance of ₹ 1,00,116/- at the time of marriage to each SC/ST girl, who is a resident of Telangana State. Accordingly, Kalyana Lakshmi Pathakam has been introduced with effect from 2nd October, 2014 for unmarried girls, who have completed 18 years of age at the time of marriage and whose parental income does not exceed ₹ 2.00 lakh per annum.

Girijan Cooperative Corporation Limited

Girijan Cooperative Corporation was established for the socio-economic development of the agency tribals. Honey Processing unit at Kamareddy (Nizamabad District), Soaps Production Unit at Nirmal (Adilabad District), Turmeric Powder Unit at Eturunagaram (Warangal District), Shampoo Manufacturing Unit at Kondanagula (Mahaboobnagar District) are established for supply of quality products to the Tribal Welfare Hostels and to the tribals. Construction of Multi Commodity Cold Storages, Society Office Buildings, Multipurpose DR Depot cum NTFP Storage Godowns etc. are being taken up.

BACKWARD CLASSES WELFARE

Backward Classes Cooperative Finanace Corporation Ltd.

The Corporation is implementing the schemes of Margin Money and Rajiv Abhyudaya Yojana.

Margin Money : The Scheme is aimed at providing financial assistance to the BC beneficiaries in the Agriculture and Allied Sectors, Small Business and Industry, Service and Transport Sector activities. The scheme is being implemented with 50% subsidy on unit cost not exceeding ₹ 1.00 lakh per beneficiary and 50% unit cost as Bank Loan. Wherever, unit cost is more than ₹ 2.00 lakh, subsidy of ₹ 1.00 lakh is provided and the balance is loan from the Bank.

Scheme to Help BC Atrisans and Occupational Groups

To provide financial assistance to the BC Artisans/BC Occupational Groups in urban area a subsidy of 50% unit cost not exceeding ₹ 1,00,000 per beneficiary is provided and wherever unit cost is more than ₹ 2,00,000, ₹ 1,00,000 subsidy is provided and the balance is loan from the Bank.

MINORITIES WELFARE

Minorities constitute significant component in demographic profile of the State. Most of these sections have deprivations both on economic and social fronts. The Government, therefore, considered as a variety of developmental and welfare programmes for their benefit.

State Minorities Finance Corporation Ltd.

The Government intends skill upgradation through training to enable the youth to compete for jobs and to empower their economic development.

Telangana State Christian (Minorities) Finance Corporation

Corporation aims to advance welfare and development of poor Christians in the State and focuses on the issues faced by them in a time bound manner by co-ordinating with all Ministries of the Government. The Corporation initiated various activities especially in the areas of education and employment since its inception.

Shaadi Mubarak

The Government of Telangana introduced the "Shaadi Mubaarak Scheme" with effect from 2nd October, 2014 to all Minority community unmarried girls on their marriage with a view to alleviate financial distress in the family. Under the Scheme, a onetime financial assistance of ₹ 1,00,116/- shall be granted to every Minority girl before the marriage, provided application is submitted at least one month in advance from the date of marriage subject to the guidelines.

WOMEN DEVELOPMENT AND CHILD WELFARE

The principle of gender inequality is enshrined in the Indian Constitution. The Constitution of India guarantees equality of opportunity, equal pay for equal work, no discrimination to all women. It also allows special provisions to be made by the State in favour of women and children for securing just and human conditions of work that renounce practices derogatory to the dignity of women.

Stree Nidhi

Stree Nidhi has earned a unique place in delivering of credit to poor, presiding timely and appropriate credit. Measure will be taken to portion the same as a livelihood promoting institutions to augment income of the poor. There are 436 Mandal Mahila Samakhyas (MMS) of SHGs in association with Government of Telangana have promoted "Stree Nidhi Credit Co-operative Federation Ltd." to address the issues of inadequate finance and to ensure timely availability of credit, preferably within 48 hours, for meeting emergency and other needs of the poorest of the poor.

Arogyalaxmi Programme

The programme provides one full meal for pregnant and lactating women. It is being expanded in all Anganwadi Centres (AWCs) from 1st January, 2015. Pregnant and lactating women are provided one full meal every day in AWCs. 5,66,917 women have been covered incurring an expenditure of ₹ 105.86 Crores.

Telangana State Society for Protection and Empowerment of Women

The "Telangana State Society for Protection and Empowerment of Women" is registered under the Societies Registration Act, 2001 on 25 November, 2014, for the safety, security, protection and empowerment of women and girls in the State.

She-Taxi Scheme

The State has constituted a committee for implementation of the Scheme. Notification was issued for calling applications from eligible candidates. The State Government is providing 40% subsidy on each taxi.

Integrated Child Development Services

The ICDS Scheme is a single largest centrally sponsored integrated programme to improve the nutritional and health status of children in the age group of 0-6 years and to contribute to their psychological, physical and social development. Following services are provided through ICDS:

(a) Supplementary Nutrition Program to 0 to 6 years children, pregnant and lactating mothers

(b) Pre-School Education to Children

(c) Immunization

(d) Health Checkups

(e) Referral Services

(f) Health & Nutrition Education to Children, Women and Adolescent Girls.

Kishori Shakti Yajana

The scheme aims at empowering Adolescent Girls in the age group of 11-18 years by breaking the inter-cycle of nutritional and gender disadvantages and providing a supportive environment for self-development. The main focus is on Nutrition, Health, Education skill development, and training on home based skills, life skills and Vocational skills.

Integrated Child Protection Scheme

The ICPS will provide preventive, statutory, care and rehabilitation services to vulnerable children including those from potentially vulnerable families and families at risk, children of socially excluded groups like migrant families, families living in extreme poverty, SCs, STs & OBCs families subjected to or affected by discrimination, minorities, children infected and/or affected by HIV/AIDS, orphans, child drug abusers, children of substance abusers, child beggars, trafficked or sexually exploited children, children of prisoners, street & working children.

JUVENILE WELFARE

Juvenile Welfare is addressed through education and focussed institutional and non-institutional services. Vocational training is an important part under this programme. There are two Children Homes, three Observation Homes, one Special Home and one Home exclusively for the Girls and one After Care Home in the Telangana State. Non-institutional services are extended through 'YUVA Adolescent Counselling & Guidance Clinics.' These services include Psychological & Health related awareness, Counseling & Guidance Services to the children & Adolescents.

WELFARE OF DISABLED AND SENIOR CITIZENS

Government of India enacted the Maintenance and Welfare of Parents and Senior Citizens Act, 2007 (Act 56 of 2007). Appellate tribunals were also constituted in all the Districts headed by the District Collectors. There are 42 Tribunals functioning in the State.

Pension-cum-Insurance Scheme

This is a co-contributory pension cum insurance scheme visualized by the State Government for the benefit of SHG women over and above the age of 18 years in urban areas to provide social security after the age of 60 years.

TELANGANA GK
Multiple Choice Questions

1. Telangana Grameena Bank is
  A. a Co-operative Bank
  B. a Government Scheduled Bank
  C. a Housing Bank
  D. an Investment Bank

2. The Scheme 'HRIDAY' is related to
  A. Urban development
  B. Rural development
  C. Health improvement
  D. Literacy improvement

3. 'Sabla' scheme is meant for empowerment of
  A. Adolescent girls
  B. Physically challenged girls
  C. Members of self help groups
  D. Girls belonging to weaker sections

4. What was the currency of Hyderabad State during the period of last Nizam?
  A. Ana
  B. Nizamia Ana
  C. Osmania Sikka
  D. Nizamia Sikka

5. "Telangana Palle Pragathi" project was launched in the village of
  A. Kowdipally, Medak District
  B. Erravalli, Medak District
  C. Mulkanoor, Karimnagar District
  D. Chevella, Rangareddy District

6. Name of the Bank founded by the last Nizam of Hyderabad Mir Osman Ali Khan is
  A. Nizam State Bank
  B. Hyderabad Provincial Bank
  C. Hyderabad Commerical Bank
  D. Hyderabad State Bank

7. Who constructed the 'Masaheba' tank in Hyderabad?
  A. Hayat Bakshi Begum
  B. Khanan Bakshi Begum
  C. Ameena Bibi
  D. Meherunnisa

8. Who established the State Depressed Classes Association in Hyderabad?
  A. Arige Ramaswamy
  B. Yathiraj
  C. Bhagya Reddy Varma
  D. B.S. Venkat Rao

9. Which of the following committee was appointed by the VII Nizam to suggest Constitutional Reforms?
   A. Ali Imam Committee
   B. Aravamudu Iyengar Committee
   C. Pingali Venkataram Reddy Committee
   D. Mirza Yar Jung Committee

10. Which Landlord donated his lands during the Bhoodan Movement in Telangana?
   A. Visnuri Ramchandra Reddy
   B. Katkuri Krishna Rao
   C. Pingali Venkat Rao
   D. Vedire Ramachandra Reddy

11. Who was the incharge of 'Port-Cities' during Qutubshahi period?
   A. Ain-ul-Mulk
   B. Shah-Bandhar
   C. Dabir
   D. Kotwal

12. For the maintenance of the Hyderabad Contingent Forces, which area was surrendered to the British by the Nizam's Government?
   A. Aurangabad
   B. Warangal
   C. Mahaboobnagar
   D. Berar

13. Who was the founder of the Salarjung Museum in Hyderabad?
   A. Salarjung-I
   B. Salarjung-II
   C. Salarjung-III
   D. Osman Ali Khan

14. Which of the following district has the lowest HDI (Human Development Index) in Telangana State?
   A. Nalgonda
   B. Mahaboobnagar
   C. Adilabad
   D. Khammam

15. Which district has the lowest population in Telangana State as per 2011 Census?
   A. Kumaram Bheem
   B. Khammam
   C. Adilabad
   D. Warangal

16. Density of population in Telangana as per 2011 Census
   A. 227 persons per sq. Km.
   B. 306 persons per sq. Km.
   C. 325 persons per sq. km.
   D. 350 persons per sq. Km.

17. Which of the following is the leading Rice crop producing district in Telangana State?
   A. Nalgonda
   B. Nizamabad
   C. Karimnagar
   D. Warangal

18. Second largest district in Telangana State, area-wise is
   A. Mahaboobnagar
   B. Nalgonda
   C. Karimnagar
   D. Khammam

19. Least Urbanized district in Telangana as per 2011 Census is
    A. Mahaboobnagar   B. Nalgonda
    C. Adilabad   D. Medak

20. Tank irrigation area predominantly found in the district of
    A. Khammam   B. Karimnagar
    C. Nizamabad   D. Warangal

21. 'Gusadi' Dance is popular in which district of Telangana?
    A. Nizamabad   B. Khammam
    C. Warangal   D. Adilabad

22. The other popular name of Komaravelli Veerabhadra Swamy is
    A. Ellanna   B. Mallanna
    C. Rajanna   D. Beeranna

23. Name the village of Telangana, in which coal was found for the first time.
    A. Bellampalli   B. Bhupalpalli
    C. Yellandu   D. Ramagundam

24. Who established the Asian Largest Sugar Factory in Shakkar Nagar?
    A. Sharad Pawar   B. Mir Osman Ali Khan
    C. Azam Khan   D. N.T. Rama Rao

25. How many Mandals of Khammam District are merged in Andhra Pradesh after bifurcation of the State?
    A. 6   B. 7
    C. 8   D. 9

26. Where is the 100 pillar temple located?
    A. Nizamabad   B. Hanmakonda
    C. Medak   D. Karimnagar

27. The Dandora Movement was launched for the purpose of
    A. Sub-classification of Scheduled Castes
    B. Sub-classification of Scheduled Tribes
    C. Sub-classification of the most Backward classes
    D. Abolition of Caste based reservation

28. Which district in Telangana has the highest number of cement factories?
    A. Warangal   B. Khammam
    C. Nalgonda   D. Nizamabad

29. Munneru River flows through which district of Telangana?
    A. Karimnagar   B. Adilabad
    C. Khammam   D. Medak

30. In which district of Telangana the Amrabad Tiger Reserve is located?
    A. Karimnagar   B. Mahaboobnagar
    C. Adilabad   D. Khammam

31. The Gun Park in Hyderabad is built to commemorate
    A. The peasants who lost their lives in the Telangana Armed struggle.
    B. The students who lost their lives during the 1969 Telangana Movement.
    C. The soldiers who lost their lives during the 1857 revolt.
    D. The nationalists who died during the Quit India Movement.

32. Match the following in regard to model villages in Telangana :
    (a) Gangadevipalli   1. Co-op. Bank
    (b) Ankapur   2. Prohibition and Sanitation
    (c) Mulkanoor   3. Internet Village
    (d) Siddapur   4. Scientific Agriculture and Seed Production

    Options:

	(a)	(b)	(c)	(d)
A.	2	4	1	3
B.	2	4	3	1
C.	4	2	3	1
D.	4	2	1	3

33. Which of the following is NOT associated with the Krishna river?
    A. Nagarjuna Sagar Project   B. Srisailam Project
    C. Pulichintala Project   D. Ellampally Project

34. Arrange the following from North to South of Telangana:
    1. Bhongir Fort   2. Kakatiya kala Toranam
    3. Rachakonda Fort   4. Ramagiri Fort

    Options:
    A. 3, 2, 1, 4   B. 4, 2, 1, 3
    C. 1, 2, 3, 4   D. 4, 3, 2, 1

35. Match the following :
    (a) Telangana Martyrs Statue   1. Byroju Venkata Ramanachary
    (b) School Prayer Pledge   2. Paravastu Lokeshwar
    (c) Telangana Talli   3. Paidimarri Venkata Subba Rao
    (d) Salam Hyderabad   4. Dr. Ekka Yadagiri Rao

    Options:

	(a)	(b)	(c)	(d)
A.	4	3	2	1
B.	4	3	1	2
C.	3	4	1	2
D.	3	4	2	1

36. Match the following:

(a) Perini	1. Leg Bone Soup of Hyderabad
(b) Paaya	2. A Tribal Festival
(c) Ikat	3. Dance Style
(d) Teez	4. A Dyeing Technique

Options:

	(a)	(b)	(c)	(d)
A.	3	1	4	2
B.	3	1	2	4
C.	1	3	4	2
D.	1	3	2	4

37. The Indian Tsunami Early Warning Centre is located at
A. Chennai
B. Hyderabad
C. Kolkata
D. Mumbai

38. The first Geographical Indication in Telangana area was registered in respect of the following goods:
A. Pochampally Dress Designs
B. Hyderabadi Haleem
C. Hyderabadi Biryani
D. Pembarti Metal craft

39. Who is the famous Oggukatha Artist?
A. Alekya Punjala
B. Sindu Yellamma
C. Chukka Sattaiah
D. Chukka Ramayya

40. In Telangana which district is known for Silver Filigree?
A. Nizamabad
B. Khammam
C. Warangal
D. Karimnagar

41. In Telangana the Nallamala Forests are spread in
A. Adilabad and Nizamabad
B. Mahaboobnagar and Nalgonda
C. Adilabad and Warangal
D. Mahaboobnagar and Rangareddy

42. Nataraja Ramakrishna is an expert of which dance form?
A. Perini Shiva Tandavam
B. Oggu-Katha
C. Kuchipudi
D. Kathakali

43. Pillala Marri is situated in the district of
A. Medak
B. Nalgonda
C. Mahaboobnagar
D. Nizamabad

44. The first Open University of India was established in
A. Ahmedabad
B. Hyderabad
C. Allahabad
D. New Delhi

45. As per 2011 Census density of population in Telangana State is:
A. 306
B. 350
C. 382
D. 390

46. Hyderabad Tenancy and Agricultural Land Act was enacted in the year
    A. 1948   B. 1950
    C. 1956   D. 1975

47. Which district has the highest ST population share in its total population?
    A. Mahabubabad   B. Adilabad
    C. Nalgonda   D. Warangal

48. Major source of irrigation for agriculture in the Telangana State:
    A. Canals   B. Tanks
    C. Wells   D. Water-Harvesting Pits

49. As per 2011 Census lowest literacy rate district in Telangana State:
    A. Medak   B. Jogulamba
    C. Adilabad   D. Khammam

50. In Telangana 'Budubunga' is
    A. a tree   B. a bird
    C. a type of pot   D. a fruit

51. Secunderabad was named after whom?
    A. Secunder Pasha   B. Secunder Bakht
    C. Secunder Jha   D. Secunder Lodhi

52. Identify the commander-in-chief who led the Nizam's Army during the Operation Polo:
    A. Laiq Ali   B. Kasim Razvi
    C. S.A. Eldruss   D. Mehdi yar Jung

53. The Mozam Jahi Market in Hyderabad was named after
    A. the second son of Osman Ali Khan
    B. the first son of Osman Ali Khan
    C. the brother of Osman Ali Khan
    D. the grandson of Mehaboob Ali Khan

54. The Hali Sicca was introduced by
    A. Quli Qutub Shah   B. Salar Jung I
    C. Mir Alam   D. Bahadur Yar Jung

55. During the 1857 revolt in Hyderabad Turrebaz Khan was shot dead at
    A. Medak   B. Shamirpet
    C. Toopran   D. Bhongir

56. Khilashapuram in Warangal district was associated with
    A. Padmanayakas   B. Sarvai Papanna
    C. Akkanna-Madanna   D. Gona Budda Reddy

57. Prataparudra-Yashobushanam was written by
    A. Vidyanatha   B. Ketana
    C. Potana   D. Thikkana

58. Chakali Ailamma fought against the Landlord of
    A. Palakurthi   B. Kadivendi
    C. Visnur   D. Jangaon

59. For which novel Ampa Shayya Naveen got 'Kendra Sahitya Academy' award?
    A. Kala Megham   B. Telanganam
    C. Ampa Shayya   D. Kala Rekhalu

60. 'Maneru' river is a tributary of
    A. Godavari   B. Krishna
    C. Penganga   D. Manjeera

61. The Devadasi/Jogini system prevalent in Telangana would be violative of which of the fundamental rights?
    A. Right to Equality   B. Right against Exploitation
    C. Right to Freedom of Religion   D. Right to Life and Personal Liberty

62. Which town was the district head-quarter prior to formation of mahaboobnagar district?
    A. Gadwal   B. Wanaparthy
    C. Nagarkurnool   D. Narayanpet

63. The total number of tanks/lakes proposed to desilted under the scheme of 'Mission Kakatiya' of Telangana Government:
    A. 9300   B. 8212
    C. 46500   D. 54000

64. Who is the author of famous song "Jaya Jayahe Telangana"?
    A. Goreti Venkanna   B. Gaddar
    C. Guda Anjaiah   D. Ande Sri

65. Name the pension scheme launched by the Telangana Government.
    A. Bharosa   B. Aasara
    C. Roshini   D. Sahaya

66. Komaravelli Mallanna Temple is located in the district of
    A. Medak   B. Karimnagar
    C. Rangareddy   D. Warangal

67. The Director of Telugu Film "Nimajjanam" which who the Best Telugu Film National Award in 1979 hailed from Karimnagar District. What is his name?
    A. M. Prabhakar Reddy   B. B.S. Narayana
    C. Tyagaraju   D. Narsinga Rao

68. The popular Dance form during the Kakatiya period was
A. Chindu
B. Yakshaganam
C. Perini Shivatandavam
D. Kakatikeli

69. The famous Telugu Film Lyricist Chandra Bose belongs to which district?
A. Krishna
B. Prakasam
C. Warangal
D. Karimnagar

70. In Telangana villages Ganagalam is used for which purpose?
A. Cooking Food
B. Storage of water
C. Storage of Grain
D. Measuring Grain

71. 'Enamamula' in Telangana is famously known for
A. Textiles
B. Grain market
C. Silk
D. Pilgrimage centre

72. The proposed 'Pharma City' by the Telangana Government will be located at
A. Jeedimetla
B. Shamshabad
C. Muccherla
D. Shamirpet

73. Which among the following districts in Telangana State does not have inter-state boundary?
A. Rangareddy
B. Hyderabad
C. Nalgonda
D. Mahaboobnagar

74. Telangana Water Grid aims at providing drinking water to
A. Towns and Villages
B. Greater Hyderabad only
C. Rural areas only
D. Major urban areas only

75. Indravati is a tributary of
A. Mahanadi
B. Krishna
C. Godavari
D. Tungabhadra

76. The Bayyaram Tank was built by
A. Rudra Deva
B. Rudrama Devi
C. Mailamba
D. Ganapati Deva

77. Which Qutub Shahi king was called as 'Malkibarama'.
A. Jamsheed Qutub Shah
B. Ibrahim Qutub Shah
C. Abdulla Qutub Shah
D. Mohammad Qutub Shah

78. Who supported Turebaz Khan during the 1857 revolt?
A. Maskan Ali
B. Dilwar Khan
C. Moulvi Ala-ud-din
D. Abbaz Khan

79. Who was conferred with D.C.L., an Honorary Degree by Oxford University
A. Sarojini Naidu
B. Ali yavar Jung
C. Salar Jung I
D. Salarjung III

80. Whom did SalarJung I appoint as the Revenue Minister?
    A. Mukharam-ud-daula Bahadur   B. Shamshir Jung Bahadur
    C. Shahab Jung Bahadur   D. Bassalat Jung Bahadur

81. Which one of the following was not built during the reign of the last Nizam?
    A. Wyra Project   B. Palair Project
    C. Nizam Sagar   D. Hussain Sagar

82. Who wrote "Our Struggle for Emancipation"
    A. V. Shyam Sundar   B. B.S. Venkat Rao
    C. P.R. Venkataswamy   D. Bhagya Reddy Varma

83. Who were the Editors of the Rahbar-e-Deccan News paper published in Hyderabad
    A. Ahmed Mohiuddin and Abdulla Khan
    B. Bahadur Yar Jung and Kasim Razvi
    C. Nizamat Jung and Bahadur Yar Jung
    D. Akbar Hydari and Ahmed Arif

84. Who was the British Resident at the time of 1857 Revolt in Hyderabad?
    A. Davidson   B. Kirk Patrick
    C. Henry Russel   D. Charles Metcalf

85. Who among the following Hyderabadi joined the Azad Hind Fauz?
    A. Abid Hasan Safrani   B. Shaik Mohiuddin
    C. Ramakrishna Dhoot   D. Ravi Narayana Reddy

86. In Telangana State, red soils are predominant with a percentage of area about:
    A. 48%   B. 55%
    C. 59%   D. 62%

87. The Headquarter of Northern Telangana Agro Climatic Zone is located at
    A. Karimnagar   B. Manchiryal
    C. Warangal   D. Jagitial

88. The percentage of rainfall Telangana State receives through south-west monsoon
    A. 70%   B. 80%
    C. 90%   D. 95%

89. Kawal wild life sanctuary is located at
    A. Pocharam   B. Jannaram
    C. Eturunagaram   D. Pakhala

90. Major source of power in Telangana at present is
    A. Thermal   B. Hydel
    C. Nuclear   D. Bio-fuel

91. Aero space industry in Hyderabad is located at
    A. Turkapally
    B. Tukkuguda
    C. Adibatla
    D. Pollepalli

92. The district of Telangana with the highest percentage of ST population
    A. Warangal
    B. Khammam
    C. Adilabad
    D. Mahaboobnagar

93. Number of districts that the Hyderabad Metropolitan Development Area (HMDA) spreads over
    A. Three
    B. Five
    C. Four
    D. Six

94. Mission Kakatiya does not aim at
    A. Desilting Tank beds
    B. Strengthening Tank bunds
    C. Repairing the feeder channels
    D. Linking of Tanks

95. T-Hub in Hyderabad is located at
    A. IIT Hyderabad
    B. IIIT Hyderabad
    C. HCU
    D. Raheja Mind Space

96. The popular 'Fair' celebrated by Gonds in Adilabad district
    A. Sammakka Sarakka
    B. Nagoba
    C. Teez
    D. Komarelli

97. The word 'Thari' in Telangana denotes:
    A. Land having water source
    B. Land without water source
    C. Forest land
    D. Grazing land

98. The 'Jammi' leaves given to each other on the eve of Dasara festival in Telangana are called
    A. Prasadam
    B. Bonam
    C. Nyvedyam
    D. Bangaram

99. Who led the TNGO's Strike during 1969 Telangana Movement.
    A. Sridhar Reddy
    B. Madan Mohan
    C. Amos
    D. Keshava Rao

100. Who was the play back singer of the song "Palleturi Pillagada ...." in the film "Maa Bhumi"?
    A. P. Leela
    B. S. Janaki
    C. Sandhya
    D. P. Susheela

101. The degree college in which Dr. Jaya Shankar served as the Principal
    A. Kakatiya College
    B. Mahaboob College
    C. Nizam College
    D. C.K.M. College

102. Which of the following food items was registered as a Geographical Indication (GI) recently?
A. Hyderabad Biryani
B. Rasagulla
C. Hyderabad Haleem
D. Double ka Meeta

103. Which University conferred the 'D.Lit Honoris Causa' on Dr. B.R. Ambedkar in 1953.
A. Osmania University
B. Columbia University
C. Marathwada University
D. University of London

104. How many riparian states are there in Godavari Basin?
A. Five
B. Seven
C. Three
D. Six

105. 'Pranahita' river consists of which of the following rivers?
A. Pen Ganga, Wardha and Waine Ganga
B. Poorna, Pen Ganga and Wardha
C. Pravara, Waine Ganga and Manair
D. Kolab, Wardha and Pen Ganga

106. In which district is the proposed Ichampalli project located?
A. Karimnagar
B. Adilabad
C. Medak
D. Nizamabad

107. Who was the Chairman of the Godavari Water Dispute Tribunal?
A. Brijesh Kumar
B. R.S. Bachawat
C. M.P. Singh
D. R.S. Sarkaria

108. Who among the following officers contributed immensely for abolition of Vetti/Begar in Telangana region?
A. J.M. Girglani
B. V.Sundareshan
C. S.R. Shankaran
D. PVRK Prasad

109. The famous centre of Pilgrimage in Medak district is
A. Idupula Paya
B. Edu Payala
C. Moodu Payala
D. Aru Payala

110. Devadula project is situated in the district of
A. Warangal
B. Khammam
C. Medak
D. Adilabad

111. 'Gun Park' denotes
A. Police Head Quarters in Telangana
B. Memorial of Telangana Martyrs
C. Head Quarters of Golconda Army
D. Park Housing Memorial of Police Martyrs

112. 'Kondagattu' is famous for
   A. Temple of Sri Anjaneya Swamy
   B. Temple of Narasimha Swamy
   C. Temple of Venkateshwara Swamy
   D. Temple of Ayyappa Swamy

113. The first day of 'Bathukamma' celebrations is called
   A. Toli Poddu   B. Saddulu
   C. Engili poolu   D. Samburalu

114. Telangana Government announced Kaloji Narayan Rao's Birth day as
   A. Telangana Official Language Day
   B. Telangana Language Day
   C. Telangana Heritage Day
   D. Telangana Cultural Day

115. Which one of the following National Laboratory is located in Hyderabad?
   A. Research Centre Imarat (RCI)
   B. National Aerospace Laboratory (NAL)
   C. Defence Research & Development Establishment (DRDE)
   D. Centre for Air Borne Systems (CABS)

116. The main objective of Jalaharam, a new Policy of the Government of Telangana State is
   A. To secure water for the industries
   B. To save rain water
   C. To supply drinking water
   D. To supply water for irrigation

117. As per 2011 Census, Female Literacy rate in Telangana State is
   A. 80.89%   B. 73%
   C. 57.92%   D. 60%

118. Lalith Bhargava Committee reviewed on
   A. Revenue & Expenditure   B. Irrigation
   C. Land returns   D. Industrial development

119. The Sree Nidhi Credit Co-operative Federation Ltd. has come forward for promotion of
   A. Dairy Activities   B. Egg Production
   C. Fish Production   D. Vegetables

120. Honey processing unit for agency tribals established by Girijan Co-operative Corporation Limited at
   A. Kamareddy   B. Nirmal
   C. Eturnagaram   D. Kondangula

121. Urban population in Telangana as per 2011 Census
    A. 25.5%   B. 38.88%
    C. 40%   D. 45.5%

122. The veteran cricketer from Hyderabad is known as cultivated stylist
    A. VVS Laxman   B. Azharuddin
    C. Jaisimha   D. Arshad Ayoob

123. The player from Warangal who revolutionized Indian Ball badminton is
    A. K. Rajaiah   B. J. Pitchaiah
    C. R. Mallaiah   D. T. Lakshmaiah

124. Who is playing the lead role in Ektha Kapoor's biopic on Hyderabad cricketer Mohammad Azharuddin
    A. Shahrukh Khan   B. Abhishek Bachchan
    C. Emraan Hashmi   D. Saif Ali Khan

125. Which is the most affected tribal community due to the proposed Polavaram project?
    A. Gonds   B. Chenchus
    C. Gotti koyas   D. Lambadas

126. Which town in Telangana was originally known as Indur?
    A. Nizamabad   B. Mahaboobnagar
    C. Karimnagar   D. Medak

127. What is the Native place of Shaik Bandagi who fought against the Visnur Deshmukh?
    A. Waddepalli   B. Alier
    C. Jangaon   D. Kamareddigudem

128. Where is the World's Tallest Monolithic Buddha's statue located?
    A. Beijing, China   B. Kyoto, Japan
    C. Yangoon, Myanmar   D. Hyderabad, Telangana

129. The novel written by Dasharathi Rangacharya with the backdrop of Telangana Peasants Armed Struggle:
    A. Gangu   B. Prajala Manishi
    C. Cheekati Rojulu   D. Jana Padam

130. Hitabodini Newspaper was edited by
    A. B. Srinivasa Sharma   B. Devulapalli Ramanuja Rao
    C. Dasarathi Rangacharya   D. Madapati Hanmantha Rao

131. During the Satavahanas period Palanadu region was famous for :
    A. Clothes   B. Curtains
    C. Diamonds   D. Pepper

132. During the Satavahanas period, which region was famous for Metal Industry?
    A. Palanadu   B. Dharanikota
    C. Vinukonda   D. Guduru

133. The Telugu word on Amaravathi Stupa is:
    A. Nagabu   B. Atta
    C. Potta   D. Menatta

134. Satavahana ruler who constructed a rock compound to Amaravathi Stupa was:
    A. Gouthami Balasri   B. Yajnasri Satakarni
    C. Pulamavi-II   D. Shiva Swathi

135. Which Purana was composed in the period of Yajnasri Satakarni?
    A. Matsya Purana   B. Vayu Purana
    C. Bhagavatha Purana   D. Vishnu Purana

136. Stupas constructed and physical relies are called as:
    A. Parabhojakas   B. Uddesika Stupas
    C. Maha Stupas   D. Dhatu garbhas

137. Who wrote Tilkamanjari?
    A. Dhanapala   B. Dharmapal
    C. Budda Swamy   D. Koakonda

138. Which region was famous for fine clothes during the period of Satavahanas?
    A. Vinukonda   B. Guduru
    C. Palanadu   D. Battiprolu

139. The Satarahana, who was mentioned in Bhilsa inscription is:
    A. Satakarni-I   B. Satakarni-II
    C. Hala   D. Gauthamiputra Satakarni

140. The coins of Chhattisgarh in M.P. mentioned one Satavahana ruler was:
    A. Satakarni-I   B. Hala
    C. Sprasvathi   D. Sevasree Apilaka

141. What was the name of the Custodian of rare goods during Satavahana?
    A. Hiranyagarbha   B. Bhandagarika
    C. Sardhavarlu   D. Kulika

142. Southern Doorway Sachistapa was constructed by :
    A. Rudradamana   B. Satakarni-I
    C. Satakarni-II   D. Gauthamiputra Satakarni

143. Among the Satavahana rulers, who performed Yajnas and Yagas and became a 'Samrat' for the time?
    A. Satakarni-II   B. Satakarni-I
    C. Gauthamiputra Satakarni   D. Kanha

144. The ancient name for Jaggayyapeta is:
   A. Pratipala puram   B. Betavolu
   C. Kantekosaila   D. Dharanikota

145. In which Purana the story of Satavahanas was narrated?
   A. Vishnupurana   B. Varpurana
   C. Bhagavata Purana   D. Matsya Purana

146. In Satavahanas period, how many villages were there in the Gramini?
   A. 2 or 3   B. 4 or 5
   C. 5 or 10   D. 5 or 15

147. How many books of Acharya Nagarujana are available at present?
   A. 20   B. 12
   C. 15   D. 24

148. Which of the following Nagarjuna's work gives the meaning of the limits of knowledge?
   A. Suhrullekha   B. Prajnapalanaita
   C. Madhyamikakarika   D. Gauthamiputra Satakarni

149. Naganika was author of:
   A. Maharadhi Tharanakairo   B. Mahabhoja Bodhi
   C. Bodhinisarma   D. None

150. Which of the following work mentioned 'Sapta Godavari'?
   A. Godta Sapta Sati   B. Suhrullukha
   C. Lilaratp Palihayam   D. Samayasala

151. Sarva Varma wrote Katantra Vajakarna in:
   A. Paisachi Knguase   B. Sanskrit
   C. Telugu   D. Desi

152. The word 'Apabramsa' is refered to:
   A. Script   B. Language
   C. Grammar   D. Scholars

153. Who was the wife of Kuntha Satakarni who died while Playing 'Karrarti Kreeda'?
   A. Mayadevi   B. Malayarathi
   C. Naganika   D. Balasri

154. According to Nasik inscription 'Daskhinapatheswaral' was:
   A. Pulomavi-I   B. Gauthamiputra Satakarni
   C. Pulamavi-II   D. Satakarni-I

155. The present name of Sapta Godavari is:
   A. Draksharamam   B. Dhavalleswaram
   C. Someshwaram   D. Ghantasala

156. Who was the Kshaharata ruler defeated by Gauthamiputra Satakarni?
A. Rudradamana
B. Vikramaditya
C. Nahapana
D. Rudra Bhattaraka

157. Kavivatsala was the title of:
A. Satakarni-I
B. Satakarni-II
C. Hala
D. Apilaka

158. Gauthami Balasri issued Nasik inscription in the period of:
A. Gauthamiputra Satakarni
B. Pulomavi-I
C. Pulomavi-II
D. Kunthala Satak

159. The Chaityas constructed without relics (Datus) are called:
A. Dhatugarbhas
B. Parabhojakas
C. Mahatarpas
D. Uddesika Stupas

160. Satavahana King, who was having 'Rajarna' title was:
A. Satakarni-II
B. Gauthamiputra Satakarni
C. Hala
D. Pulomavi-II

161. Amaravati Stupa was founded in 1797, by:
A. Colonel Mechangi
B. Coldwell
C. R.S. Sarma
D. Thamaaus Munro

162. The land revenue during the Satavahanas period was:
A. 1/3
B. 1/6
C. 1/5
D. 1/4

163. The Ancient Name of Battiprolu:
A. Baetaprolu
B. Mailolia
C. Kantaka Saila
D. Pratopala Puram

164. The Ancient Buddhist Stupa in Andhra is:
A. Ghantasala
B. Jaggayyapeta
C. Amaravati
D. Battiprolu

165. "Kalakasuri" belongs to:
A. Buddhism
B. Jainism
C. Vaishnavism
D. Ajivikas

166. Matsya Purana, mentioned 'Malakarni' the Satavahana ruler was:
A. Satakarni-I
B. Satakarni-II
C. Hala
D. Kuntha Satakarni

167. Dharanikata inscription was issued by:
A. Pulomavi-II
B. Pulomavi-III
C. Pulomavi-I
D. Hala

168. Acharya Nagarjuna wrote books in:
- A. Prakrit
- B. Apabramsa
- C. Paisacha
- D. Sanskrit

169. Where was the sculpture called 'Punya Sita' in Satavahana's period?
- A. Battiprolu
- B. Ghantasala
- C. Jaggayyapeta
- D. Dhanyakatakam

170. The Fire pillars installed on the platforms in Stupa are called:
- A. Ayaka pillars
- B. Vedhikas
- C. Harmikas
- D. Anadas

171. 'Ekabrahmana' title belongs to:
- A. Gauthamiputra Satakarni
- B. Satakarni-I
- C. Satakarni-II
- D. Hala

172. Cities in Satavahanas period were administered by:
- A. Grama Sabha
- B. Samithi
- C. Vidhatha
- D. Nigama Sabha

173. Who acted as secretary of the state in Satavahana period?
- A. Hibandhanakara
- B. Lekhaka
- C. Bandagarka
- D. Heranika

174. According to Amaravathi inscription, 'Mudukuntala' refers to :
- A. Commander
- B. Gramani
- C. Rajamatya
- D. Amatya

175. Which inscription refers the name 'Rajan Kubera'?
- A. Amaravathi
- B. Guntupalli
- C. Hathogumpa
- D. Bhattaprolu

176. Which of the following matches is not correct?
- A. Halika-Cultivator
- B. Sethi-Merchant
- C. Kolika-Weaver
- D. Gendhika-Oil pressers

177. Daskshamitra was Daughter of:
- A. Nahapana
- B. Rishabhadatta
- C. Rudradatta
- D. Rudradamana

178. 'Rajakata' was the land of:
- A. Buddhist Sangha
- B. King
- C. Merchants
- D. Queens

179. The kinds in Satavahanas period were measured by:
- A. Rajamalika
- B. Heranika
- C. Bandagalika
- D. Rajjugraheka

180. In the Satavahanas period the word 'Vanija' refers to:
A. Writers
B. Merchants
C. Carpenters
D. Royal Officers

181. The Chanda Railway Scheme was prepared in the year:
A. 1880
B. 1882
C. 1883
D. 1893

182. The Chanda Railway Scheme Agitation in Hyderabad State signifies:
A. The beginning of public awakening in the state
B. Liberal policy of the government
C. Attitude of Muslim nobility
D. None of the above

183. Who was the first Muslim leader in Hyderabad to join the Indian National Congress?
A. Jaffar Hasan
B. Ausagi Hoshang
C. Mulla Abdul Qayyum
D. Maqdoom Moinuddin

184. Who led Library Movement on Telangana first time?
A. Aghoranatha Chattopadhyaya
B. Mulla Abdul Qaryum
C. Komarraju Laxman Rao
D. Veeresa Lingam Panthulu

185. In which year 'Sri Krishna Devaraya Andhra Basha Nilayam' was established?
A. 1901
B. 1910
C. 1905
D. 1902

186. Kodati Narayana Rao mentioned about the Library Movement in his book:
A. Andhrula Charitra
B. Neelagiri
C. Narayana Trayam
D. Viveka Vardhini

187. Which of the following is incorrect?
A. Sri Krishna Devaraya Andhra Basha Nilayam-Hyderabad
B. Rajaraja Narendra Andhra Basha Nilayam-Hanmakonda
C. Andhra Samvardhini-Secunderabad
D. Vignana Chandrika Mundali-Nizamabad

188. Which of the following is incorrect set among Newspaper & founders?
A. Golkonda—Suravaram Pratap Reddy
B. Neelagiri—Cholkuri Veerabhadra Rao
C. Telugu Patrika—Badderaju Sitarama Chandra Rao
D. Neelagiri—S.V. Venkata Narasimha Rao

189. Who translated Maxim Gorky's 'Mother' into Telugu?
A. M.N. Roy
B. T. Gopichand
C. C. Rajeswara Rao
D. K. Linga Raju

190. The first Telugu School in Hyderabad—Viveka Vardhini School, was founded in :
    A. 1905   B. 1906
    C. 1907   D. 1908

191. "Hindu Social Club" was founded by :
    A. Raja Murali Manohar   B. Suravaram Pratap Reddy
    C. Ravi Narayana Reddy   D. Kaloji Narayana Rao

192. Which of the following is not correct?
    A. Navya Sahiti Samiti   - Ravi Narayana Reddy
    B. Vytalika Samiti   - Koloji Narayana Rao
    C. Andhra Saraswata Parishat - Devalapalli Ramanuja Rao
    D. Andhra Mahasabha   - Komarraju Laxman Rao

193. Osmania University was established in the year :
    A. 1916   B. 1917
    C. 1918   D. 1919

194. Madras Native Association in 1852 was established by :
    A. Raghupathi Venkata Ratnam Naidu
    B. Kandukuri Veeresa Lingam
    C. R. Ranganatha Rao
    D. Gajula Laxminarasu Setti

195. Who was called as 'Abhinava Socretese'?
    A. Veeresa Lingam
    B. Raghupathi Venkata Ratnam Naidu
    C. Tripuraneni Ramaswami Choudhari
    D. Gurajada Apparao

196. 'Father of South Indian Movies' is :
    A. P. Ananda Charyulu   B. H.M. Reddy
    C. Raghupathi Venkaiah   D. B.N. Reddy

197. Which of the following was/were the titles of Raghupathi Venkata Ratnam Naidu?
    A. Brahmarshi   B. Abhinava Socretese
    C. Rao Bahadur, Diwan Bahadur, Sir D. All the above

198. Krishna paper in Machilipatnam was started by :
    A. Mutnuri Krishna Rao   B. Konda Venkatappayya
    C. Gurajada Apparao   D. Tanguturi Prakasham

199. The first Telugu paper published, was :
    A. Brahma Prakashika   B. Krishna Patrika
    C. Hashya Sanjeevani   D. Sathyaduta

200. Who called Veeresa Lingam as "South Indian Vidyasagar"?
A. M.G. Reddy
B. Gurajada Apparao
C. Bipin Chandrapal
D. Gadicherla Harisarvotham Rao

201. Which of the following is established by Veeresa Lingam?
A. Viveka Vardhini Paper
B. Hashya Sanjeevani Paper
C. Hitakarini Samaj
D. All the above

202. The First Talky Movie in Telugu was:
A. Lava Kusha
B. Agniparvatham
C. Malapalli
D. Bhaktha Prahlada

203. United Madras Government recognized "Prathamendhra Asthana Kavi" (First Andhra Court Poet) as:
A. Sri Sri
B. Chellapilla Venkata Shastri
C. Gurajada Apparao
D. Gurram Jhashuva

204. Which of the following is matched incorrectly?
A. Kasi Yatra (1831) - Engugula Veeraswami
B. Vyavahara Darpanam (1851) - Datyam Vasudeva Parabrahma Shastri
C. Neethi Chandrika - Krishna Shastri
D. Neelagiri Yatra - Srikolam Seshachala Kavi

205. Which of the following Journal was published by Raghupathi Venkata Ratnam Naidu?
A. Fellow Sarcar
B. People's Friend
C. Brahma Prakashika
D. All the above

206. Which of the following work was done by Sarojini Naidu?
A. The Bird of time
B. The Skepar Flant
C. The Golden Threshold
D. All the above

207. Which of the following Novel was written by Unnavalaxmi Narayana in 1921 (in Jail)?
A. Malapalli
B. Andhra Kavula Charithra
C. Malapilla
D. Kesari

208. 'Navayuga Gandhi Vijayam' was written by:
A. Unnavalaxmi Narayana
B. Gurram Jashuva
C. Damaraju Pundarikakshaiah
D. Uma Ranga Nayakulu Naidu

209. Who established Orphan Centre at Kakinada in 1909 with the expenditure of 3 lakhs rupees?
A. Desiraju Peda Bapaiah
B. Surya Rao
C. Jayanthi Ramaiah
D. Gidugu Rammurthi

210. Which of the following work was written by Komarraju Laxmana Rao?
    A. Mahammadiya Yugam   B. Sivajicharithra
    C. Hindu Maha Yugam   D. All the above

211. Gandhi visited Andhra first time in:
    A. 1919   B. 1920
    C. 1921   D. 1922

212. Who started Social Purity Movement in 1891?
    A. Veeresa Lingam
    B. Gurajada Apparao
    C. Raghupati Venkata Ratnam Naidu
    D. Surya Rao Bahadur

213. In 1862, the first railway line on Andhra Pradesh was laid between
    A. Puttur-Tirupathi   B. Puttur-Renigunta
    C. Puttur-Chittor   D. Puttur-Madenapalli

214. Who wrote grammar to 'Savara' language and played a vital role for the development of 'Savara' language?
    A. Gidugu Rammurthi   B. Caldwel
    C. Gurajada Apparao   D. Veeresa Lingam

215. Who wrote series of articles on Marathi to the Kesari and Maharatha Journals?
    A. Gurajada   B. Sri sri
    C. Gurram Jashuva   D. Komarraju Laxmana Rao

216. Who worked as a secretary to the Madras Native Association (1882) and Madras Mahajana Sabha (1884) and played a vital role to bring political awakening among the people?
    A. P. Ananda Charyulu   B. Neelam Sanjeeva Reddy
    C. Gajula Laxmi Narsu Shetti   D. Gurajada

217. Who wrote first novel in Telugu (Rajasekharasharma)?
    A. Komarraju Laxmana Rao   B. Gurajada Apparao
    C. Veeresa Lingam   D. Gurram Jashuva

218. 'Andhra Jyothi Punarvikeshapitha' (Father of Andhra Awakening) and Abhinavendhra was:
    A. Veeresa Lingam   B. Chilaka Marthi
    C. Gurajada   D. Jhashuva

219. Which of the following novels was written by Chilakamarthi and got first prize in Chinthamani Novel competition?
    A. Hemalatha   B. Ahalyabai
    C. Ramachandra Vijayam   D. All the above

220. Kandukuri Veeresa Lingam celebrated the first widow remarriage on:
    A. November 10, 1881   B. December 11, 1881
    C. December 12, 1881   D. December 13, 1881

221. Nizam College was established in Hyderabad in the year:
    A. 1884   B. 1885
    C. 1886   D. 1887

222. The Journal 'Satihita Bodhini' was started by:
    A. Kandukuri Veeresa lingam   B. Raja of Pitapuram
    C. Chalapalli Bapayya   D. Garajada Apparao

223. Nizamabad is famous for:
    A. Cement Industry   B. Power Plant
    C. Paper Industry   D. Cotton Textile Industry

224. During the Vandemataram Movement, Bipinchandra Pal visited Andhra districts. When he was in Machilipatnam, he was the guest of:
    A. Ramadasu Naidu   B. Mutnuri Krishna Rao
    C. Kopalle Hanumantha Rao   D. Pattabhi Sitaramayya

225. Who translated Maxim Gorky's 'Mother' into Telugu?
    A. M.N. Roy   B. T. Gopichand
    C. C. Rajeswar Rao   D. K. Linga Raju

226. Who started daily English paper Swarajya?
    A. P. Sitaramaiah   B. T. Prakasham
    C. K. Koti Reddy   D. Konda Venkatappaiah

227. The first Telugu Journal that was published from Bellary was:
    A. Satya Doota   B. Desabhimani
    C. Thathwa Bodhini   D. Andhra Patrika

228. The editor of the 'Andhra Prakasika' was :
    A. N. Subba Rao   B. G. Harisarvotham Rao
    C. A.C. Parthasarathi Naidu   D. M. Krishna Rao

229. Who described Jashuva as 'Madhurakavi"?
    A. Tripuraneni Ramaswamy   B. Sri Sri
    C. Viswanatha Satyanarayana   D. Bhagya Reddy Varma

230. Who appreciated the social service activities of Veeresa Lingam calling him as "South Indian Vidyasagar"?
    A. Tilak   B. Dadabhai Naoroji
    C. M.G. Ranade   D. Rabindranath Tagore

231. Which of the following seaports is located in the state of Telangana?
    A. Gangavaram   B. Machilipatnam
    C. Krishnapatnam   D. None of the above

232. The number of Loksabha seats in Telangana are:
    A. 17   B. 19
    C. 20   D. 18

233. The mandals in Khammam merged in Andhra Pradesh are :
    A. VR Puram   B. Velerupadu
    C. Chinturu   D. All of the above

234. Sriram Sagar Project situated in :
    A. Nizamabad   B. Khammam
    C. Warangal   D. Rangareddy

235. The lower Seileru Basin is located in the state of :
    A. Andhra Pradesh   B. Chattisgarh
    C. Maharashtra   D. Telangana

236. The Shabad Hills are located in the district of :
    A. Mahaboobnagar   B. Nalgonda
    C. Karimnagar   D. Adilabad

237. The Rocky Hills are located in the district of :
    A. Medak   B. Karimnagar
    C. Rangareddy   D. Khammam

238. The Nirmal Hills are located in the district of :
    A. Mahaboobnagar   B. Nalgonda
    C. Karimnagar   D. Adilabad

239. The Kandikal Hills are located in the district of :
    A. Mahaboobnagar   B. Waranagal
    C. Karimnagar   D. Adilabad

240. The Yallandlapad Hills are located in the district of:
    A. Mahaboobnagar   B. Nalgonda
    C. Karimnagar   D. Khammam

241. Gondwana rocks are found in:
    A. Southern Telangana   B. Northern Telangana
    C. Eastern Telangana   D. Western Telangana

242. Singur Dam is situated in:
    A. Nizamabad   B. Medak
    C. Karimnagar   D. Nalgonda

243. Which of the following rocks is seen in Gondwana rocks?
    A. Iron ore   B. Bauxite
    C. Coal   D. Copper

244. The longest dining hall in the world can be seen in the palace of:
   A. Chowmahalla Palace
   B. Falaknuma Palace
   C. Nizam Palace
   D. None of the above

245. About ....of the Godavari River catchment area is in Telangana state.
   A. 49%   B. 59%
   C. 69%   D. 79%

246. About .... of the Krishna River catchment area is in Telangana state.
   A. 49%   B. 59%
   C. 69%   D. 79%

247. Which of the following is not a tributary of Godavari?
   A. Manjeera   B. Jayamangala
   C. Indravati   D. Kinnerasani

248. Which of the following is the longest tributary of Godavari?
   A. Manjeera   B. Jayamangala
   C. Indravati   D. Kinnerasani

249. Which of the following is the longest tributary of Krishna?
   A. Musi   B. Tungabhadra
   C. Dindi   D. Munneru

250. The river Tungabhadra joins Krishna river at :
   A. Maktal Tangadi   B. Sangam
   C. Hamsaladeevi   D. Srisailam

251. Which of the following rivers is called as Meenambaram?
   A. Tungabhadra   B. Dindi
   C. Paleru   D. Musi

252. Which of the following rivers originates at Shabad hills in Mahaboobnagar?
   A. Tungabhadra   B. Dindi
   C. Paleru   D. Musi

253. Which of the following rivers joins Krishna at Eleswaram?
   A. Tungabhadra   B. Dindi
   C. Paleru   D. Musi

254. Which of the following rivers originates in Warangal district and joins Krishna at Jaggaiahapet?
   A. Tungabhadra   B. Dindi
   C. Paleru   D. Musi

255. Which of the following rivers originates from Pakala lake in Warangal district and joins Krishna river?
    A. Tungabhadra   B. Dindi
    C. Munneru   D. Musi

256. The climate of Telangana is called :
    A. Tropical Monsoon type of climate
    B. Torrid Monsoon type of climate
    C. Moderate Monsoon type of climate
    D. Monsoon type of climate

257. South-west monsoon period starts from :
    A. May 28   B. June first week
    C. June second week   D. June third week

258. In Warangal, which of the areas is declared as drought prone area by the Government?
    A. Warangal area   B. Janagam area
    C. Pembarti area   D. Palampet area

259. In Medak, which of the areas is declared as drought prone area by the Government?
    A. Narayanakhed area   B. Siddipeta area
    C. Sangareddy area   D. Zarasangam area

260. In Telangana, forests are confined to ....
    A. Nallamala hills   B. Balaghat mountains
    C. Shabad hills   D. A and B

261. In Telangana state, forests are found mostly in :
    A. Adilabad   B. Warangal
    C. Karimnagar   D. All of the above

262. Forests in Telangana state mainly come under .... type of forests.
    A. deciduous   B. tropical
    C. thorn shrubs   D. mangrove

263. Deciduous type of forest grows in the areas where rainfall ranges from :
    A. 100 cms. to 200 cms
    B. 150 cms. to 200 cms
    C. 125 cms. to 225 cms.
    D. 125 cms. to 250 cms.

264. In areas with less than 75 cms. of rainfall, forests with ....exist.
    A. short thorny trees   B. tall teak trees
    C. mangrove trees   D. casuarina

265. Which soils can absorb and retain water for longer duration?
    A. Black cotton soils   B. Red soils
    C. Alluvial soils   D. Peat soils

266. In Telangana state, black soils are found in :
    A. The Godavari Valley   B. The Krishna Valley
    C. The Manjira Valley   D. The Munneru Valley

267. Red soils develop generally on :
    A. Metamorphic rocks   B. Sedimentary rocks
    C. Igneous rocks   D. All of the above

268. Laterite soils are found in ....area of Medak district.
    A. Zaheerabad   B. Siddipet
    C. Sangareddy   D. Medak

269. Which of the following is correct about paddy crop?
    A. It grows both in kharif as well as in rabi season.
    B. High temperatures and high rainfall or water for irrigation are required
        for paddy.
    C. It is grown in all types of soils.
    D. All of the above are correct.

270. In Telangana which districts are famous for tobacco crop?
    A. Khammam and Warangal
    B. Medak and Rangareddy
    C. Khammam and Nizamabad
    D. Khammam and Adilabad

271. In Telangana state, cotton crop grows in :
    A. Adilabad & Mahaboobnagar
    B. Medak and Rangareddy
    C. Khammam and Nizamabad
    D. Khammam and Adilabad

272. Carpets are made with the wool obtained from black sheep living in :
    A. Mahaboobnagar   B. Hyderabad
    C. Adilabad   D. Nalgonda

273. According to Census 2011, total population in Telangana is :
    A. 31,393,978   B. 32,133,978
    C. 33,293,978   D. 35,193,978

274. In Telangana, density of population is ....
    A. $300/km^2$ B. $340/km^2$
    C. $306/km^2$ D. $330/km^2$

275. In Telangana, literacy rate is :
    A. 61.50%   B. 63.50%
    C. 66.46%   D. 69.50%

276. In case of size of population, Telangana state has ……….. rank.
    A. 10th rank   B. 11th rank
    C. 12th rank   D. 13th rank

277. Sirpur Papermills is in :
    A. Kaghaj Nagar (Adilabad)   B. Bhadrachalam (Khammam)
    C. Patancheru (Medak)   D. None of the above

278. In Telangana, Uranium reserves are found in :
    A. Mahaboobnagar and Nalgonda districts.
    B. Rangareddy and Karimnagar districts
    C. Karimnagar and Khammam districts
    D. Rangareddy and Warangal districts

279. Mahaboobnagar district is famous for :
    A. Custard apples   B. Grapes
    C. Apples   D. Banana

280. Hyderabad stands first in :
    A. Small-scale industries   B. Cottage industries
    C. Medium-scale industries   D. None of the above

281. The full form of ICRISAT is :
    A. Indian Crop Research Centre for Semi-Arid Tropics
    B. International Crop Research Centre for Semi-Arid Tropics
    C. International Crop Research Centre for Semi-Arid Torrid
    D. International Cereals Research Centre for Semi-Arid Tropics

282. The full form of CCMB is :
    A. Centre for Cell and Molecular Biology
    B. Centre for Cellular and Membrane Biology
    C. Centre for Cellular and Molecular Biology
    D. Centre for Cellular and Molecular Botany

283. The full form of HITEC City is :
    A. Hyderabad Information and Technology Engineering Civil City
    B. Hyderabad Information and Telecommunications Engineering Consultancy City
    C. Hyderabad Information and Technology Engineering Consultancy City
    D. Hyderabad Information and Technology Engineering Centre City

284. The full form of NFC is :
    A. Nuclear Fuel Centre
    B. National Fusion Complex
    C. Nuclear Fuel Complex
    D. Nuclear Fission Centre

285. The full form of ECIL is :
    A. Electrical Corporation of India Ltd
    B. Electronics City of India Ltd
    C. Electronics Corporation of India Ltd
    D. Electronics Company of India Ltd

286. The full form of NIFT is :
    A. National Institute of Fashion Trade
    B. National Institute of Fashion Technology
    C. National Institute of Fur Technology
    D. National Institute of Fashion Tools

287. Secunderabad is Headquarters for :
    A. Southern Railway
    B. South-Western Railway
    C. South Central Railway
    D. South-Eastern Railway

288. The famous Yadagirigutta Laxmi Narasimha Swamy Temple is located in :
    A. Warangal
    B. Nizamabad
    C. Hyderabad
    D. Nalgonda

289. The famous Dharmpuri Laxmi Narasimha Swamy Temple is located in :
    A. Karimnagar
    B. Khammam
    C. Hyderabad
    D. Adilabad

290. The famous Rajarajeshwari Temple is located in :
    A. Medak
    B. Rangareddy
    C. Karimnagar
    D. Khammam

291. The district of Adilabad is famous for making of :
    A. Nirmal Toys
    B. Kondapally Toys
    C. Redsandal Toys
    D. Jadis

292. The district of Mahaboobnagar is famous for making of :
    A. Nirmal Toys
    B. Gadwa Sarees
    C. Redsandal Toys
    D. Jadis

293. Pochamapally in Nalgonda is famous for making of :
    A. Kalamkari
    B. Mats
    C. Sarees
    D. Jadis

294. The largest sugar factory in Asia is Bodhan. It is established in the district of :
    A. Mahaboobnagar
    B. Nalgonda
    C. Hyderabad
    D. Adilabad

295. The Falaknuma Palace is built in the city of :
A. Mahaboobnagar
B. Hyderabad
C. Adilabad
D. Nalgonda

296. The famous Nizam Museum is built in the city of :
A. Mahaboobnagar
B. Hyderabad
C. Adilabad
D. Nalgonda

297. The famous Salarjung Museum is built in the city of :
A. Mahaboobnagar
B. Hyderabad
C. Adilabad
D. Nalgonda

298. The National Highway No. 9 passes via :
A. Mahaboobnagar
B. Nalgonda
C. Hyderabad, Nalgonda
D. Adilabad

299. The National Highway No. 7 does not pass via :
A. Mahaboobnagar
B. Nalgonda
C. Hyderabad
D. Adilabad

300. How many mandals of Khammam merged in Andhra Pradesh?
A. 5
B. 7
C. 9
D. 11

301. The size of Telangana state is :
A. 1,14,865 sq.kms
B. 1,24,640 sq.kms
C. 1,32,450 sq.kms
D. 1,36,213 sq.kms

302. Which of the following districts does not have border with Maharastra?
A. Adilabad
B. Nizamabad
C. Nalgonda
D. Karimnagar

303. The district of Nalgonda has boundary with the state of :
A. Karnataka
B. Andhra Pradesh
C. Chhattisgarh
D. Maharashtra

304. The district of Mahaboobnagar has boundary with the state/states of :
A. Andhra Pradesh
B. Karnataka
C. Maharashtra
D. Both A and B

305. The district of Khammam has boundary with the state/states of :
A. Andhra Pradesh
B. Chhattisgarh
C. Maharashtra
D. Both A and B

306. Rangareddy has boundary with :
A. Andhra Pradesh
B. Karnataka
C. Maharashtra
D. Both A and B

307. The district of Medak has boundary with the state/states of:
A. Andhra Pradesh
B. Karnataka
C. Maharashtra
D. Both A and B

308. The district of Nizamabad has boundary with the state/states of:
A. Andhra Pradesh
B. Karnataka
C. Maharashtra
D. Both B and C

309. The district of Karimnagar has boundary with the state of:
A. Andhra Pradesh
B. Chhattisgarh
C. Maharashtra
D. Both B and C

310. The district of Warangal has boundary with the state of:
A. Andhra Pradesh
B. Chhattisgarh
C. Maharashtra
D. Both B and C

311. The Telangana district which does not have boundary with other states is:
A. Warangal
B. Nizamabad
C. Hyderabad
D. Adilabad

312. The state of Telangana is a:
A. Eastern coastal state
B. Western coastal state
C. South-eastern coastal state
D. Landlocked state

313. The famous Jogulamma Temple is located in:
A. Mahaboobnagar
B. Hyderabad
C. Adilabad
D. Nalgonda

314. The Krishna River enters the state of Telangana at:
A. Maktal Tangadi, Mahaboobnagar
B. Bassara, Adilabad
C. Sangameshwaram, Kurnool
D. Mantralayam, Kurnool

315. The river Godavari enters the state of Telangana at:
A. Bassara
B. Nirmal
C. Metpally
D. Armoor

316. The project Nizam Sagar is located on the river of:
A. Godavari
B. Maneru
C. Manjeera
D. Pranahita

317. The project Singuru provides drinking water to the city of:
A. Warangal
B. Hyderabad
C. Nizamabad
D. Karimnagar

318. The project Singuru is located on the river of:
A. Godavari
B. Maneru
C. Manjeera
D. Pranahita

319. Ramagundam mine in Karimnagar is famous for location of :
- A. Coal
- B. Iron ore
- C. Bauxite
- D. Byrites

320. Rajeev Highway joins Hyderabad city with the town of :
- A. Adilabad
- B. Nizamabad
- C. Ramagundam
- D. Siddipet

ANSWERS

1	2	3	4	5	6	7	8	9	10
B	A	A	C	A	D	B	D	B	D
11	12	13	14	15	16	17	18	19	20
B	D	C	B	A	B	C	B	C	D
21	22	23	24	25	26	27	28	29	30
D	B	C	B	B	A	A	C	C	B
31	32	33	34	35	36	37	38	39	40
B	A	D	B	B	A	B	A	C	D
41	42	43	44	45	46	47	48	49	50
B	A	C	B	A	B	A	C	B	B
51	52	53	54	55	56	57	58	59	60
C	C	A	B	C	B	A	C	D	A
61	62	63	64	65	66	67	68	69	70
B	C	C	D	B	D	B	C	C	B
71	72	73	74	75	76	77	78	79	80
B	C	B	A	C	C	B	C	C	A
81	82	83	84	85	86	87	88	89	90
D	C	A	A	A	A	D	B	B	A
91	92	93	94	95	96	97	98	99	100
C	A	B	D	B	B	A	D	C	C
101	102	103	104	105	106	107	108	109	110
D	C	A	B	A	A	B	C	B	A
111	112	113	114	115	116	117	118	119	120
B	A	C	B	A	A	C	A	A	A
121	122	123	124	125	126	127	128	129	130
B	C	B	C	C	A	D	D	D	A
131	132	133	134	135	136	137	138	139	140
C	C	A	B	A	D	A	B	B	D
141	142	143	144	145	146	147	148	149	150
B	C	B	B	A	C	D	B	A	C

151	152	153	154	155	156	157	158	159	160
B	A	B	D	A	C	C	C	D	B
161	162	163	164	165	166	167	168	169	170
A	B	D	D	B	D	A	D	A	B
171	172	173	174	175	176	177	178	179	180
A	D	A	C	D	D	B	B	D	B
181	182	183	184	185	186	187	188	189	190
C	A	C	C	A	C	D	B	D	B
191	192	193	194	195	196	197	198	199	200
A	D	C	D	B	C	D	B	D	A
201	202	203	204	205	206	207	208	209	210
D	D	B	C	D	D	A	C	B	D
211	212	213	214	215	216	217	218	219	220
A	C	B	A	D	A	C	A	D	B
221	222	223	224	225	226	227	228	229	230
D	D	A	A	D	B	A	C	C	C
231	232	233	234	235	236	237	238	239	240
D	A	D	A	A	A	B	D	B	D
241	242	243	244	245	246	247	248	249	250
B	B	C	B	C	B	B	A	B	B
251	252	253	254	255	256	257	258	259	260
B	B	B	C	C	A	C	B	A	D
261	262	263	264	265	266	267	268	269	270
D	A	A	A	B	A	A	A	D	A
271	272	273	274	275	276	277	278	279	280
A	A	D	C	C	C	A	A	A	A
281	282	283	284	285	286	287	288	289	290
B	C	C	C	C	B	C	D	A	C
291	292	293	294	295	296	297	298	299	300
A	B	C	D	B	B	B	C	B	B
301	302	303	304	305	306	307	308	309	310
A	C	B	D	D	B	B	D	C	B
311	312	313	314	315	316	317	318	319	320
C	D	A	A	A	C	B	C	A	C

❖ ❖ ❖